학예연구사가 알려 주는
한문 해석의 비밀

『중용(中庸)』 편

학예연구사가 알려주는

한문 해석의 비밀

『중용(中庸)』 편

ⓒ 우승하, 2021

초판 1쇄 발행 2021년 3월 3일
　　　 2쇄 발행 2023년 7월 20일

지은이　　우승하
펴낸이　　이기봉
편집　　　좋은땅 편집팀
펴낸곳　　도서출판 좋은땅
주소　　　서울특별시 마포구 양화로12길 26 지월드빌딩 (서교동 395-7)
전화　　　02)374-8616~7
팩스　　　02)374-8614
이메일　　gworldbook@naver.com
홈페이지　www.g-world.co.kr

ISBN　979-11-6649-388-1 (03700)

학예연구사가 알려 주는

한문 해석의 비밀

『중용(中庸)』편

우승하 지음

이 책을 접한 사람은 조금은 느리더라도 자전(字典)을 이용해서
한문 해석, 그중에서도 의역이 아닌 직역(直譯)을 할 수 있을 것이다.

좋은땅

한자(漢字)는 천재(天才), 한문(漢文)은 젬병(젬餠)인 사람들

  흔히 한자(漢字)는 '낱글자', 한문(漢文)은 낱글자인 한자와 한자가 결합한 '문장(文章)'이라 한다. 문장은 어떤 하나의 완결된 내용을 나타내는 '언어 단위'이다. 이렇게 볼 때, 한자와 한문의 구분은 반(半)은 맞고, 반은 틀린 말이다. 한자(漢字)는 하나하나 글자마다 일정한 뜻을 가진 뜻글자이다. 즉, 한자 그 자체는 하나의 글자이면서, 하나의 문장이기도 하다. 결국, 한자는 단어를, 한문은 문장으로만 볼 수 없다. 그런데도 이 책에서는 '한문 해석'을 위하여 둘을 구분했다. 책의 머리글을 '한자(漢字)는 천재(天才), 한문(漢文)은 젬병(젬餠)인 사람들'로 정한 이유는 한문 해석에 방점을 찍기 위해서이다. 우리나라 사람은 한자문화권의 영향인지, 아니면 한자 검정능력시험의 영향인지, 아니면 순수한 개인의 지적 호기심의 영향인지, 제법 어려운 한자도 척척 읽고 쓴다. 그런데 한자를 읽고 곧잘 쓰는 실력에 비해 그 뜻을 이해하고 문장을 해석하는 사람은 의외로 드물다. 이는 일반인뿐만 아니라, 한자와 익숙한 사람도 마찬가지이다. 그야말로 한문을 해석하는 실력은 소위 '젬병'이다. 젬병은 '부꾸미'를 이르는 전병(煎餠)에서 나온 말로 알려져 있다. 부꾸미는 찹쌀가루, 밀가루, 수숫가루 등을 반죽해서 둥글넓적하게 빚어 번철(燔鐵)[1]에 지진 음식이다. 그런데 부꾸미를 부쳐서 놓아두면, 곧 눌어붙어서 그 모양이 형편없어진다.

---

1) 번철(燔鐵): 적자(炙子) 또는 전철(煎鐵)이라고도 하며, 모양은 다양하나 무쇠로 만든 그릇으로 솥뚜껑과 비슷한 형태로 지짐질을 할 때 사용한다.

이 형편없는 모양을 빗대어 '젬병(젬餠)'이라는 말이 나왔다. 부꾸미처럼, 우리나라 사람들은 한자 실력과 비교해서 한문을 해석하는 실력은 형편없다. 그 이유는 여러 가지이다. 필자는 그 이유를 두 가지로 생각한다. 첫째는 원문과 너무도 다른 의역(意譯) 때문이고, 둘째는 한문을 해석하는 방법을 배우지 못했기 때문이다. 그래서 우리나라 사람들은 한문을 접하면, 스스로 해석하려 하지 않는다. 만약 어떤 사람으로부터 어떤 한문에 관한 해석을 듣는다고 해도, 그 해석이 바른 해석인지, 다른 해석은 없는지 등 기초적인 질문과 의심조차 하지 못한다. 나아가 해석된 문장에서 한 단어만 바꿔서 제시하면, 선생님의 해석을 기다리기만 할 뿐 스스로 해석하려 하지 않는다. 단언컨대, 지금까지 낱글자인 한자를 익히기 위한 시간 중에 그 일부만 한문을 해석하는 방법에 힘을 쓴다면, 스스로 한문을 해석할 수 있다. 이 책은 한문 해석에 관한 이야기이다. 따라서 많은 이야기보다는 실제 예문을 통해 살펴보자.

『논어(論語)』「이인(里仁)」, '惟仁者, 能好人, 能惡人'의 구절을 보자. 이를 해석하면 '오직 어진 사람이 사람을 좋아할 수 있으며, 사람을 미워할 수 있느니라'라고 할 수 있다. 여기서 '생각할 유(惟)'는 '오직 유(唯)'와 같은 의미로 쓰였다. 그리고 '惡'는 '미워하다'라는 의미로 쓰일 때 '오'로 독음하고, '악하다'라는 의미로 쓰일 때 '악'으로 독음한다. 그렇다면 한문을 우리말로 해석하면 어떤 차이가 있을까?

> 오직(惟) 어진(仁) 사람(者)이 사람(人)을 좋아할(好) 수 있으며(能), 사람(人)을 미워할(惡) 수 있느니라(能).

한문을 우리말로 해석했을 때, '사람(者)' 뒤에 '이'와 '사람(人)' 뒤에 '을'이라는 말이 더해졌다. 그리고 보조사 '能'에 '~느니라'라는 말이 더해졌다. 흔히 우리는 '은/는, 이/가'를 주격 조사, '을/를'을 목적격 조사라 부른다. 그리고 '느니라'와 같이 서술격 조사가 변한 부분을 어미(語尾)라 부른다. 즉, 한문을 우리말로 해석할 때 우리말의 '조사'와 '어미'가 추가된다. 어미는 용언이나 서술격 조사가 활용하여 변하는 부분으로 문장의 상황에 따라 적절하게 활용된다. 이 책에서는 조사 중심이다. 물론, 한문에서도 '之', '於', '與' 등이 우리말의 조사처럼 쓰인다. 그러나 대부분 한문은 우리말처럼 조사가 자유롭게 쓰이지는 않는다. 그렇다면, 어떤 기준으로 '사람(者)' 뒤에 '이'를 붙이고, '사람(人)' 뒤에 '을'을 붙였을까? 이는 한문이 '주어+술어+목적어+보어' 구조이기 때문이다. 이 문장은 '주어+술어(서술어)+목적어, 술어+목적어' 구조로, 각각 술어를 중심으로 그 앞에 있는 '사람(者)'에 우리말의 주격 조사를, 그 뒤에 있는 '사람(人)'에 우리말의 목적격 조사를 붙였다. 한문 해석의 핵심은 단어가 놓인 자리로써 그 단어가 놓인 위치에 따라 문장에서 단어의 역할이 결정된다. 그래서 한문을 우리말로 해석한다는 것은 각 단어가 문장에 놓인 위치에 따라 역할을 부여하고, 그 역할에 맞는 우리말의 조사를 덧붙이는 것이다.

한문은 '주어+술어+목적어+보어' 순으로 쓰인다. 그런데 한문을 어려워하는 사람의 특징은 그 문장구조를 실제 우리말로 해석하는데 적용하지 못한다는 점이다. 한문을 우리말로 해석하려면 기본적으로 문장의 술어를 찾아야 한다. 왜냐하면, 한문은 술어를 중심으로 그 앞에 오는 명사(명사구)에 '은/는, 이/가'이 붙어서 문장의 주어가 되기 때문이다. 그리고 술어 뒤에 오는 명사(명사구)에 '을/를'이 붙어서 문장의 목적어가 되거나, '에/에서, 와/과' 등이 붙어서 문장의 보어가 되기 때문이다. 물론, 한문이 '주어+술어+목적어+보어'만으로 쓰이지는 않는다. 그러나 문장구조의 예외로 쓰였다면, 문장 안에 반드시 그 단서가 있다.

한문에서 가장 중요한 것은 술어이다. 문장에서 각 단어는 술어를 중심으로 어디에 위치하느냐에 따라 그 단어의 역할이 정해지기 때문이다. 그렇다면, 한문에서 술어는 어떻게 찾아야 할까? 술어는 이 책에서 소개하는 '술어를 찾는 단서' 또는 '기본 의미가 동사(형용사)인 단어'를 통해 찾을 수 있다. 예를 들어 '惟仁者, 能好人, 能惡人'에서 술어는 '好'와 '惡'인데, '술어를 찾는 단서'를 통해 그 이유를 살펴보자. 이 문장에서 술어의 단서는 '者'와 '能'에 있다. 먼저, '者'는 문장 끝에 위치해 목적어로도 쓰이지만, 기본적으로 문장에서 주어로 쓰인다. 따라서 '者' 뒤에는 술어가 놓일 확률이 높다. '者'는 우리말로 '~것, ~사람' 등으로 해석하며, '주어+술어' 문장구조의 주어이다. 둘째, '能'은 '可(以)', '得(以)', '足(以)'과 서로 의미와 문법적 기능이 통용된다. 이러한 단어는 단독 품사(형용사나 명사)로 쓰이지 않을 때, 술어 앞에서 술어의 의미를 보조한다. 따라서 이 문장의 술어는 '好'와 '惡'이다. 그리고 해석은 두 술어를 중심으로 그 앞에 놓인 '仁者'는 주어 역할(은/는, 이/가)을 하고, 그 뒤에 놓인 'A'은 목적어 역할(을/를) 또는 보어 역할(에/에서, 와/과)을 한다. 술어 뒤에 놓인 'A'이 목적어인지, 보어인지, 그 구분도 역시 술어에 있다. 술어 '好'와 '惡'는 각각 '좋아하다', '싫어하다'의 뜻으로 목적어를 갖는 타동사이다. 문장구조에서 '목적어를 갖는 타동사'라는 점은 중요하게 작용한다. 그러나 그 용어에 익숙하지 않다면, 술어 역할을 하는 단어의 기본 의미에 우리말의 목적격 조사인 '을/를'을 붙여 보면 된다. 즉, 목적격 조사를 붙여서 말이 통하면, 술어 뒤에 놓인 단어는 목적어가 된다. '好'와 '惡'에 각각 '~을/를 좋아하다', '~을/를 싫어하다'를 붙였을 때, 말이 자연스럽게 통한다. 따라서 술어 '好'와 '惡'의 뒤에 놓인 'A'은 보어가 아니라 목적어이다. 그런데 술어를 찾는 단서는 말 그대로 단서에 불과하다. 실제 문장에서 술어를 찾는 방법은 '술어를 찾는 단서'보다는 '기본 의미가 동사(형용사)인 단어'를 찾는 것이 더 중요하다. 예를 들어 '高'라는 글자가 있다고 가정하자. 자전(字典)에 의하면, '高'는 '높다', '멀다', '크다', '높이', '위엄' 등 다양한 뜻이 있다. 그러나 우리는 '高'를 '높을 고'라고 부르듯, '高'의 대표적인 의미는 '높다'이며, 품사는 '형용사'이다. 따라서 문장에서 '高'를 접하면, 형용사이므로 명사를 수식하는 관형어이거나 주어를 풀어 주는 술어로 쓰일 확률이 높다. 한 걸음 더 나아가 '高'는 형용사이므로 목적어를 가질 수 없다. 따라서 '高' 뒤에 명사가 오면, '高'는 명사를 수식하는 관형어가 된다. 반대로, '高' 뒤에 명사가 없다면, '高'는 형용사로서 '高' 앞에 나오는 명사를 풀어 주는 술어가 된다.

한문을 해석하는 책은 수없이 많다. 이 책은 술어를 중심으로 문장구조를 파악하고, 술어를 찾는 방법을 중심적으로 기술되었다. 이 책에도 오류가 있다. 그런데도 책으로 엮은 이유는 유독 우리나라 사람들이 한자 실력과 비교해서 한문 실력이 형편없기 때문이다. 대부분 우리나라 사람들은 스스로 한문을 해석하려는 시도조차 하지 않는다. 이 책을 통해서 향후 한문을 해석하는 더 쉽고 흥미로운 방법이 출간되기를 기대한다. 이 책과 더불어 그간 출간되었던 책, 그리고 앞으로 출간될 책들에 관하여 필자의 심정을 어느 분의 조언으로 빗대어 표현하면 다음과 같다.

"모든 연구가 그렇듯이 자기에게는 침소봉대(針小棒大)하기 마련이다. 해석의 오류를 힐난하지만, 그 오역된 해석서가 없이 원문을 직접 해독한다면 그만큼의 가독성을 확보할 수 있다는 것인지? 스스로 학문에 겸허를 취할 필요가 있다. 일부 오류와 누락 등을 지적한 것을 큰 성과라 하겠지만, 본질적인 기여도를 더 높여 존중하는 학문의 풍토야말로 우리 모두에게 유익한 바람일 것이다. (중략) 글자 판독 하나하나에 집중하는 작업이라 오독의 한계는 불가피하며, 이를 활용하는 것은 어디까지나 연구자 본인의 책임일 뿐이고, 이후 피드백되어 보완·교정되고 선순환되면 그것으로 학문의 발전이 있는 것일 터이다. (중략) 겸허한 학술이 더욱더 높은 연구일 것이다."[2]

　　발달 이론 중에서 비고츠키(Lev Semenovich Vygotsky, 1896-1934)가 제시한 근접발달 영역(ZPD, zone of proximal development)이라는 이론이 있다. 근접발달 영역이 성인학습자에게도 적용될지는 알 수 없다. 그러나 필자가 이 책을 쓰면서 내내 생각했던 이론이다. 근접발달 영역은 현재의 발달수준과 아직 도달하지 못한 발달수준 사이의 영역이다. 가르치는 사람은 배우는 사람에게 현재의 발달수준보다 한 단계 높은 과제를 주면서 적절하게 조력해야 한다. 그리고 배우는 사람은 적절한 조력을 통해 주어진 과제를 해결함으로써 상위의 발달수준으로 나아갈 수 있다. 이때 배우는 사람이 스스로 문제를 해결할 수 있도록 적절한 도움을 조절하여 제공하는 것을 '비계(飛階) 설정'이라 한다. 비계는 건축에서 높은 건물을 지을 때 디디고 서도록 나무 등을 종횡으로 엮어 다리처럼 걸쳐 놓은 설치물이다. 따라서 3부에서는 독자가 스스로 해석의 원리를 적용해서 해석할 수 있도록 비계를 설정했다. 이 글이 한문을 해석하고 싶은 독자의 지적 호기심을 자극해서 스스로 한문을 해석하는데, 도움이 되었으면 하는 바람이다. 아마도 이 책을 접한 사람은 조금은 느리더라도 자전(字典)을 이용해서 한문 해석, 그중에서도 의역이 아닌 직역(直譯)을 할 수 있을 것이다.

2021년 2월 어느 날

---

2)　2019년 필자의 ○○논문에 관한 심사서 중에서

목차

3부
『중용(中庸)』 적용하기

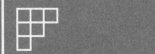

1부

한자(漢字) 천재(天才)가
한문(漢文)에 젬병(젬餅)인 이유

1장.
전공자도 당황하게 만드는 한문(漢文)이란……

　우리가 사용하는 한글은 소리글자임에도 불구하고, 그 속에 뜻글자인 한자를 주로 사용한다. 그래서 대부분 우리나라 사람은 한자에 직·간접적으로 익숙하다. 그런데 한문을 공부하는 사람들은 문장이 아니라, 낱글자의 암기에 몰입되어 많은 시간을 헛되이 써 버린다. 물론, 낱글자 암기는 소리글자인 한글에 적용된 한자를 이해하는 데, 도움이 된다. 그러나 한문의 뜻을 이해하고 해석하는 데, 별다른 도움이 되지 않는다. 더욱이 스스로 한문을 작문(作文)하는 것은 말할 것도 없다. 이는 우리가 영어 단어만으로 자기 생각을 영어 문장으로 쓰지 못하는 예와 같다. 일반인을 대상으로 한문을 해석하는 방법을 가르쳐 주는 곳도 거의 없으며, 한문을 가르쳐 준다고 해도 양도 많고 예외도 많다. 실제 한문을 해석하기 위해서 무엇을 먼저 해야 하는지, 자전(字典)은 어떻게 봐야 하는지 등 내용의 강약과 우선순위가 거의 없다. 결국, 우리나라에서 한문은 대학에서 한문학과 또는 한문과 관련된 학과에서 배우고, 석사·박사의 긴 과정을 거쳐야 한다. 그리고 그것이 끝이 아니다. 그 이후에도 한문 교육기관을 거치거나 스스로 계속해서 노력하지 않으면, 한문은 그 흉내조차 내기 어렵다. 물론, 옛사람이 했던 방식 그대로 하루하루 스승의 가르침을 암기하고, 사서(四書)를 수백 번 읽고 스스로 문리를 터득한 사람도 있다. 그러나 현실적으로 일반인이 이러한 방법으로 한문에 문리(文理)가 나기는 쉽지 않다.

얼마 전 한문을 전공했던 어느 한 사람의 고민을 보게 되어 소개하고자 한다. 그 사람의 고민은 지인(知人)이나 친구들과 식당에 가는 것이 너무도 싫다는 것이다. 무슨 이유 때문일까? 사정은 이러하다. 우리나라 식당에는 으레 서예 작품이나 한국화 한두 점이 걸려 있기 마련이다. 한문을 십수 년 공부해도 한문에 문리가 트이기는 정말 어려운데, 지인 혹은 친구들은 항상 자신에게 식당에 걸려 있는 작품의 해석을 부탁하곤 한다는 것이다. 그래서 식당에 가면, 자신도 모르게 서예 작품이나 한국화와 최대한 거리를 두고 앉는 습관이 생길 정도라 했다. 그런데도 지인들은 그 속도 모르고, 애써 자신을 찾아 어떻게든 그 뜻을 묻곤 한다는 것이다. 자신이 한문을 전공했고, 계속해서 한문을 공부하고 있는데도, 처음 접하는 한문은 늘 새롭고 두렵다는 내용이었다. 한문을 전공한 사람이 이 책을 접할 기회는 없겠지만, 한문을 전공한 사람이라면 누구나 한번쯤 겪은 고민일 것이다. 전공자도 이 정도이니, 일반인은 말할 것도 없을 것이다. 일반인이 호기심만으로 한문의 세계로 들어서기에 그 장벽이 무척이나 높다. 일반인을 한문의 세계로 시원하게 이끌어줄 만한 것은 없을까?

2장.
평면적인 글에 양감(量感)을 넣을 수는 없을까?

필자도 한문학과에서 강의를 들었으나, 한문학을 전공하지 않았다. 억지로 한문학과와 인연을 맺는다면, 학부에서 사학을, 박사 과정에서 동양학을 배웠다는 정도뿐이다. 그렇다고, 필자 스스로 사서(四書)를 수백 번 읽어 암기한 적도 없다. 그리고 필자에게 전문적으로 한문을 가르쳐 준 스승도 없다. 다만, 미술관과 박물관 등에서 십수 년 학예연구사로 근무하면서, 박물관 또는 현장에 정리되지 않은 수많은 고문서(古文書)와 고문헌(古文獻)을 일반인보다는 많이 접할 수 있었다. 그래서 이 책에서 필자가 그간 한문을 읽고 해석하면서 정리한 경험을 공유하고자 했다. 다만, 평면적인 글에 어떻게 양감(量感)을 넣어서 얼마나 그 의도가 독자에게 전해질지 의문이다. 기왕 평면적인 글의 한계를 언급했으니, 『주역(周易)』「계사전(繫辭傳)」12장 2절을 인용하여 설명해 보자.

子曰書不盡言言不盡意然則聖人之意其不可見乎聖人立象以盡意設卦以盡情僞繫
辭焉以盡其言變而通之以盡利鼓之舞之以盡神

『주역(周易)』「계사전(繫辭傳)」12장 2절)

한문은 이처럼 우리글과 달리 띄어쓰기도 없고, 표점(標點, 구두점)도 없다. 특히, 주석(註釋)
도 붙지 않은 이러한 글을 '백문(白文)'이라 한다. 그런데 우리가 일상에서 접하는 대부분 글은
정자(正字)로 인쇄된 글에 그 의미를 명확히 하기 위해서 구절 끝에 우리말로 토(吐)를 붙이거
나, 여러 가지 문장부호가 적용된 아래와 같은 문장이다.

> **현토** ▶ 子曰 書不盡言하며 言不盡意하니 然則聖人之意를 其不可見乎아 子曰 聖
> 人이 立象하여 以盡意하며 設卦하여 以盡情僞하며 繫辭焉하여 以盡其言하며 變
> 而通之하여 以盡利하며 鼓之舞之하여 以盡神하니라

> **표점** ▶ 子曰: "書不盡言, 言不盡意。", "然則聖人之意, 其不可見乎？" 子曰: "聖人立象
> 以盡意, 設卦以盡情僞, 繫辭焉以盡其言, 變而通之以盡利, 鼓之舞之以盡神。"

일반적으로 백문은 '정서(탈초)'와 '표점(구두점)' 또는 '현토'를 거쳐 우리말로 해석한다. 그런
데 표준서체와 비슷한 해서(楷書)로 쓰인 글도 일반인이 직접 탈초(脫草)하는 것도 쉽지 않다.
더욱이 대부분 고문서류는 해서보다는 행서(行書)나 초서(草書), 행초서(行草書)로 쓰여 있어
더 곤란하게 한다. 이 책에서는 한문을 해석하는 데, 그 목적이 있다. 그리고 책으로 엮을 수 있
는 분량의 한계에 따라 정서는 차치(且置)한다. 그렇다면, 정서한 백문을 현토하고, 표점을 찍는
것은 쉽게 할 수 있을까? 표점이나 현토는 매우 중요하다. 즉, 표점을 찍거나 토를 다는 단계는
해석을 위한 기초 단계가 아니라, 해석의 완결을 의미한다. 표점과 현토에 따라 문장은 다르게
해석된다. 이 단계는 기회가 되면 논하고, 앞의 문장을 직역(直譯)하면 다음과 같다.

공자가 말하길, "글(書)은 말(言)을 다할 수 없고, 말(言)은 뜻(意)을 다할 수 없다." 라고 했으니, "그렇다면 성인(聖人)의 뜻(意)은 아마도 볼 수 없는 것입니까?"라고 하니, 공자가 말하길, "성인(聖人)은 입상(立象)함으로써 뜻(意)을 다하며, 설괘(設卦)함으로써 정위(情僞)를 다하며, 그것에 계사(繫辭)함으로써 그 말(言)을 다하며, 그것을 변하고 통함으로써 이(利)를 다하며, 그것을 북치고 그것을 춤추게 함으로써 신묘함(神)을 다한다."라고 했다.

공자(子)가 말하길(曰), "글(書)은 말(言)을 다할(盡) 수 없고(不), 말(言)은 뜻(意)을 다할(盡) 수 없다(不)."라고 했으니, "그렇다면(然則) 성인(聖人)의(之) 뜻(意)은 아마도(其) 볼(見) 수(可) 없는(不) 것입니까(乎)?"라고 하니, 공자(子)가 말하길(曰), "성인(聖人)은 상(象)을 세워(立), 그렇게 함으로써(以) 뜻(意)을 다하며(盡), 괘(卦)를 설하여(設), 그렇게 함으로써(以) 정(情)과 위(僞)를 다하며(盡), 그것에(焉=於之) 사(辭)를 계(繫)하여, 그렇게 함으로써(以) 그(其) 말(言)을 다하며(盡), 그것(之)을 변하(變)고(而) 통(通)하게 하여, 그렇게 함으로써(以) 이(利)를 다하며(盡), 그것(之)을 북치고(鼓) 그것(之)을 춤추게(舞) 하여, 그렇게 함으로써(以) 신묘함(神)을 다한다(盡)."라고 했다.

한문 직역(直譯)은 한문으로 된 말이나 글을 단어 하나하나의 의미에 충실하게 번역한 것이다. 의역(意譯)에 익숙한 독자라면 직역이 어색할 것이다. 그러나 한문에 문리가 나기 위해서는 직역으로 문장을 해석해야 한다. 왜냐하면, 의역으로는 한문의 문장구조를 알 수 없기 때문이다. 그리고 기왕이면, '직역 1'처럼 해석하는 것보다는 '직역 2'처럼 해석하는 것이 좋다. 아울러 많은 문장을 해석하는 것도 좋지만, 한 문장을 해석하더라도 문장 안에 있는 모든 단어를 빠뜨리지 않아야 한다. 반대로 현대 국문법에 맞지 않고, 매끄럽지 않다고 원문에 없는 단어를 넣어서 해석해서는 안 된다. 한문을 우리말로 해석할 때 더해지는 것은 단어가 놓이는 자리에 따라 그 역할에 맞는 '조사' 또는 '어미'와 같은 단어로 최소화해야 한다. 문장구조에 맞춰 문장에 있는 단어만으로 해석하는 습관이 스스로 문리(文理)를 터득하는 빠르고 중요한 방법이다. 이 책의 예문은 '직역 2'와 같이 해석하여 제시되었다. 아마도 이 책을 읽고 그 내용을 이해한다면, 속도에 차이가 있을 뿐 위와 같이 스스로 해석할 수 있을 것이다.

　의역과 직역의 차이를 예문으로 설명하면 다음과 같다.

> **원문** ▶ 子曰: "人之生也, 直, 罔之生也, 幸而免." (『논어』「옹야」)
> **의역** ▶ 공자가 말하길, "사람의 삶은 정직해야 한다. 정직하지 않은 삶은 요행히 죽음을 면하는 것이다."라고 했다.
> **직역** ▶ 공자(子)가 말하길(曰), "사람(人)이(之) 사는(生) 것은(也) 정직(直)이니, 그것을(之) 없애고(罔) 사는(生) 것은(也) 요행(幸)으로(而) 면하는(免) 것이다."라고 했다.

　뒤에 이어지는 글에 '之', '也', '而' 등에 관한 설명이 있으므로, 여기서는 이들 단어의 쓰임을 생략한다. 다만, 이 문장에서 의역으로는 '之'가 주격 조사로 쓰였는지, 관형격 조사로 쓰였는지, 대명사로 쓰였는지 알 수 없다. 한문에서 '之'의 쓰임은 매우 중요하다. 의역으로는 문장구조를 알 수 없다. 그리고 스스로 해석할 수도 없다. 아무리 많이 문장을 연습한다고 하더라도 의역으로 문리가 나기는 쉽지 않다.

3장.
한문(漢文) 공부에 문리(文理) 나기

　한문을 접해 본 사람은 한 번씩 '문리가 났다.'라고 하는 말을 들었을 것이다. '문리가 나다.'라고 하는 말은 '글이 나타내는 이치를 터득해서, 그 뜻을 알게 되었다.'라는 뜻이다. 바꿔 말하면 성독(聲讀)과 동시에 그 뜻을 이해하는 것을 말한다. 이 말은 한문의 문장구조와 단어의 결합을 터득했다는 것을 전제한다. 2부에서 문장구조와 단어의 결합을 터득하는 기본 내용을 다루었다. 그리고 3부에서 실제 문장에 해석 원리를 적용하도록 했다. 2부, 3부를 통해 '한문에 문리가 났다.'라고 한다면, 1부는 '한문 공부에 문리가 났다.'라고 할 정도로 중요하다. 2부, 3부를 읽기 전에 먼저 충분히 읽고, 한문과 우리말의 차이를 명확히 구분할 수 있어야 한다.

'執筆(집필)'이란 글을 보자. 국어사전에서는 '집필'이란 '붓을 잡다'라는 뜻으로, '직접 글을 쓰는 것을 이르는 말'이다. 그리고 다른 뜻으로는 '땅문서나 집문서를 쓴 사람'이라는 의미도 있다. 아마도 '땅문서나 집문서를 쓴 사람'이라는 뜻을 몰랐더라도, '붓을 잡다' 혹은 '직접 글을 쓰는 것' 이라는 뜻을 쉽게 떠올렸을 것이다. 이번에는 '山行(산행)'이라는 글을 보자. 국어사전에서는 '산행'이란 '산길을 걸어감 또는 사냥하러 가는 일'의 의미로 그 뜻을 설명한다. 아마도 '산행'이라 하면, '산길을 걸어감' 또는 '산을 가다'라는 뜻으로 '登山(등산)'을 떠올렸을 것이다. 한문에서 '山行' 두 자는 어떻게 해석해야 할까?

▶ 다음 중 '山行(산행)'으로 해석할 수 없는 것은? (단, 한시는 제외함)
① 산을 가다 ② 산에 가다 ③ 산이 가다 ④ 도로를 크게 하다 ⑤ 큰 행로 ⑥ 산행

고민을 덜 수 있도록 단서를 주면, '山行'은 ④번, ⑤번, ⑥번으로도 해석될 수 있다. 정답은 ① 번, ②번, ③번 중 하나이다. 정답을 설명하기 전에 먼저 '執筆(집필)'의 구조를 살펴보자. 이 책은 일반인을 대상으로 한 교양서로 문법 용어를 최소화했다. 그러나 문장구조에 필요한 몇 가지는 부득이 설명했다. 다만, 독자의 이해를 돕도록 국문(國文) 또는 영문(英文) 등에서 익숙하게 써 왔던 용어를 병행했다. '執筆'을 '붓을 잡다'라고 해석했다면, '잡다'는 동사로서 술어(서술

어)이고, '붓'은 명사로서 목적어이다. 따라서 '붓'에 목적격 조사[3] '~을/를'을 붙여서 해석했다. 명사·동사와 같이 '사(詞)'로 끝나는 것을 품사(品詞)라고 하는데, 품사는 공통된 성질을 가진 단어끼리의 묶음이다. 그리고 주어·목적어·보어와 같이 '어(語)'로 끝나는 것을 성분이라 한다. 성분은 문장에서 쓰이는 역할에 따른 묶음이다. '執筆'의 문장구조는 '술어(서술어)+목적어'이다. 한문은 한글과 달리 술어가 목적어(보어) 앞에 있다. 그래서 우리말에서는 '붓을 잡다'로 작문(作文)하지만, 한문에서 '執(잡다)筆(붓)'로 작문된다. 우리말과 한문의 문장구조 차이점 그리고 한문을 우리말로 해석할 때 한문에 '조사'를 붙인다는 점이 중요하다. 즉, 한문은 우리말과 달리 '술어가 목적어(보어) 앞에 있다'라고 하는 점과 '술어를 중심으로 단어의 위치에 따라 우리말의 조사가 붙는다'라고 하는 점이 한문 해석에 절대적이다. 이 두 가지가 한문과 한글을 구분하는 중요한 차이이다.

  '山行(산행)'을 보자. 경험상 '山行'이라는 문제를 제시했을 때, 99%는 ③번을 정답으로 선택한다. 아마도 이는 이 글을 읽고 있는 사람들도 큰 차이는 없을 것이다. 그런데 정답은 ③번이 아니라, ①번이다. 만약 ①번을 정답으로 택했다면, 이 책을 읽을 필요가 없다. ①번 정답은 차치하고, ③번이 답이 될 수 있을까? 조금은 억지스럽게 느낄 수도 있지만, '산(山)'이 보통명사가 아니라 사람의 이름을 의미하는 고유명사라고 가정해 보자. 그렇다면, '山行'은 '주어+술어' 구조로 '산이라는 이름을 가진 사람이 가다'라고 하는 의미로 쓰일 수 있다. 또 '山行'이 동식물을 인격화한 우화(偶話) 속의 글이라면, 이 또한 얼마든지 쓰일 수 있다. 그런데 문장구조로 볼 때, '① 산을 가다'라고 하는 해석은 틀린 해석이다. 국어사전에서 '山行'을 '산을 가다'라는 의미로 설명하고 있다. 그런데 왜 한문에서는 '산을 가다'로 해석할 수 없을까? 바로 이점이 한문을 해석하지 못하는 이유이기도 하다. 흔히들 한문에는 문법이 없다고 한다. 그래서 옛사람들은 사서(四書)를 수없이 읽고 외워서, 어떤 문장을 보더라도 자연스럽게 스스로 문리(文理)를 터득했다. 생계

---

3) 조사는 체언 뒤에 오는 붙는 말이다. 조사는 문법적인 기능만 하는 것으로부터 의미를 더해 주는 보조사까지 다양하다. 그리고 붙는 위치에 따라 전치사, 후치사라 하기도 한다. 이 글에서는 우리말의 조사와 같은 개념으로 조사라는 단어를 사용했다.

에 직접적인 역할을 하지 않았던 옛사람의 방식을 오늘날 그대로 적용할 수는 없다. 그만큼 양이 많고, 바쁜 현실에서 사서만 붙들고 살 수도 없기 때문이다.

　'執筆'을 다시 살펴보자. 한글과 달리 한문은 '목적어+술어' 구조가 아니라, '술어+목적어(보어)' 구조이다. 중요한 것은 '목적어(보어)'가 '술어' 앞이 아닌 뒤에 온다는 점이다. 아마도 이쯤에서 ①번 해석이 잘못된 해석이라는 것을 아는 사람도 있을 것이다. 그러나 아직 모른다고 해도 괜찮다. 만약 '山行'을 '산을 가다'라고 해석하면, 목적어가 술어 앞에 오는 '목적어+술어' 구조이다. 한문에서 목적어는 술어 뒤에 놓이며, 이것이 한문과 우리말의 중요한 차이이다. 한문은 오랜 세월 흘러오면서 그 체계가 갖춰진 언어이다. 즉, 문법이 만들어지고 한문이 사용된 것이 아니라, 한문을 사용하면서 자연스럽게 그 체계가 정립된 언어이다. 만약 쓰는 사람에 따라서 어떤 경우는 '술어+목적어(보어)' 구조로 쓰고, 어떤 경우는 '목적어(보어)+술어' 구조로 쓴다면, 그 언어는 그 사회에서 통하지 않는다. 그리고 사회에서 통하지 않는 언어라면, 우리는 그것을 언어라 할 수 없을 것이다. ①번처럼 '산을 가다'라고 해석하려면, '山行'이 아니라 '行山'으로 작문해야 한다. '行山'에서 '山'은 '於山'의 '於'가 생략된 것으로 목적어보다는 보어에 가깝다. 보어에 관한 세부 설명은 문장구조에서 별도로 다루었다.

　"한문에서 목적어(보어)가 술어 앞에 위치하는 예는 전혀 없습니까?"라고 물을 수 있다. 물론, 목적어가 술어 앞에 위치하는 예도 있다. '목적어+술어' 구조도 있고, '보어+술어' 구조도 있다. 사서 중에 특히, 『맹자』보다 『논어』에서 목적어가 술어 앞에 오는 예가 많다. 한문은 오랜 시간을 흘러오면서 그 체계가 갖춰진 언어이다. 다양한 이유가 있겠지만, 『논어』가 『맹자』보다 먼저 쓰인 것도 그 하나의 이유일 것이라 짐작한다. 그렇다면, 한 가지 의문이 있을 것이다. 결국, 목적어가 술어 앞에도 오고, 뒤에도 올 수 있다는 말인데……. 지금까지 이야기들은 도대체 무슨 이야기인가? 결론부터 말씀드리면, 그렇게 걱정하지 않아도 된다. 한문에서 목적어는 반드시 술어 뒤에 있다. 만약 목적어가 술어 앞에 놓였다면, 목적어가 술어 앞에 놓였다는 단서가 있다. 그리고 그 단서는 그다지 많지도 않고, 찾아내는 것도 그렇게 어렵지 않다.

4장.
자전(字典)에 있는 한자(漢字)의 뜻을 모두 알아야 할까?

한문에 '문리(文理) 나기' 위해서 이 책에서 강조하는 것은 두 가지이다. 하나는 문장구조(주어+술어+목적어+보어)로 해석을 하는 것이고, 다른 하나는 원문에 없는 단어를 넣어서 해석하거나, 원문에 있는 단어를 빼고 해석하지 말라는 것이다. 만약, 이를 한 문장으로 표현한다면, '한문은 문장구조에 따라 해석하되, 의역하지 말고 직역하라'이다. 2부에서 한문 해석을 위한 문장구조나 단어의 결합, 그리고 여러 단서를 제시했고, 3부에서는 『중용(中庸)』을 통해 실제 이러한 원리가 어떻게 적용되어 해석되는지 그 과정을 독자가 직접 해보도록 했다. 『중용』의 첫 문장부터 하나하나 원리를 적용하면, 어느 순간 스스로 한문을 해석할 수 있을 것이다.

'執筆'은 '글을 쓰다'라고 해석하는 것보다 '붓을 잡다'라고 해석하기를 권한다. 한자는 한 자 한 자 다양한 뜻이 있다. 그래서 한문을 해석할 때, 그 독음과 뜻을 해설한 자전(字典)을 이용한다. 그러나 현실적으로 모든 단어마다 자전에 쓰인 뜻을 알 수 없다. 그리고 그 모든 뜻을 다 안다고 해도, 한문을 해석하는데 효과가 크지 않다. 왜냐하면, 문장마다 각 단어가 지닌 그 많은 뜻을 하나하나 적용해서 어떤 의미로 쓰였는지 찾는 것은 변수가 너무도 많다. 따라서 좀 더 효과적으로 자전을 보는 방법이 필요하다. 예를 들면, '承河(승하)'라는 두 단어의 결합이 있다. 문장 속에서 뽑아낸 것이지, 단어인지, 단어라면 일반명사인지, 고유명사인지, 고유명사라면 강의 이름인지, 사람의 이름을 의미하는 것인지 전혀 정보가 없다. 정보는 '이을 승(承), 물 하(河)'라고 하는 것이다. 먼저, 자전에서 '이을 승(承)'과 '물 하(河)'를 찾아보자.

> **자전** 承 이을 승, 건질 증, 구원할 증
>
> 1) 받들다, 받들어 모심. 2) 받쳐 들다. 3) 잇다, 계승함. 4) 받다, 받아들임. 5) 장가 들다. 6) 돕다. 7) 차례, 순서. 8) 후계, 후사(後嗣). 9) 절구(絶句)에서 둘째 구. 10) 건지다, 빠진 것을 구하다(증). 11) (물품을) 보내다(증).

1) 강 이름, 황하(黃河). 2) 물, 내, 강. 3) 유수(流水)의 총칭. 4) 운하(運河). 5) 은하
(銀河), 천한(天漢). 6) 주(洲), 삼각주. 7) 신, 정령(精靈). 8) 섬. 9) 메다, 짊어지다.

　필자는 '承'을 '중'으로도 독음하는 것에 대하여 이 글을 쓰면서 처음 알았다. 한자는 한 단어
에 30여 가지 이상의 의미가 있기도 하다. 다행히 두 단어는 그 뜻이 10여 개 내외로 그다지 많
지 않다. 그렇다고 '이을 승(承)'의 열한 가지 뜻을 다 알 수는 없다. 그렇다면 비슷한 뜻으로 묶
어서 몇 가지로 알면 좋을까? 괜찮다. 그러나 처음에는 그것도 추천하지 않는다. '承(이을 승)'
과 관련하여 알아야 할 것은 '승'으로 독음하며, 기본적인 의미는 '잇다'라는 점이다. 그리고 '잇
다'의 의미로 쓰일 때, 그 품사가 '타동사'라는 점이다. 물론, '承(승)'은 '잇다'라는 의미 외에도 '차
례', '후계', '장가들다' 등의 뜻이 있고, 품사는 '타동사' 외에 '명사' 또는 '자동사'로도 쓰인다. 그러
나 해석은 글자가 지닌 기본적인 의미와 그 품사로부터 시작해야 한다. 만약, 그 기본적인 의미
와 품사로 해석되지 않을 경우, 자전을 이용해 단어가 지니는 다른 의미나 품사를 적용하면 된
다. 물론, 모두가 그렇지는 않다. 왜냐하면, '之(갈 지)'는 '가다'라는 뜻의 동사인데, 문장에서 '가
다'라는 의미의 동사로 쓰인 경우는 5% 미만이다. 다만, 이러한 단어의 예는 그다지 많지 않다.
처음부터 자전에 있는 모든 뜻을 암기하려고 하지 말고, 단어가 가지는 기본적인 의미와 독음에
서 시작해서 문장구조와 단어의 결합을 이해하면서 차츰 자전을 사용해서 확장하면 된다. 문장
구조와 단어의 결합을 알지 못하고, 자전에 있는 모든 의미와 독음을 외워서는 아무런 의미가
없다. 그렇다면, '河(물 하)'는 어떻게 해야 할까? '河(하)'는 '물'이라는 뜻이고, '하'로 독음하며, 그
품사는 '명사'라는 점이다. 중요한 것은 글자의 다양한 뜻보다는 기본적인 의미와 그 의미의 품
사(品詞)이다.

　'承河(승하)'에서 '타동사(承)'와 '명사(河)'라는 품사가 왜 중요할까? 타동사는 문장에서 술어
역할을 하며, 그 뒤에 '주어+술어+목적어+보어' 구조에 따라 목적어가 오기 때문이다. 명사는 문
장에서 술어의 앞에서는 주어(은/는, 이/가)가 되고, 술어 뒤에서는 목적어(을/를)나 보어가 된
다. 따라서 '河(하)'는 술어 뒤에 있는 '물'이라는 명사이기 때문에 주어가 아니라 목적어나 보어

의 역할을 할 수밖에 없다. 해석은 타동사 뒤에 위치하므로 '물'이라는 명사에 우리말의 '을'이라는 목적격 조사를 붙여주면 된다. 결국, '承河'는 문장 앞과 뒤에 연결된 단어나 어구에 따라 달라질 수도 있지만, 기본적으로 '물을 잇다'라는 의미로 '술어+목적어' 구조이다. 실제 '承河(승하)'는 필자의 이름이다. 그러나 필자의 이름이라는 정보가 없다면, 해석은 단어의 기본적인 의미와 그 품사로부터 단어가 놓인 위치에 따라 문장의 역할을 부여하면 된다. 만약, 기본적인 의미와 품사가 적용되지 않을 때, 앞과 뒤에 연결되는 다른 단어와 논리적으로 연결해서 적합한 뜻과 품사를 살펴보면 된다. 이때 자전(字典)이 필요하다. 물론, 자전이 필요하지만, 대부분 문장은 자전이 없어도 해석된다. 실제 3부에서 직접 원리를 적용하면서 해석하면, 그 효과를 체득할 수 있을 것이다.

이 글에는 반론이 있을 수 있다. 왜냐하면, '한문에는 고정된 품사가 없다'라고 하는 말이 있기 때문이다. '한문에 고정된 품사가 없다'라고 하는 말은 맞는 말이다. 그리고 '고정된 품사가 없다'라고 하는 점은 이 책에서 해석의 원칙에 앞서는 기본 원칙 중 하나이다. '도대체 무슨 말이야?'라고 하는 의문이 들 수도 있다. 단어의 품사는 자전에 담긴 모든 뜻에서 나오는 것이 아니라, 문장에서 각 단어가 놓이는 위치에 따라 그 품사가 정해진다.

5장.
글은 말과 뜻을 다 할 수 없을까(書, 盡言與意乎)?

「계사상전(繫辭上傳)」 12장 2절이 어떻게 직역되는지 그 과정을 세부적으로 살펴보자. 이 문장을 해석하는 데, 처음에는 길고 낯설고, 또 어려울 수도 있다. 그러나 천천히 읽고 그 구조를 이해하면서 스스로 문장을 분석해 보면 도움이 될 것이다. 한 구절 한 구절 이와 같은 방법으로 한문을 해석하면, 어느 순간 자신만의 한문 공부에 문리가 나게 될 것이다. 그리고 문장구조와 단어의 결합 방식을 생각하면서 순서대로 직역하고, 스스로 계속해서 의문을 품고, 그 의문에 관한 답도 스스로 제시하면 더욱더 도움이 될 것이다. 예는 아무런 정보가 없는 백문(白文)으로 문장구조에 담긴 정보를 제시했다. 아마도 이 한 문장만으로도 한문 공부에 문리가 날 수도 있을 것이다.

子曰書不盡言言不盡意然則聖人之意其不可見乎聖人立象以盡意設卦以盡情僞繫辭焉以盡其言變而通之以盡利鼓之舞之以盡神

『주역(周易)』계사상전(繫辭上傳) 12장 2절)

(1) A曰: "~" (A가 말하길, "~"라고 했다. A가 "~"라고 말했다.)

A謂B曰: "~"(A가 B를(에게) 일러 말하길, "~"라고 했다. / (B가 실제 대화 장소에 없다면) A가 B를 평하여 말하길, "~"라고 했다. / A가 B에게 말하길, "~"라고 했다(≒ A語B曰: "~").) / A請於B曰: "~"(A가 B에게 청하여 말하길, "~"라고 했다(≒ A請于B曰: "~").)

(2) 書不盡言

'不'은 뒤에 있는 동사나 형용사를 부정하고, '非'는 뒤에 있는 명사를 부정한다. '不'은 '盡(다하다)'라는 타동사를 부정한다. 따라서 '不盡'은 '다하지 않는다'라고 해석한다. 그리고 '不'이 술어인 '동사나 형용사'를 부정한다는 점에서 '書不盡言'에서 '盡'은 동사로서 문장에서 술어의 역할(-다)을 한다. '言'은 술어인 타동사 '盡'의 뒤에 위치하고, 품사가 명사이므로 술어의 목적어이다. 따라서 '言'은 목적격 조사인 '을/를'을 붙여서 해석한다. 한편, '書'는 술어 '不盡'의 앞에 위치하고, 품사가 명사이므로 문장에서 주어이다. 따라서 '書'는 주격 조사인 '은/는, 이/가'를 붙여서 해석한다. 즉, '書不盡言'은 '주어(書는)+술어(不盡~다)+목적어(言을)'의 구조로, 그 뜻은 '書는 言을 다하지 않는다'라고 직역한다. 한문에서 우리말이 추가된 것은 주격 조사와 목적격 조사뿐이며, 추가된 말은 술어를 중심으로 단어가 위치하는 자리에 따라서 더해졌다. 이 글을 부드럽게 고치면, '글(書)은 말(言)을 다하지(盡) 못한다(不)'라고 할 수 있다. 한문은 술어의 위치에 따라 앞과 뒤의 단어의 역할이 결정된다. '不'은 술어의 역할을 할 수 있는 동사나 형용사를 부정하기 때문에 문장에서 술어를 잡아 주는 중요한 단서이다.

한 걸음 나아가기 ▶ '不'은 술어의 역할을 하는 동사나 형용사의 앞에 놓여 술어를 부정한다. 따라서 '不' 뒤에 명사처럼 보이는 단어가 있더라도, 동사나 형용사로 만들어서 부정해야 한다. 예를 들어보자. 『논어』의 구절 중에 '君不君(군불군)'이 있다. 이를 '임금이 임금이 아니다'라고 해석하면, 이는 잘못된 해석이다. '不'의 뒤에 있는 '君'은 형용사로서 술어의 역할을 해야 하고, '不' 앞에 있는 '君'은 명사로서 주어의 역할을 해야 한다. 따라서 이는 '임금(君)이 임금답지(君) 못하다(不)'라고 해석해야 한다. 만약 '임금이 임금이 아니다'라는 문장을 만들려면, '不'이 아니라 명사를 부정하는 '非'를 써서 '君非君'으로 작문해야 한다. '不'과 '非'는 이어지는 단어의 품사와 성분을 결정할 뿐만 아니라 해석의 정확성을 결정해 준다. 한 가지 예를 더 보자. '不日'은 '해가 아니다' 혹은 '하루가 아니다'라고 해석하면, 이 또한 잘못된 해석이다. '不'은 술어적 의미를 지니는 동사(형용사)를 부정하므로 '日'에 술어의 의미가 있다. 따라서 '不日'은 '하루가 지나지 않는다' 혹은 '하루가 걸리지 않는다' 등으로 문맥에 맞게 해석해야 한다. '日'을 '하루가 지나다' 혹은 '하루가 걸리다' 등 술어의 의미를 넣어 해석하는 것은 자전으로도 풀리지 않는다. 이는 순전히 '不' 때문에 생긴 의미이다. 한문은 고정된 품사가 없다. 단어는 그 위치에 따라 품사가 정해지고, 문장에서 주어, 목적어, 보어, 술어, 부사어 등의 성분, 즉 역할이 정해진다. 참고로 '不' 뒤에 'ㄷ', 'ㅈ'으로 독음하는 단어가 오면, '不'은 '불'로 독음하지 않고, '부'로 독음한다. ▶ 不盡: 불진(×), 부진(○)

(3) 言言

같은 단어가 반복되면 두 단어 사이를 끊고 해석한다. 즉, '~不盡言, 言不盡~'으로 구분된다. 다만, 같은 단어가 반복하면, 부사어 혹은 의성어(소리를 흉내 낸 말) 또는 의태어(모양이나 움직임을 흉내 낸 말)일 수도 있다. 그래서 문장에서 같은 단어가 반복되면 일단 끊어서 해석하고, 해석되지 않으면 반복된 글자를 연결해서 의성어, 의태어, 혹은 다른 부사어의 뜻이 있는지 찾아야 한다.

(4) 言不盡意

'不'은 뒤에 있는 동사를 부정하고, '非'는 뒤에 있는 명사를 부정한다. '書不盡言'에서 설명했듯이 '不盡(부진)'은 목적어를 가지는 술어이다. '言不盡意'은 '言(주어, 은/는, 이/가) 不盡(술어, ~

다) 意(목적어, 을/를)'의 구조로, '말(言)은 뜻(意)을 다하지(盡) 못한다(不)'라고 해석한다. 한문은 유사한 구조를 반복해 문장을 배열한다. 따라서 단어의 품사와 역할은 그 단어가 놓인 위치로 파악된다. '書不盡言'과 '言不盡意'이 대(對)를 이루는 구조이다.

(5) 然則: 그러나, 그런즉

(6) 聖人之意

'之'는 주격·관형격·목적격 조사로도 쓰이고, 동사나 대명사 등으로 쓰인다. 그리고 때로는 도치를 나타내기도 한다. '之'는 '以'와 같이 한문에서 많이 쓰이는 글자로 한문 해석을 어렵게 한다. 그러나 두 단어는 어느 정도 그 쓰임을 예측할 수 있다. 문장에서 '之'는 대부분 뒤에 나오는 단어의 품사(명사 혹은 동사(형용사))가 그 역할을 결정한다. 따라서 뒤에 나오는 단어의 기본 품사로 그 쓰임을 알 수 있다.

① '之' 뒤에 명사가 나오는 경우, '之'는 우리말의 관형격 조사(~의, ~하는, 한, ~ㄴ)로 쓰인다. 특히, 관형격 조사는 대부분 '~의 명사'로 해석되지만, '~하는 명사'로도 자주 해석된다. '聖人之意'에서 '之' 뒤에 놓인 '意'는 '의'로 독음되며, 의미는 '뜻'이므로, 품사는 '명사'이다. 따라서 '聖人之意'의 '之'는 관형격 조사로 쓰였으며, '聖人之意'은 '성인의 뜻'으로 해석한다.

② '之' 뒤에 동사나 형용사가 나오는 경우, '之'는 우리말의 주격 조사(~은/는, 이/가)로 쓰인다. 단, 주격 조사로 쓰이면 주로 문장에서 구(句, 주어+술어)인 경우이다. 문장에서 '之+所'인 경우도 '之'는 주격 조사로 해석한다. 그런데 우리말의 주격 조사로 그 의미가 어색하면, 목적격 조사 '~을/를' 넣어서 해석한다. '之'의 목적격 조사는 목적어가 술어 앞으로 도치된 단서이다.

한 걸음 나아가기 ▶ 목적격 조사(을/를)의 예를 살펴보자. '之'가 목적격 조사(을/를)로 쓰인 경우, 주격 조사(은/는, 이/가)와 구별이 쉽지 않다. 흔히, 목적격 조사인 경우는 뒤에 '말하다'라는 단어가 위치하는 예가 많다. 그러나 이를 벗어난 예도 있다. 결국, '之' 뒤에 동사(형용사, ~다)가 오면 먼저 주격 조사(은/는, 이/가)로 해석하고, 그 의미가 어색하면 목적격 조사(을/를)로 해석한다. 『중용』의 다음과 같은 문장을 직역해 보자.

> 天命之謂性, 率性之謂道, 修道之謂敎。(『중용』 1장 1절)
> 천명(天命)을(之) 성(性)이라 말하고(謂), 솔성(率性)을(之) 도(道)라 말하며(謂),
> 수도(修道)를(之) 교(敎)라 말한다(謂).

　'天命之謂性'에서 술어가 될 수 있는 단어는 '命(명)'과 '謂(위)'이다. '命(명)'은 '목숨'이라는 명사인데, '명하다'라는 동사로도 흔하게 쓰여 술어가 되기도 한다. 그런데 '謂(위)'는 '이름'이라는 명사로도 쓰이지만, 기본적으로 '이르다(말하다)'라는 동사로 쓰인다. 따라서 문장 안에서 '謂(위)'는 어구(語句)의 한 품사로 쓰이지 않았다면 술어일 확률이 높다. 또한, 한문은 문법적 기능이 같고, 순서도 비슷하며 의미가 서로 짝을 이루어 작문한다. 즉, 한문은 서로 대(對)를 갖춘 일정한 형식을 반복해서 작문하는 특징이 있다. 따라서 뒤에 이어지는 '率性之謂道, 修道之謂敎'으로 볼 때, '天命之謂性'에서 술어는 목적어를 갖는 타동사인 '謂'이다. 물론, 문장을 처음 접한다면, 다양한 가능성을 두고 '命(명)'이 술어라 가정하고도 문장을 해석해야 한다. 그리고 그중에 술어로서 어떤 단어가 적합할 것인가를 고민하는 것이 문장 해석에 도움이 된다.

　'謂'가 술어라면, 그 앞에 있는 '天命(천명)'은 주어의 역할(은/는, 이/가)을 하고, 그 뒤에 있는 '性(성)'은 목적어 역할(을/를)을 한다. 따라서 '之' 뒤에 동사인 '謂'가 있으므로 '之'는 '天命'의 주격 조사(은/는, 이/가)이며, '天命之'는 '천명이'라 해석하며, '天命之謂性'는 '천명이 성을 말하다'라고 해석한다. 그런데 뒤에 이어지는 '率性之謂道, 修道之謂敎。'을 보면, '솔성(率性)이(之) 도(道)를 말하고(謂), 수도(修道)가(之) 교(敎)를 말한다(謂)'라고 해석하면 그 뜻이 통하지 않는다. 왜냐하면, '率性'과 '修道'가 말을 하는 주체로 보기 어렵기 때문이다. 이때 '之'를 목적격 조사(을/를)로 바꾸면, '천명(天命)을(之) 성(性)이라 말하고(謂), 솔성(率性)을(之) 도(道)라 말하며(謂), 수도(修道)를(之) 교(敎)라 말한다(謂)'라고 해석할 수 있다. 실제 '之'는 '謂(이를 위)' 뒤에 위치하는 목적어 '天命', '率性', '修道'를 도치한 의미이다. 다만, 해석할 때는 목적격 조사(을/를)로 해석하여 풀이된다. 한문에서 목적어를 술어 앞으로 도치하는 경우는 문장에서 강조하거나 그 의미를 명확히 하기 위해서이다.

『맹자』「양혜왕상」, '輿薪之不見(여신지불견)'를 살펴보자. '不'은 술어를 부정하므로 그 뒤에 있는 '見'은 동사로서 술어이다. 그러므로 술어 '不見' 앞에 있는 '之'는 주격 조사(은/는, 이/가)로 '輿薪(여신)'이 보지 못하다'라고 해석할 수 있다. 그런데 '輿薪(여신)'이 고유명사가 아니라면 '수레의 섶'이라는 뜻이다. 그래서 문장은 '수레의 섶이 보지 못하다'라고 해석된다. 우화(寓話)가 아니라면, 이 문장은 그 뜻이 통하지 않는다. 이 경우 '之'를 목적격 조사(을/를)로 보면, '수레의 섶을 보지 못하다'라고 해석할 수 있다. 즉, 이 어구의 형태는 '不見輿薪'인데 '輿薪'을 술어 앞으로 도치하고, 도치의 단서로 '之'를 표기한 것이다. 그렇다면, 왜 '之'를 넣어서 도치했을까? 이는 목적어인 '輿薪'을 강조하기 위해서이다.

한 걸음 나아가기 ▶ '天命', '率性', '修道'처럼 두 단어가 나란히 있을 때, 크게 세 가지 유형으로 구분할 수 있다.

먼저, 문장구조(주어+술어+목적어+보어)에 따라 '주어+술어', '술어+목적어', '술어+보어' 구조 중에서 하나로 해석할 수 있다. 이때도 '술어'가 중요하다. 즉, 두 단어 중에서 어느 단어를 술어로 잡느냐에 따라 술어 앞에 위치하는 단어와 술어 뒤에 위치하는 단어의 문장 성분이 결정된다. 앞의 문장에서 '天命(천명)'은 문장에서 '하늘이 명해준 것'으로 해석되는데, '天命' 두 단어는 '하늘이 명하다'라는 '주어+술어' 구조이다. 그리고 '率性(솔성)'은 문장에서 '성품을 따르는 것'으로 해석되는데, '率性(솔성)' 두 단어는 '성품을 따르다'라는 '술어+목적어' 구조이다. '修道(수도)'도 문장에서 '도를 닦는 것'으로 해석되는데, '修道' 두 단어는 '도를 닦다'라는 '술어+목적어' 구조이다. 만약, '天命'을 '命天'으로 작문하면, 그 기본적인 의미는 '하늘을 명하다' 또는 '하늘에 명하다(命於天)'가 되고, '率性'을 '性率'로 작문하면, 그 기본적인 의미는 '성품이 따라가다'가 되며, '修道'를 '道修'로 작문하면, '닦는 것을 말하다'라는 의미가 된다.

둘째, 문장구조가 아니라면, 단어의 결합 중에서 하나이다. 앞의 단어는 뒤의 단어를 꾸며 주는 수식 관계다. 한문에서 '所'와 같은 몇몇 특정한 자를 제외하고, 우리말과 같이 수식하는 말은 수식을 받는 말 앞에 있다. 수식을 받는 말이 명사이면, 그 앞에서 수식하는 말은 형용사가 된다. 그리고 수식을 받는 말이 동사이면, 그 앞에서 수식하는 말은 부사가 된다. 高山(고산, 높은 산), 靑山(청산, 푸른 산), 淸天(청천, 맑은 하늘) 등이 그러한 예이다. 이를 山高(산고), 山靑(산청), 天淸(천청)으로 작문하면, 그 뜻은 '산이 높다, 산이 푸르다, 하늘이 맑다'라고 해석되어 '주어+술어'의 문장구조이다.

셋째, 문장구조도 아니고, 수식 관계도 아닌, 명사(1)와 명사(2)의 결합이면, '명사(1)와 명사(2)', '명사(1)의 명사(2)'로 해석한다. 물론, '衣服(의복)'과 같이 비슷한 뜻이 나열되어 한 단어가 되는 예도 있다. '輿薪(여신)'의 '수레의 섶'과 같이 의미가 명확한 예도 있지만, '父子(부자)'와 같이 '아버지와 아들'로 해석할 수도 있고, '아버지의 아들'로도 해석할 수 있다. '天命'도 '하늘이 명하다'라 해석할 수도 있고, '하늘의 명'으로도 해석할 수 있다. 즉, '주어+술어' 구조는 관형격과 해석상 차이가 없을 때도 있다. 이러한 예는 어느 해석이 맞고, 어느 해석이 틀린 문제가 아니라, 문맥에 따라 해석하는 사람의 선택에 따라 달라진다.

③ '之' 뒤에 단어가 없거나 단어가 있더라도 그 품사를 명사나 동사(형용사)로 보기 어려운 경우, '之'는 앞에 나온 명사(명사구)를 받는 대명사로 쓰인다. '之'가 대명사로 쓰이면 대부분 그 앞에 술어가 놓이고, '之'에 목적격 조사를 붙여 '그것을', '그를' 등으로 해석한다. 일반적으로 '之'가 대명사일 경우 문장 끝에 위치한다고 알려져 있다. 그런데 이는 '술어의 뒤'라는 의미일 뿐, 문장의 끝을 의미하는 것은 아니다. 한편, '之' 앞에 목적어를 갖지 않는 형용사나 자동사가 위치하면 '之'는 '그것에', '거기에', '그곳에' 등 보어로 해석한다. '變而通之(1)以盡利, 鼓之(2)舞之(3)以盡神'에서 '之(1, 2, 3)'는 각각 '變而通', '鼓', '舞'와 결합하여, 각각 앞에 결합한 술어의 대명사로서 목적어 역할을 한다. 따라서 이를 직역하면, '그것을(之(1)) 변하고(變而) 통하게 하다(通). 그렇게 함으로써(以), 이(利)를 다하고(盡), 그것을(之(2)) 북치게 하고(鼓), 그것을(之(3)) 춤추게 한다(舞). 그렇게 함으로써(以), 신묘함을(神) 다한다(盡)'가 된다. 이를 단순화하면, '그것(之)을 변하고 통하게(變而通) 함으로써(以) 이(利)를 다하며(盡), 그것(之)을 북치고(鼓) 그것(之)을 춤추게(舞) 함으로써(以) 신묘함을(神) 다한다(盡)'라고 할 수 있다. '盡利'과 '盡神'은 모두 '술어+목적어' 구조이다. 『중용』의 '視之

而弗見, 聽之而弗聞'은 '그것(之)을 보려고(視) 해도(而) 보이지(見) 않고(弗), 그것(之)을 들으려(聽) 해도(而) 들리지(聞) 않는다(弗)'라고 하는 의미이다. 여기서 '之'는 대명사로 '視'과 '聽'의 목적어이다.

④ 주격·목적격·관형격 조사도 아니고, 대명사나 도치도 아니라면, '之'는 실사의 의미로 '가다', '떠나다', '버리다'라는 동사로 쓰인다. '之'가 '가다'라는 의미의 '갈 지'이면서도, 실사로써 '가다'라고 쓰이는 예는 흔하지 않다. '則必命有司所之'라고 하는 구절을 보자. 기본적으로 술어의 역할이 가능한 것은 '有'이다. 그런데 '有司'는 고유명사로 직책의 이름이다. 여기서 술어를 잡는 단서는 부사 '必'이다. 부사는 때로는 문장 전체를 수식하기도 하는데, 기본적으로 술어의 역할을 하는 동사나 형용사 앞에서 동사나 형용사를 수식하는 말이다. 따라서 부사는 문장에서 술어를 잡는 단서이다. 특히, '必'과 같은 종류의 단어는 그 뒤에 술어가 오는 예가 많다. 따라서 '命'은 '목숨'이 아니라 '명하다'라는 술어이다. 그리고 '命' 뒤에 고유명사 '有司'는 구조상 '有司에게 명하다'라는 의미가 된다. 한편, 한문에서 수식하는 말은 수식을 받는 말의 앞에 온다. 그 예외인 경우가 '所'이다. '所'는 뒤에 오는 술어의 의미와 결합하여 '~하는 바(곳, 사람)'로 해석된다. 이때 '之'가 '가다'의 의미이다. 그래서 '所之'는 '간 곳', '갈 곳', '갔던 곳' 등으로 해석한다.

⑤ '之'는 시간을 의미하는 명사와 함께 사용되어 시간을 나타내는 부사로 쓰이기도 한다. 다만, 이를 관형격 조사로 보기도 한다. ▶ 古之(옛날에), 今之孝者(지금에 효는)

(7) 其不可見乎: (유형) 아마도 볼 수 없는 것입니까?

'其'는 기본적으로 사람이나 사물을 받는 대명사 '그'의 의미이다. '其'는 대명사 '之'와 달리 문장 앞에 위치하기도 한다. 그러나 문장에서 대명사 외에도 '아마도'라는 추측의 의미로 사용되는 예가 있다. '其'가 추측의 의미로 쓰일 때, 대부분 문장 끝에 '乎', '與'와 함께 쓰인다. 문장에서 '其 ~ 乎', '其 ~ 與'는 '아마도 ~일 것이다'라는 의미이다.

원문▶ 子曰: "中庸, 其至矣乎!"(『중용』3장 1절).

직역▶ 공자(子)가 말하길(曰), "중용(中庸)은 아마도(其) 지극할(至) 것이로다(矣乎)!"라고 했다.

여기서 '其'는 추측의 의미로 사용되었다. 만약, '其'가 대명사라면, 그 앞에 있는 '中庸'을 받아야 한다. 그런데 다른 말이 중간에 삽입되지 않고, '中庸'이란 명사를 이어서 '其'로 받을 필요는 없다. 따라서 '其'는 대명사가 아니라 추측의 의미로 쓰였다. 그리고 문장 끝에 '乎'로 연결되었다.

'不可見'에서 '可'는 기본적으로 '옳다'라는 의미를 지닌 형용사로서 '술어'의 역할을 한다. 그러나 '可'는 문장에서 대부분 술어 앞에 위치해 술어의 의미를 보조한다. '可'와 같이 술어의 의미를 보조하면서 서로 의미가 통하는 단어는 '能', '得', '足'이 있다. 문장에서 '可', '能', '得', '足'은 대부분 그 뒤에 오는 술어와 연결되어 '술어를 찾는 단서'이다. '不可見'은 '볼(見) 수(可) 없다(不)'라는 의미이다.

한 걸음 나아가기 ▶ 술어의 의미를 보조하는 '가능(~할 수 있다 / ~할 만하다)'의 보조사 '可, 能, 得, 足'은 서로 문법적 기능과 의미가 통한다. 즉, '可'를 대신하여 그 자리에 '能', '得', '足'을 써도 된다. 그리고 이들은 그 뒤에 '以'가 붙어서 '可以, 能以, 得以, 足以'로도 쓰인다. 그런데 '以'가 붙으면 '주어+可以+술어' 구조로만 해석되고, '以'가 붙지 않으면 '목적어+可+술어' 구조로도 해석될 수 있다. 이는 목적어를 술어 앞으로 도치해 강조한 것이다. 한문은 '술어+목적어' 구조인데, '목적어+술어' 구조로 쓰이는 예외이다. 그래서 '以'가 없이 '可, 能, 得, 足'이 술어와 연결되면 '목적어+술어' 구조로 쓰였을 가능성을 염두에 두고 해석해야 한다. 따라서 '聖人之意, 其不可見乎?'은 두 가지로 될 수 있다. 첫째, 성인의 뜻은 아마도 보이지 않는 것입니까? 둘째, 아마도 성인의 뜻을 볼 수 없는 것입니까?

(8) 聖人立象以盡意: 성인(聖人)은 상(象)을 세우고(立), (그렇게) 함으로써(以) 뜻(意)을 다한다(盡).

학예연구사가 알려 주는 **한문 해석의 비밀**

設卦以盡情偽: 괘(卦)를 베풀고(設), (그렇게) 함으로써(以) 참(情)과 거짓(偽)을
다한다(盡).

繫辭焉以盡其言: 거기에(焉=於之) 말(辭)을 매달고(繫), (그렇게) 함으로써(以) 그
(其) 말(言)을 다한다(盡).

'以'는 도구, 방법, 이유, 시간, 목적 등 다양한 의미로 사용되는데, 기본적으로 영어의 'with+명
사'와 같은 개념이다. '以'는 '之'와 함께 한문 해석을 어렵게 한다. 영어에서 'with'가 'with+명사
(명사구)' 형태이듯 '以'는 '以+명사' 형태이다. 만약, '以' 뒤에 명사가 아니라 동사나 형용사가 있
으면, '以'와 동사(형용사)의 사이에 대명사 '之'가 생략된 형태이다. 따라서 '以'와 동사(형용사)
사이에 대명사 '之'를 넣어서 해석하면 된다. 이를 정리하면, ① '以' 뒤에 명사가 있으면, 'with+명
사'를 '명사로서(써)' 또는 '명사를 가지고'로 해석하고, ② '以' 뒤에 동사(형용사)가 있으면, 그 뒤
에 대명사 之를 넣어 '以+之+동사(형용사)'로 보고, '그것으로서(써) 동사(형용사)하다'의 의미로
해석한다. '聖人立象以盡意'에서 '以' 뒤에 '盡(다하다)'이라는 술어가 있다. 따라서 '以' 뒤에 '之'를
넣으면, '聖人立象以(之)盡意'가 된다. 그리고 그 해석은 '성인이 상을 세웠으니, (그것)으로써 뜻
을 다했다'이다. 여기서 '그것'은 '상을 세우다'라는 '술어+목적어'의 '立象'의 어구(語句)를 받는 대
명사이다. 그런데 이 경우 '以'가 앞에 있는 명사구와 연결되어 '명사(구)+with'로, '立象以'를 '상
을 세움으로써'라고 해석하기도 한다. 그러나 '以' 뒤에 있는 생략된 대명사 '之'가 '以' 바로 앞에
있는 구와 직접 연결되지 않는 경우가 있다. 그리고 앞말과 바로 연결해서 해석하면, 저자가 강
조하려는 어감이 잘 드러나지 않는다.

'聖人立象以盡意' 1. 성인이 상을 세웠으니, 그것으로써 뜻을 다했다. 2. 성인이 상을 세움으로
써 뜻을 다했다.

그 밖에 '以'는 동사로 '사용하다', 명사로 '까닭', 관용구로 '以爲(~을 (으로) 여기다)' 등으로 쓰이
고, 시간, 동작 등 다양하게 쓰인다. 기본적으로 '以'는 뒤에 명사(명사구)가 오면 'with+명사', 뒤
에 동사(형용사)가 오면 대명사 '之'가 생략된 것으로 본다.

'焉'은 의문대명사, 의문부사, 접속사로도 쓰이나, 주로 '也', '矣'와 같이 종결사로 쓰인다. 그런

데 종결사로 쓰일 때 '也', '矣'와 달리 '於是', '於此', '於之'의 준말로 '거기에, 여기에서, 이것에, 그 것에' 등의 의미이다.

君子, 無入而不自得焉。(『중용』14장 2절) 군자는 들어가서 스스로 거기에서(焉=於之) 얻지 못하는 것이 없다.

三人行, 必有我師焉。(『논어』「술이」) 세 사람이 걸어감에, 반드시 나의 스승이 거기에(焉=於之) 있다.

昔者, 吾舅死於虎, 吾夫又死焉, 今吾子又死焉。(苛政猛於虎 고사성어) 옛날에 나의 시아버지가 호랑이에게 죽었고, 나의 남편이 또 그것에게(焉=於之) 죽었으며, 이제 내 아들이 또 그것에게 (焉=於之) 죽었다.

(9) 變而通之以盡利, 鼓之舞之以盡神。

'而'는 2인칭(너, 그대, 당신)으로 사용되기도 하지만, 기본적으로는 접속사로서 명사와 명사를 연결하지 않고, 술어의 의미인 동사(형용사)와 동사(형용사)를 연결하거나 문장을 연결한다. 명사와 명사를 연결하는 접속사는 '與'와 '及'이다. 한자는 고정된 품사가 없으나 문장에서 단어가 놓인 자리와 연결되는 단어에 따라 성분과 품사가 정해진다. 따라서 '而' 앞과 뒤는 술어적 의미의 동사류가 위치해야 한다. 만약, 단어의 결합에 '而'를 중심으로 앞과 뒤에 동사가 없다면, 그 앞과 뒤의 단어에 술어의 의미를 더해줘야 한다. 다만, 술어의 반복을 피하려고 우리말의 부사처럼 연결하기도 한다. 대명사 '之'는 앞에서 설명했기 때문에 여기서는 설명을 생략한다.

「계사상전(繫辭上傳)」12장 2절은 아래와 같이 표점하고 직역할 수 있다.

> **표점** 子曰: "書不盡言, 言不盡意。", "然則聖人之意, 其不可見乎 ?" 子曰: "聖人立象
> 以盡意, 設卦以盡情僞, 繫辭焉以盡其言, 變而通之以盡利, 鼓之舞之以盡神。"
>
> **직역** 공자(子)가 말하길(曰), "글(書)은 말(言)을 다할(盡) 수 없고(不), 말(言)은
> 뜻(意)을 다할(盡) 수 없다(不)."라고 했으니, "그렇다면(然則) 성인(聖人)의(之) 뜻
> (意)은 아마도(其) 볼(見) 수(可) 없는(不) 것입니까(乎)?"라고 하니, 공자(子)가 말

하길(曰), "성인(聖人)은 상(象)을 세우고(立), 그렇게 함으로써(以) 뜻(意)을 다하며(盡), 괘(卦)를 설하고(設), 그렇게 함으로써(以) 정(情)과 위(僞)를 다하며(盡), 그것에(焉=於之) 사(辭)를 계(繫)하고, 그렇게 함으로써(以) 그(其) 말(言)을 다하며(盡), 그것(之)을 변하(變)고(而) 통(通)하게 하여, 그렇게 함으로써(以) 이(利)를 다하며(盡), 그것(之)을 북치고(鼓) 그것(之)을 춤추게(舞) 하여, 그렇게 함으로써(以) 신묘함(神)을 다한다(盡)."라고 했다.

2부

한문(漢文)에
문리(文理) 나기!

1장.
해석을 위한 기본 원칙

한번쯤 '1만 시간의 법칙'을 들어 본 적이 있을 것이다. 어떤 분야에서 전문가가 되려면 적어도 10,000시간 이상을 노력해야 하는 것을 일컫는 말이다. 이 법칙이 '한문 문리 나기'에도 적용될까? 만약, 문장구조의 원리나 단어의 결합 원리를 알지 못한다면, 2만, 3만 시간 혹은 5만 시간을 노력해도 한문에 문리를 터득하기는 어렵다. 그렇다고 한 권의 책이 독자를 한문 해석의 전문가로 만들기도 어렵다. 이 책은 문장구조와 단어의 결합 원리를 이해하고, 스스로 공부하는 방법을 제시한다. 문장을 직역하면서 현대 국문법에 맞지 않아도 걱정할 필요는 없다. 중요한 것은 문장구조에 맞게 해석하고, 문장의 의미를 제대로 파악할 수 있느냐이다.

한문은 문장구조와 단어의 결합을 이해해야 한다. 흔히 이를 문장을 구성하는 규칙인 '문법'이라고도 한다. 한문은 주어와 술어(서술어)의 관계가 한 번만 이루어지는 단문(單文)이 있고, 주어와 술어의 관계가 두 번 이상 이루어지는 복문(複文)이 있다. 즉, 아무리 문장이 길어지더라도 주어와 술어의 관계가 한 번으로 이루어지면 단문이다.『맹자』의 첫 구절 '孟子見梁惠王(맹자견양혜왕)'을 보자. '孟子(맹자)', '梁(양)', '惠王(혜왕)'은 고유명사이다. 그중에서 '梁(양)'은 중국 전국시대 위(魏)나라의 다른 이름이고, '혜왕'은 위나라의 3대 군주이다. 한문에서는 특수분야에서 사용하는 전문용어 또는 어떤 사람이나 사물의 이름 혹은 지명을 나타내는 고유명사에 종종 어려움을 겪는다. 이는 우리말이나 글에서도 마찬가지이다. 그래서 관련 분야의 용어에 익숙하지 않아서 고유명사를 글로 풀어내는 오류를 범하기도 한다. 이 문장에서도 만약 '양(梁)'을 전국시대 위나라의 다른 이름이라는 것을 알았다고 해도, '혜왕(惠王)'이 고유명사라는 것을 몰랐다면, '梁惠王(양혜왕)'을 '양나라의 은혜로운 왕'으로 해석할 수도 있다. 결국, 이 책을 읽고 그 내용을 모두 이해한다고 해도, 각 분야에서 사용하는 전문용어나 고유명사는 해당 분야에서 익혀야 한다. '孟子見梁惠王'에서 고유명사를 제외하면, 술어는 타동사 '見'뿐이다. 타동사는 그 뒤에 한글 '~을/를'로 해석되는 목적어를 갖는다. 따라서 술어 앞에 놓인 '孟子(맹자)'는 주어가 되어 주격 조사(은/는, 이/가)를 붙여서 해석하고, 술어 뒤에 있는 '梁惠王(양나라 혜왕)'은 목적어가 되어 목적격 조사(을/를)를 붙여 해석한다. 그래서 문장은 '맹자(孟子)가 양(梁)의 혜왕(惠王)을 보았다(見, 만났다)'라고 해석된다. 이는 '주어+술어+목적어' 구조이고, 목적어인 '梁惠王(양혜왕)'에서 '혜왕'은 '양'의 수식을 받아 관형격 조사(의)를 붙여서 해석했다. 즉, 우리말 해석은 원문에 주격 조사 '가', 목적격 조사 '을', 관형격 조사 '의'만 추가되었다. 그리고 추가된 우리말은 술어를 중심으로 단어가 위치한 자리에 따라 정해졌다. 이 문장은 주어와 술어의 관계가 한 번만 이루어진 단문이다. 필자가 역주(譯註)한 장희춘(蔣希春, 1556-1618)『성재실기(誠齋實紀)』를 통해 고유명사의 해석 오류를 보자. 원문과 필자의 해석은 다음과 같다.

> 夏四月日, 倭果掃境擧兵, 蔽海入寇, 先陷多釜﹑東萊。僉使鄭撥, 府使宋象賢, 皆不屈而死。(『성재실기』 4권)
> 여름 4월 어느 날, 왜(倭)가 과연 경내의 군사를 모두 동원해 거병하여, 바다를 덮듯이 쳐들어와 먼저 부산과 동래가 다 함락되었다. 첨사 정발, 부사 송상현은 모두 굴복하지 않고 죽었다.

해석의 오류는 '先陷多釜﹑東萊'의 '多'에 있다. 필자는 이를 '먼저 부산과 동래가 다 함락되었다'라고 해석했는데, 이는 '多'를 부사로 해석한 것이다. 그런데 위와 같이 해석하려면 '多'가 술어인 '陷(함락되다)'의 앞에 놓여 수식해야 하고, '先多陷釜﹑東萊'로 작문해야 한다. '多'는 부사로써 동사와 형용사를 수식할 수 있으며, 그 위치는 수식을 받는 말 앞에 놓여야 한다. 즉, 술어 '陷' 뒤에 놓인 '多'는 '陷'을 수식할 수 없다. 만약 '多'가 수식하는 말이라면 앞에 놓인 '陷'을 수식하는 것이 아니라 뒤에 나오는 '釜、東萊'를 수식해야 한다. 그런데 '釜、東萊'는 '부산과 동래'를 의미하는 지명으로 고유명사이다. 명사를 수식하는 말은 형용사이므로 '釜、東萊' 앞에 놓인 '多'는 형용사이어야 한다. 그래서 '多'는 형용사로써 '모든'이라는 의미로 '多釜、東萊'는 '모든 부산과 동래'로 해석해야 한다. 그런데 문맥상 '多'는 형용사가 아니라 부산진 근처에 있는 '다대포(多大浦)'의 지명을 의미하는 고유명사로 짐작된다. 그리고 표점도 '先陷多、釜、東萊。' 찍어야 한다. 한문에서는 주어가 종종 생략된다. 이 문장에서 왜(倭)로서는 다대, 부산, 동래를 함락한 것인데, 우리나라로서는 함락당한 것이기에 피동으로 문장을 해석했다.

다음은 '天高馬肥(천고마비)'를 보자. 문장 해석은 각 단어가 의미하는 기본 의미와 품사로부터 시작해야 한다. '天高馬肥(천고마비)'에서 각 단어의 기본적인 의미는 '하늘(天), 높다(高), 말(馬), 살찌다(肥)'이다. 그리고 '하늘(天)'은 명사이고, '높다(高)'는 형용사, '말(馬)'은 명사, '살찌다(肥)'는 자동사이다. 명사는 주어(은/는, 이/가) 또는 목적어(을/를) 역할을 하고, 형용사나 동사는 술어(-다) 역할을 한다. 물론, 형용사는 사람이나 사물의 성질이나 상태를 나타내는 말로 명사를 수식하기도 한다. 그러나 형용사는 기본적으로 동사와 함께 술어의 역할을 할 수 있다. '天高馬肥(천고마비)'에서 술어의 역할을 할 수 있는 단어는 '高(고)'와 '肥(비)'이다. 만약, '高(고)'와 '肥(비)'가 술어라면, 그 앞에 있는 단어는 명사로써 주어이다. 즉, '天(천)'과 '馬(마)'가 각각 '高(고)'와 '肥(비)'의 주어가 되어, '하늘은 높고, 말은 살찐다'라고 해석할 수 있다. 이렇게 보면, '天高馬肥(천고마비)'는 비록 네 글자의 짧은 문장이지만 주어와 술어의 관계가 두 번 이루어진 복문이다. 천고마비는 두보(杜甫, 712-770)의 조부(祖父) 두심언(杜審言, 648(?)-708)의 '증소미도(贈蘇味道)'에서 유래되었다고 전해진다. 두심언은 당나라 초기 시인으로 소미도(蘇味道, 648-705)와 함께 문장사우(文章四友)로 불렸다. 천고마비는 변방에 나갔던 소미도가 장안(長安)으로 돌아오기를 바라면서 지은 시 '贈蘇味道'에 '秋深塞馬肥(추심새마비)'에서 유래한 것으로 알려져 있다. '秋深塞馬肥(추심새마비)'는 가을이 깊어지면 변방의 말이 살찐다는 의미이다. 이는 풍요로운 가을을 의미하는 것이 아니라 살찐 말을 타고 오랑캐가 쳐들어오는 근심에서 비롯된 말이다.

1. 문장구조(주어+술어+목적어+보어)를 이해하자

관형어나 부사어와 같은 부속 성분도 있으나, 한문의 기본구조는 '주어+술어+목적어+보어'이다. 다만, 목적어와 보어는 그 위치가 바뀔 수도 있다. 그런데 한문에서 '주어+술어+목적어+보어'로 구조된 문장을 접하기는 쉽지 않다. 왜냐하면, 한문에서도 우리말처럼 주어를 자주 생략한다. 심지어 앞 문장과 주어가 달라져도 주어를 생략하기도 한다. 다음으로 술어의 역할을 하는 품사는 동사(자동사, 타동사)나 형용사이다. 그런데 자동사나 형용사는 목적어를 갖지 않는다. '天高馬肥'의 '天高(하늘은 높다)'에서 '高'는 '높다'라는 형용사이다. 형용사는 목적어를 취하지 않으며, 목적어 없이도 완전한 문장이다. 또한 '馬肥(말은 살찐다)'에서 '肥'는 '살찌다'라는 자동사이다. 자동사 역시 목적어를 취하지 않고도 완전한 문장이 된다. 따라서 한문은 '주어+술어+목적어+보어'의 구조를 기본으로 '주어+술어+목적어', '주어+술어+보어', '주어+술어', '술어+목적어', '술어+보어' 등 다양하게 나타난다. 몇 가지 사례는 다음과 같다.

(1) 주어+술어+목적어: 人知之(남이 그것을 알다), 我見汝(내가 너를 보았다)

(2) 주어+술어+보어: 父母來於學校(부모가 학교에 왔다), 國無人才(나라에 인재가 없다)

(3) 주어+술어: 天命(하늘이 명하다), 山高(산이 높다), 君子食(군자가 먹다)

(4) 술어+목적어: 率性(성을 따르다), 修道(도를 닦다), 知人(남을 알다), 主忠信(충과 신을 주로 하다)

(5) 술어+보어: 有朋(벗이 있다), 行於山(산에 가다), 在學校(학교에 있다)

한문은 '주어+술어+목적어+보어' 구조이다. 한문에 관련된 책이라면, 이는 기본적으로 담고 있다. 그러나 앞에서 '山行(산행)'을 통하여 '술어+목적어' 구조를 알면서도, 대부분 '목적어+술어' 구조로 해석하는 오류를 확인했다. 한문에 문장구조를 적용할 수 없다면, 10만 시간을 노력해도 스스로 문장을 해석할 수 없다. 문장구조를 강조하는 이유는 한문에 잘 쓰이지 않는 우리말의 조사를 넣기 위해서이다. 그리고 그 구조에서 중심이 되는 것은 우리말의 서술어라고 불리는 '술어(述語)'이다. 술어는 문장에서 주어의 상태, 성질, 동작 등을 풀이하는 말로, 문장이 문장으로 불리기 위해서 꼭 필요한 요소이다. 둘 이상의 단어가 결합하더라도 '술어'가 없다면, 완결된 문장이 아니라 '어구(語句)'일 뿐이다. 물론, 주어가 생략되듯이 술어도 생략될 수 있다. 그러나 기본적으로 한문은 술어가 있어야 하고, 그 술어를 중심으로 위치에 따라 각각의 단어의 역할 즉, 성분이 정해진다.

　　결국, 한문을 우리말로 해석하려면 다음과 같이 문장구조를 적용해야 한다. 첫째, '술어를 찾는 단서' 또는 '기본 의미가 동사(형용사)인 단어'를 찾아 술어의 역할(-다)을 부여한다. '술어를 찾는 단서'는 뒤에 설명을 참조하면 된다. 단서도 중요하지만, 단어가 지니는 기본 의미와 품사(동사, 형용사)로부터 술어를 찾아야 한다. 물론, 술어가 생략된 문장도 있다. 이 경우는 명사에 '~(이)다'를 붙여 보어의 술어를 만들거나, 명사 앞에 '爲'를 넣어 목적어(보어)의 술어로 만들어 해석하면 된다. 둘째, 술어를 중심으로 그 앞에 오는 명사(명사구)에 우리말의 주격 조사 '은/는, 이/가'를 붙여 주어의 역할을 부여하고, 그 뒤에 오는 명사(명사구)에 우리말의 목적격 조사 '을/를'을 붙여 목적어의 역할을 부여하거나, 우리말의 보격 조사 '에/에서, 와/과'를 붙여 보어의 역할을 부여한다. 예외인 경우는 그 단서가 있다. 그런데 술어 앞에 나온 단어가 명사인데도 주어의 역할로 적합하지 않으면, 술어를 수식하는 부사 혹은 문장 전체를 수식하는 부사로 해석한다.

2. 한자(漢字)는 고정된 품사가 없다

　　품사(品詞)는 공통된 성질을 가진 단어끼리 모아 놓은 단어의 묶음이다. 한문의 품사에는 실질적인 뜻을 갖고 구체적인 대상이나 동작, 상태를 표시하는 실사(實辭)와 실질적인 뜻이 없이 말과 말 사이의 관계를 표시하는 허사(虛辭)로 구분된다. 실사에는 명사(名詞)[4], 대명사(代名詞)[5],

---

4)　명사(名詞): 사물이나 개념의 이름을 나타내는 단어이다.
5)　대명사(代名詞): 사람이나 사물, 장소 및 상태나 동작 등을 대신하여 가리키는 뜻을 나타내는 단어이다.

수사(數詞)[6], 동사(動詞)[7], 형용사(形容詞)[8], 부사(副詞)[9] 등이 있다. 반면, 허사에는 개사(介詞)[10], 접속사(接續詞)[11], 어조사(語助辭)[12], 감탄사(感歎詞)[13] 등이 있다. 그리고 이러한 품사는 자리에 따라 주어, 술어, 목적어, 보어, 관형어, 부사어 등의 성분으로 문장에서 역할을 한다.

주어는 우리말에서 흔히 '은/는, 이/가' 등의 조사가 붙는 말로, 술어가 나타내는 동작이나 상태의 주체가 되는 문장 성분이다. 그런데 한문에서는 '之'와 같이 특수한 경우를 제외하고, 기본적으로 우리말의 조사와 같은 역할을 하는 단어가 없다. 예를 들어 '花開'는 '꽃이 피다'로 해석되어, 주어는 명사 '花'이고, 술어는 동사 '開'이다. 그런데 '花'는 '꽃'이라는 명사일 뿐이다. 명사 '꽃'이 주어의 역할을 하려면, '이'라는 주격 조사가 붙어야 한다. 한문은 단어의 위치에 따라 성분이 정해지며, 주어는 술어 앞에 위치하는 명사(명사구)이다. 따라서 술어 앞에 위치하는 명사(명사구)에 우리말의 '은/는, 이/가'를 더해 주어로 해석해야 한다.

술어는 동사와 형용사로써 주어의 상태, 성질, 동작 등을 풀이한다. 술어는 기본적으로 문장에 꼭 필요한 요소이다. 술어는 우리말로 '~다, ~이다, ~하다'로 해석한다. 특히, 술어는 목적어를 갖는 타동사와 목적어를 갖지 않는 자동사와 형용사로 구분할 수 있다. 둘을 구분하는 방법은 술어에 우리말의 목적격 조사 '~을/를' 붙여서 말이 되면, 목적어를 갖는 타동사이다. 그리고 술어에 우리말의 목적격 조사 '~을/를'을 붙여서 말이 되지 않으면, 자동사나 형용사이다. 예를 들면, '食(식)'이 동사로 쓰여 '~을/를'을 붙여서 '~을 먹다'로 하면, 말이 된다. 따라서 '食(식)'은 '~

---

6) 수사(數詞): 사물의 수량이나 차례를 나타내는 단어이다.
7) 동사(動詞): 사람이나 사물의 동작, 행위, 심리, 소유, 존재 등을 나타내는 단어이다.
8) 형용사(形容詞): 사람이나 사물의 성질 또는 상태를 나타내는 단어이다.
9) 부사(副詞): 동사나 형용사, 다른 부사를 수식하여 정도, 범위, 시간, 부정 등을 나타내는 단어이다.
10) 개사(介詞): 명사(명사구) 앞에 놓여 술어와 연결해 주면서 처소, 대상, 도구, 시간, 원인, 비교를 나타내는 단어이다. 다만, 이 책에서는 개사를 어조사와 같은 개념으로 사용했다.
11) 접속사(接續詞): 단어와 단어, 어구와 어구, 문장과 문장을 이어 주는 역할을 하는 단어이다.
12) 어조사(語助辭): 문장에 위치하여 문법적인 의미나 어기(語氣)를 나타내는 단어이다.
13) 감탄사(感歎詞): 문장 밖에 독립하여 화자의 부름, 느낌, 놀람을 나타내는 단어이다.

을/를'이라는 목적어를 갖는 타동사이다. 반면, '流(류)'는 동사로 쓰여 '~을(를) 흐르다'라고 해석하면, 말이 되지 않는다. '流(류)'는 목적어를 갖지 못하는 자동사이다. '美(미)'는 형용사로 쓰여 '~을(를) 아름답다'로 해석하면, 말이 되지 않는다. '美(미)'는 목적어를 갖지 못하는 형용사이다.

목적어는 문장에서 술어인 타동사의 동작이나 행위의 대상이 되는 말이다. 목적어는 우리말에서 일반적으로 '~을/를'이 붙는 명사(명사구)이다. 중요한 것은 목적어는 술어 뒤에 놓인다는 점이다. 그런데 주격 조사처럼 한문에서는 우리말의 목적격 조사와 같은 역할을 하는 단어가 없다. 예를 들어 '登山'은 '산을 오르다'로 해석되어 목적어는 명사 '山'이고, 술어는 동사 '登'이다. 그런데 '山'은 '산'이라는 명사일 뿐이다. 명사 '산'이 목적어 역할을 하려면, '을'이라는 우리말의 목적격 조사가 붙어야 한다. 한문은 단어의 위치에 따라 그 성분이 정해지며, 목적어는 술어 뒤에 위치하는 명사(명사구)이다. 한편, 보어는 술어를 보충하여 뜻을 완전하게 하거나 소유를 나타내는 말이다. 한문에서 보어는 우리말과 달리 대부분 우리말의 부사어를 포함하는 큰 개념이다. 우리말에서 '~에(에게, 에서), 로(부터), 와(과)' 등이 붙는 말은 모두 보어이다. 술어 뒤에 위치하고 목적어와 목적어를 수식하는 말을 제외한 모든 말은 보어로 볼 수 있다. 중요한 것은 보어도 목적어처럼 술어의 뒤에 놓인다는 점이다. 다만, 보어의 위치는 목적어보다 그 위치가 자유롭다. 『중용』 13장 3절 '亦勿施於人(역물시어인)'은 '또한(亦) 남(人)에게(於) 베풀지(施) 마라(勿)'라고 해석된다. 여기서 '於人(어인)', 즉 '남에게'가 보어이다. 보어 앞에 붙는 '於'와 같은 개사류 어조사는 술어 뒤에 놓이지만, 문장에서 그 위치가 비교적 자유롭고 또 생략되기도 한다. 또 보격 조사인 '於', '于', '乎'와 같은 어조사도 우리말의 어순과 다르다. 즉, 우리말에서는 '남에게'라고 하면, '~에게'가 '남'의 뒤에 붙었지만, 한문에서는 '人(남)' 앞에 '於(에게)'가 붙어서 '於人(어인)'으로 쓴다.

주어·술어·목적어·보어 등이 문장 성분이라면, 명사·동사·형용사·부사·접속사·감탄사 등은 품사이다. 품사는 우리말과 같이 체언 뒤에 붙는 조사(之)도 있고, 어구나 문장 끝에 붙어서 문법적 의미만 나타내는 어조사(也, 乎, 焉 등)도 있다. 명사(명사구)는 주어, 목적어, 보어 등의 역할을 하고, 동사나 형용사는 술어의 역할을 한다. 그리고 부사나 형용사는 각각 형용사와

학예연구사가 알려 주는 **한문 해석의 비밀**

명사를 수식한다. 그런데 부사는 동사나 형용사를 수식하기도 하고, 다른 부사를 수식하거나 문장 전체를 수식하기도 한다. '甚美花(심미화)'는 '매우(甚, 부사) 아름다운(美, 형용사) 꽃(花, 명사)'으로 해석되고, '花甚美(화심미)'는 '꽃(花, 명사)이 매우(甚, 부사) 아름답다(美, 형용사)'로 해석된다.

형용사는 술어의 역할도 하고, 때로는 명사(명사구)를 수식하기도 한다. 예를 들어 '山高'는 '산이 높다'라고 해석되고, '高山'은 '높은 산'으로 해석한다. '高'는 기본적으로 '높다'라는 의미를 지닌 형용사이다. 그런데 '山高'에서는 '山'을 풀어 주는 술어이며, '高山'에서는 '山'을 수식하는 관형어이다. 같은 품사라도, 그 위치에 따라 술어(~다)일 수도 있고, 관형어(~한, ㄴ)일 수도 있다. 형용사는 문장에서 놓인 위치에 따라 주어를 풀어 주는 술어 역할을 하거나, 명사(명사구)인 체언을 꾸며 주는 관형어 역할을 한다.

해석 연습 ▶ 문장에서 '山高'라는 두 단어를 해석해 보자. 단어의 의미와 품사를 보면, '山'은 '산'이라는 '명사'이며, '高'는 '높다'라는 '형용사'이다. 물론, 기본적인 의미(산, 높다)와 품사(명사, 형용사) 외에 문장에서 다른 뜻과 품사로도 쓰일 수 있다. 그러나 해석은 단어가 지니는 '기본적인 의미와 품사'로부터 시작해야 한다. 그리고 그 해석이 통하지 않으면, 다른 의미와 그 의미가 지닌 품사를 적용해야 한다. '山高'에서 술어는 '山'보다는 '高'일 확률이 높다. '高'가 술어라면, 그 품사는 형용사이므로 그 뒤에 목적어가 올 수 없다. 형용사인지 타동사인지 용어보다는 '~을/를 높다'라고 해석하면, 일단 말이 통하지 않는다. 그래서 형용사, 자동사, 타동사라는 용어보다는 '~을/를'을 붙여 보는 것이 유용하다. 결국, '高'는 목적어를 가질 수 없고, 앞에 놓인 '山'을 풀어 주는 술어이다. '山高'는 '산이 높다'라고 해석한다. 반면, '高山'을 보자. 역시 '기본적인 의미와 품사'로 보았을 때, 술어는 '高'일 확률이 높다. 그런데 '高'는 형용사로 목적어가 올 수 없다. 따라서 '高' 뒤에 놓인 '山'은 '高'의 목적어가 아니다. 그렇다면, 형용사 '高'는 두 가지 중에서 하나이다. '高'와 '山'이 서로 끊어진 문장이거나, 아니면 형용사의 다른 역할 즉 명사를 수식하는 관형어이다. 문장이 끊어지지 않는 한 '高山'은 '높은 산'으로 해석된다.

『중용』 1장 4절의 '之'의 다양한 예를 통해 단어의 고정된 품사 또는 성분이 없다는 것을 살펴보자.

喜怒哀樂之未發, 謂之中。發而皆中節, 謂之和。中也者, 天下之大本也。和也者, 天下之達道也。(『중용』 1장 4절)

'之'는 다섯 번 쓰였다. '之'는 주격·관형격·목적격 조사로도 쓰이고, 동사나 대명사로도 쓰이며, 때로는 도치를 나타내기도 한다. 앞에서 설명했듯이 '之'는 그 뒤에 놓인 품사가 명사인지, 동사(형용사)인지를 살펴야 한다. 만약, '之' 뒤에 술어의 역할을 할 수 있는 동사(형용사)가 위치하면, '之'는 주격 조사(은/는, 이/가)로 해석한다. 그리고 '之' 뒤에 명사(명사구)가 위치하면, 관형격 조사(~의, ~하는, ~ㄴ)로 해석한다. 또 '之'의 뒤에 단어가 없거나, 명사인지 혹은 동사인지 그 품사를 짐작하기 어려울 때도 있다. 이때는 '之' 앞에 놓인 단어의 품사를 보고, 그 앞에 놓인 단어가 동사라면 '之'는 대명사로써 술어의 목적어 역할을 한다.

① 喜怒哀樂之未發: '之'의 뒤에 '未'가 있다. '未'는 '아직 ~이 아니다'라는 뜻으로 글을 쓰는 현재까지를 부정한다. '未' 뒤에는 술어가 위치하기 때문에 '未'는 문장에서 '술어를 찾는 단서'가 된다. 따라서 그 뒤에 술어의 역할을 하는 동사(형용사)가 온다. 이 문장에서 '之'는 '주격 조사(은/는, 이/가)'로 '희로애락(喜怒哀樂)이(之) 아직 발현되지(發) 않았다(未)'라고 해석한다.

② 謂之中: '之'의 뒤에 '中'이 있다. 그런데 '中'의 품사는 명사나 동사보다는 '가운데'라는 의미로 부사에 가깝다(물론, 이 문장에서는 명사로 쓰였다). 따라서 '之' 뒤에 있는 '中'의 품사를 선뜻 결정하기 어렵다. 이때 '之'의 앞을 보면, '이르다(말하다)'라는 술어(타동사)가 있다. '之'는 술어 뒤에 오는 '대명사'로서 목적어일 확률이 높다. 만약, '之'를 대명사로 해석해서 말이 되지 않으면, '之'의 다른 뜻과 품사를 생각해야 한다. '之'를 대명사로 해석하면, '謂之中'은 '그것(之)을 중(中)이라 말한다(謂)' 혹은 '그것(之)을 일러(謂), 중(中)이라 한다'라고 해석할 수 있다. 결국, '之' 뒤에 놓인 '중(中)'은 명사이지만, 그 앞에 놓인 '謂'의 목적어로 쓰였다. '之'는 '喜怒哀樂之未發(희로애락이 아직 발현되지 않았다)'라고 하는 어구를 받는 대

명사이다.

③ 發而皆中節, 謂之和: '而'는 인칭대명사(너, 그대, 당신)로도 쓰이는데, 기본적으로 동사(형용사)와 동사(형용사) 즉, 술어(~다)를 연결하는 접속사이다. 따라서 '而' 앞과 뒤에 반드시 동사(형용사)가 위치해야 한다. 만약 동사(형용사)가 없다면, 술어의 의미를 넣어서 해석해야 한다. 따라서 '發'는 '발하다'이고, '中節'은 '중절'이 아니라 '중절하다'로 해석한다. 다만, 지나치게 술어가 반복하면, 부사적으로 해석하기도 한다. 다음으로 '之'는 앞에 '이르다(말하다)'라 하는 술어가 있다. 따라서 '之' 술어 뒤에 오는 '대명사'이다. '之'를 대명사로 해석하면, '그것(之)을 중(和)이라 말한다(謂)'라고 해석한다. '之'는 '發而皆中節(발하여 모두 중절하다)'라고 하는 어구를 받는 대명사이다. 여기서 '之'는 앞 문장과 대(對)를 이루어 그 쓰임을 쉽게 파악할 수 있다.

④ 中也者, 天下之大本也. 和也者, 天下之達道也.: '也'는 기본적으로 문장 끝에서 단정의 종결사로 쓰이며, 의문 또는 반어의 종결사로도 쓰인다. 그러나 문장 중간에서 주어와 부사를 강조할 때도 쓰인다. 따라서 문장 중간에서 '也'는 주어나 부사를 강조하는 적절한 표현으로 대치된다. 또한, '也者'는 '焉者'와 같이 '~라는 것은'이라는 뜻이다. '之'의 뒤에 '大本'이라는 명사구가 놓이므로 기본적으로 '之'는 관형격 조사(~의, ~하는, ~ㄴ)로 해석한다.

한 절에서 '之'는 주격 조사(은/는, 이/가)로도 쓰였고, 관형격 조사(~의, ~하는, ~ㄴ)로도 쓰였으며, 대명사(그것을)로도 쓰였다. 그만큼 한문에서 단어의 위치는 절대적이다. 한자는 문장에서 고정된 품사는 없다. 심지어 명사가 술어 역할을 하기도 하고, 술어가 없이 종결사로 대체하기도 하고, 그마저도 없을 때도 있다. 이때는 '~이다'라는 말을 넣어서 해석한다. 예를 들어 『논어』「팔일」 '子曰, 起予者, 商也'라고 하는 문장이 있다. 그런데 이 문장에서 '商'은 '장사'가 아니라 고유명사로 공자의 제자인 자하(子夏)의 이름이다. 공자가 말한 '曰'의 목적어인 '起予者, 商也'도 문장이지만, 술어가 없다. 이 경우 '~이다'를 넣어서 나(予)를 일으키는(起) 자(者)는 상(商)이다(也)'라고 해석한다. 여기서 문장 끝에 있는 '也'를 '~이다'로 설명하기도 한다. 그러나 '也'는 '~이다'로 보기보다는 '. '에 가깝다. 문장에서 위치 또는 자리에 따라 품사가 정해지고 문장에서 역할도 정해진다. 『중용』 1장 4절의 해석은 다음과 같다.

표점 喜怒哀樂之未發, 謂之中。發而皆中節, 謂之和。中也者, 天下之大本也, 和也者, 天下之達道也。

직역 1 희로애락(喜怒哀樂)이(之) 아직 발현되지(發) 않았다(未). 그것(之)을 '중(中)'이라 말한다(謂). 발현되어(發)서(而) 모두(皆) 중절한다(中節). 그것(之)을 '화(和)'라 말한다(謂). 중(中)이라는 것은(也者) 천하(天下)의(之) 큰(大) 본(本)이요(也). 화(和)라는 것은(也者) 천하(天下)의(之) 통달한(達) 도(道)이다(也).

직역 2 희로애락(喜怒哀樂)이(之) 아직 발현되지 않은 것(未發), 그것(之)을 일러 '중(中)'이라 하고, 발현되어(發而) 모두(皆) 중절한 것(中節), 그것(之)을 일러(謂), '화(和)'라 하니, 중(中)이라는 것은(也者) 천하(天下)의(之) 큰 본(大本)이요(也). 화(和)라는 것은(也者) 천하(天下)의(之) 통달한 도(達道)이다(也).

3. 단어의 결합을 이해하자

한문이 '주어+술어+목적어+보어'의 성분으로 구조되더라도, 각 성분은 다시 다양한 형태로 결합한다. 우리말로 예를 들어 '내가 좋아하는 꽃은 온실에서 기른 아름다운 꽃이 아니라, 들판에서 자라는 야생화이다'라고 하는 문장이 있다고 가정해보자. 이 문장은 '꽃은 야생화이다'라고 하는 '주어+술어'의 구조이다. 그런데 주어인 '꽃'은 '내가 좋아하는'이라는 관형어구가 수식한다. 그리고 '내가 좋아하는'이라는 관형어구는 다시 '내가 좋아한다'라고 하는 '주어+술어' 구조이면서, 꽃이라는 명사를 꾸며 주는 관형어이다. 문장 속의 각 성분은 다시 구조되었다. 결국, 문장은 다양한 형태의 단어가 결합하여 이루어진다.

한문은 '주어+술어+목적어+보어' 구조로 '주어+술어+목적어', '주어+술어+보어', '주어+술어', '술어+목적어', '술어+보어' 등 다양한 형태로 나타난다. 그리고 각각의 성분은 '주어+술어', '술어+목적어', '술어+보어' 등 다양한 형태의 어구를 안을 수 있다. 또 각 성분은 '수식'과 '병렬'의 관계로 나타나기도 한다. '수식'은 수식하는 말과 수식을 받는 말로 나타난다. 중요한 것은 우리말과 같이 수식하는 말은 수식을 받는 말의 앞에 놓인다는 점이다. '병렬'은 같이 품사가 나란히 놓이는 것으로 대등이나 상대의 관계이기도 하고, 때로는 유사 관계이기도 하다. 병렬 관계는 문장에서 쉽게 파악되지만, 수식 관계는 파악하기 어려울 때가 많다. 앞에서 살펴본 '高山(고산)'을 떠올려 보자. '高'는 '높다'라는 술어이지만, 형용사이기 때문에 목적어를 가질 수 없다. 따라서 '高' 뒤에 놓인 '山'은 목적어가 아니다. 결국, '高山(고산)'에서 '山'이라는 명사를 '高'라는 형용사가 수식하는 것이다. 단어의 결합을 이해해야만 한문을 해석할 수 있다.

한편, '형용사+명사'가 결합한 어구는 쉽게 파악되지만, '부사+동사(형용사)'가 결합한 어구는 파악되지 못할 때도 있다. '敢食我(감식아)'라는 결합을 통해 설명하면 다음과 같다. 기본적인 의미와 품사를 살펴보면, '敢'은 '감히'라는 부사이고, '食'은 '먹다'라는 목적어를 갖는 타동사이며, '我'는 '나'라는 인칭대명사이다. 이를 통해 볼 때, '敢食我'에서 술어는 '食'이다. 타동사인 술어 '食'을 중심으로 그 뒤에 위치하는 인칭대명사 '我'는 '食'의 목적어이며, 앞에 위치하는 부사 '敢'은 '食'을 수식하는 부사어이다. 결국, '敢食我'는 '감히(敢) 나를(我) 먹다(食)'라고 해석한다. 이는 狐假虎威(호가호위)의 구절로 여우가 한 말의 일부이다. 원문은 狐曰: "子無敢食我也。"이다.

문장은 '주어+술어+목적어+보어' 구조이고, 수식하는 말은 수식을 받는 말의 앞에 있다. 결국, 수식어와 문장구조를 합하면, 한문은 '(수식어+)주어+(수식어+)술어+(수식어+)목적어+(수식어+)보어'로 정리할 수 있다. 그리고 형용사는 술어로 쓰일 수 있고, 명사를 수식할 수도 있다. 한문 해석은 '술어' 이야기이다. 한문은 우리말과 달리 조사가 잘 쓰이지 않는다. 문장에서 '술어'를 찾고, 술어를 중심으로 각 단어의 자리에 따라 문장의 역할을 결정하고 해석할 수 있다.

다음 예문에서 술어를 표시하고 해석해보자. 반드시 술어를 표시하고 술어를 중심으로 단어의 역할을 부여해야 한다.

주어+술어: 水淸 → 水甚淸 → 深水甚淸 / 秋來 → 秋速來 / 花開 → 高山之花慢開

술어+목적어: 登山 → 登後山 → 徐登後山 / 愛梅 → 極愛梅花

술어+보어: 有財 → 有多財 → 已有多財 / 行於室 → 遂行於室

주어+술어+목적어+보어: 我食餠於學校 → 我唯食餠於學校

한문은 다음과 같이 단어의 결합을 적용해서 해석해야 한다. 수식하는 말은 수식 받는 말 앞에 놓인다. 그리고 문장에서 각 성분 즉, 주어·술어·목적어·보어·부사어 등이 어구(語句)인 경우에도 다양한 형태로 단어가 결합한다. 이를 정리하면 첫째, '수식어+피수식어'의 결합 형태는 '형용사+명사', '부사+형용사', '부사+동사', '부사+부사'의 형태가 있다. 둘째, 같은 품사의 결합 형태는 '병렬', '대등', '유사'의 형태가 있다. 셋째, '주어+술어', '술어+목적어', '술어+보어' 등의 결합 형태가 있다.

▶ 주요 유형의 결합 예시(동사류는 자동사, 타동사, 형용사를 포함한다. 단, 목적어를 갖는 동사는 타동사이다.)

(1) 동사류+명사: ① 명사를 동사하다(술어+목적어), ② 명사에 동사하다(술어+보어)

(2) 명사(1)+명사(2): ① 명사(1)의 명사(2), ② 명사(1)와 명사(2)

(3) 동사류(1)+동사류(2)+명사: ① 목적어(동사(2)+명사)를 동사(1)하다 ② 보어(동사(2)+명사)에 동사(1)하다

(4) 동사류(1)+명사+동사류(2): ① 목적어(명사+동사(2))를 동사(1)하다 ② 보어(명사+동사(2))에 동사(1)하다

4. 한문(漢文) 해석은 이렇게……

지금까지 문장구조와 단어의 결합을 중심으로 한문을 살펴보았다. 한문은 '(수식어)주어+(수식어)술어+(수식어)목적어+(수식어)보어' 구조이다. 그래서 한자는 '주어+술어', '술어+목적어', '술어+보어' 등으로 결합하거나, '수식어+피수식어'로 결합한다. 문장구조와 단어의 결합은 한문을 해석하는 기본 원칙이다. 그런데 대부분은 기본 원칙을 한문에 적용해서 해석하지 못한다. 한문은 문장구조와 단어의 결합을 살펴보는 습관을 지녀야 한다. 정리하면 다음과 같다.

학예연구사가 알려 주는 **한문 해석의 비밀**

▶ 문장구조의 원칙: 주어+술어+목적어(보어)

(1) '술어를 찾는 단서' 또는 '기본 의미가 동사(형용사)인 단어'를 찾아 술어의 역할(-다)을 부여한다.

　　① 술어는 문장에 쓰인 단어가 지니는 기본 의미와 품사(동사, 형용사)로 찾는다.

　　　　예) 高: 높다(형용사), 行: 가다(동사), 美: 아름답다(형용사)

　　②'술어를 찾는 단서'를 통해 술어를 찾는다.

(2) 술어가 생략된 문장은 명사에 '~(이)다'를 붙여 보어의 술어를 만들거나, 명사 앞에 '爲'를 넣어 목적어(보어)의 술어로 만들어서 해석한다.

(3) 술어를 중심으로 그 앞에 오는 명사(명사구)는 '은/는, 이/가'를 붙여 주어의 역할을 부여하고, 그 뒤에 오는 명사(명사구)는 '을/를'을 붙여 목적어의 역할을 부여하거나, '에/에서, 와/과'를 붙여 보어의 역할을 부여한다. 예외인 경우는 그 단서가 있다. 한편, 술어 앞에 나온 단어가 명사인데도 주어의 역할을 하지 않으면, 술어를 수식하는 부사 혹은 문장 전체를 수식하는 부사로 해석한다.

▶ 단어의 결합 원칙

(1) 수식하는 말은 수식받는 말 앞에 놓인다.

(2) 어구(語句)는 ① 문장구조, ② 수식어+피수식어, ③ 같은 품사 등의 형태로 결합한다.

　　① 문장구조의 결합 형태: '주어+술어', '술어+목적어', '술어+보어'

　　②'수식어+피수식어'의 수식 형태: 형용사+명사, 부사+형용사, 부사+동사, 부사+부사

　　③ 같은 품사의 결합 형태: 수식, 병렬, 대등, 유사 ※예) 명사, 명사: 수식(명사의 명사), 병렬·대등(명사와 명사)

(3) 어구에 동사와 형용사가 포함되면 문장구조가 될 수 있다. 술어를 중심으로 풀이하되, 목적어를 갖는 여부와 의미로 단어를 나누어서 해석한다.

▶ 정확한 해석을 위해 알아 두어야 할 것들

(1) 한문은 유사한 구조를 반복해 문장이 배열된다. 따라서 단어의 품사와 역할은 그 단어가

놓인 위치로 파악된다.

(2) 문장에 쓰인 모든 단어를 해석한다. 반대로 문장에 없는 단어를 넣어서 해석해서는 안 된다.

(3) 단어의 품사는 고정되지 않는다. 명사가 동사, 부사의 역할을 하는 등 단어는 문맥에 따라 다양한 품사로 쓰인다.

(4) 문장은 '술어+목적어' 구조이다. '목적어+술어' 구조로 쓰이면, 그 단서가 있다.

(5) 문장의 앞과 뒤, 그리고 문장 안의 연결에 따라 문맥에 맞게 해석해야 하는 문장도 있다.

① 한문은 능동과 피동의 구분이 명확하지 않아 문맥에 따라 적절하게 능동과 피동을 구분 해야 한다.

② '將', '已' 등을 써서 시제를 표시하기도 하지만, 대부분 시제를 표기하지 않아 문맥에 따라 시제를 넣어 해석한다.

③ 앞에서 쓰인 단어의 품사(특히, 명사)가 다시 언급되면 앞에서 쓰였던 품사일 가능성이 크다.

2장.
한문(漢文) 해석을 위해 넘어야 할 두 가지: 술어, 그리고 '之와 以'의 이야기

1. 한문(漢文)에 술어를 찾아라

문장은 기본적으로 술어가 한 번은 있어야 한다. 술어는 문장에서뿐만 아니라, 그 위치에 따라 문장의 각 성분을 결정한다. 한문 해석은 문장에서 술어를 찾는 것에서부터 시작하고, 문장에서 술어를 해석함으로써 마무리된다. 술어를 찾는 전제 조건은 단어가 지니는 기본적인 의미와 그 품사에 있다. 여기서는 술어를 찾는 6가지 단서를 제시한다. 다만, 6가지를 각각 적용하기 보다는 단어의 기본적인 의미와 6가지를 서로 연계해서 문장을 보면 술어를 쉽게 찾을 수 있다.

학예연구사가 알려 주는 **한문 해석의 비밀**

① 한문은 유사한 구조를 반복해 문장을 배열하므로 앞뒤의 문장과 어구는 술어를 찾는 단서이다.

② '不', '未', '莫', '末', '勿'은 술어 앞에서 술어를 부정하는 보조사이므로 술어를 찾는 단서이다.

③ '可(以)', '能(以)', '得(以)', '足(以)'은 서로 의미와 문법적 기능이 통용된다. 이들은 단독 품사(형용사나 명사)로 쓰이지 않을 때, 술어 앞에서 술어의 의미를 보조하므로 술어를 찾는 단서이다.

④ '於', '于', '乎' 등은 문장 중간에서 명사(명사구) 앞에 쓰일 때, 그 앞에 주로 술어가 위치하므로 술어를 찾는 단서이다. 이때 '於', '于', '乎'는 '~에(게)', '~을/를', '~와/과' 등의 의미이다.

⑤ '必', '敢', '欲' 등이 우리말 부사나 보조사로 쓰일 때, 술어 앞에 위치하므로 술어를 찾는 단서이다.

⑥ '者'는 문장 끝에 위치해 목적어로도 쓰이지만, 기본적으로 주어로서 술어 앞에 위치하므로 술어를 찾는 단서이다. '者'는 우리말로 '~것, ~사람' 등으로 해석되며, '주어+술어' 문장구조의 주어이다.

(1) 한문은 유사한 구조를 반복해 문장을 배열하므로 앞뒤의 문장과 어구는 술어를 찾는 단서이다. 이는 술어뿐만 아니라 각 단어의 품사와 성분을 빠르게 파악할 수 있게 한다. 한문은 지나칠 정도로 대(對)를 이루는 어구를 좋아한다. 대를 이룰 때 글자의 수를 맞추기도 하고, 문장 형식을 맞추기도 한다. 이는 문장에서 단어의 품사를 찾는 데 활용된다. 특히, 문장구조를 파악할 수 있는 술어를 찾는 유용한 단서이다.

▶ 古之欲明明德於天下者, 先治其國, 欲治其國者, 先齊其家, 欲齊其家者, 先修其身, 欲修其身者, 先正其心, 欲正其心者, 先誠其意, 欲誠其意者, 先致其知, 致知, 在格物。(『대학(大學)』경(經) 4절)

▶ 옛날에(古之) 천하(天下)에(於) 밝은 덕(明德)을 밝히려는(欲明) 자(者)는 먼저(先) 그(其) 나라(國)를 다스리고(治), 그(其) 나라(國)를 다스리려는(欲治) 자(者)는 먼저(先) 그(其) 집안(家)을 가지런하게 하고(齊), 그(其) 집안(家)을 가지런하

게 하고자 하는(欲齊) 자(者)는 먼저(先) 그(其) 몸(身)을 닦고(修), 그(其) 몸(身)을 닦으려는(欲修) 자(者)는 먼저(先) 그(其) 마음(心)을 바르게 하고(正), 그(其) 마음(心)을 바르게 하려는(欲正) 자(者)는 먼저(先) 그(其) 뜻(意)을 성실히 하고(誠), 그(其) 뜻(意)을 성실히 하려고 하는(欲誠) 자(者)는 먼저(先) 그(其) 앎(知)을 지극히 하니(致), 지식(知)을 지극히 하는(致) 것은 격물(格物)에 있다(在).

이 문장은 '欲~者, 先~其~(~하는 자는 먼저 그~을 ~다)'가 반복한다. 한문은 각 단어의 기본 의미에서 술어를 결정하지만, 대를 이루는 구조를 통해 술어를 찾을 수 있다. 즉, '先' 뒤에 나오는 '治', '齊', '修', '正', '誠', '致'는 모두 술어이다. 먼저, '者' 뒤에는 일반적으로 술어가 온다. 그리고 '者' 뒤에 오는 각 어구의 '先'은 '먼저'라는 뜻의 부사로, 부사는 술어인 동사(형용사)를 꾸며 준다. '先治其國'의 예에서 '治'는 기본적으로 '~을/를 다스리다'라는 뜻으로 목적어를 갖는 타동사이다. 따라서 그 뒤에 '其國(그 나라)'는 명사로써 '治'의 목적어 역할(을/를)을 하고, 그 앞에 '~者'는 주어의 역할(은/는, 이/가)을 한다. 한편, '欲~者'에서 '欲'은 단독 품사(형용사나 명사)로 쓰이지 않을 때, 술어 앞에 위치하므로 술어를 찾는 단서이다. 즉, '欲明, 欲治, 欲齊, 欲修, 欲正, 欲誠'의 '明, 治, 齊, 修, 正, 誠'도 모두 각각 주어부의 술어 역할을 한다. 즉, '欲治其國者'은 '그 나라를 다스리려고 하는 자'로 해석되며, 문장에서 주어의 역할(은/는, 이/가)을 한다. 그런데 '者'를 제외하면 '欲治其國'은 '그 나라를 다스리려 하다'라고 해석되어 주어는 다시 '술어+목적어' 구조를 안고 있다. 이 문장의 '之'는 시간을 나타내는 명사 '古'와 결합하여 부사의 역할을 하고 있다. 다만, 관점에 따라 이를 우리말의 관형격 어조사 '~의, ~하는'으로 보기도 한다.

(2) '不', '未', '莫', '末', '勿'은 술어 앞에서 술어를 부정하는 보조사이므로 술어를 찾는 단서이다. 이 단어들이 단독 품사(형용사나 명사)로 쓰이지 않을 때, '~않다. ~못하다'라는 의미로 동사(형용사) 앞에서 술어의 뜻을 보조한다. 다만, 술어(동사, 형용사)를 수식하는 부사가 부정어와 술어 사이에 놓일 수 있다. 한편, 부정어가 문장에 위치하면 즉시 해석하지 말고, 부정어가 어디까지 연결되는지 살펴야 한다.

▶ 有朋, 自遠方來, 不亦樂乎? (『논어』「학이」)

▶ 어떤(有) 벗(朋)이 먼(遠) 곳(方)으로부터(自) 찾아오면(來), 또한(亦) 즐겁지 (樂) 않겠는가(不~乎)?

'樂'은 '즐겁다(락)'의 의미로 쓰이지만, '좋아하다(요)' 또는 '노래(악)'의 의미로도 쓰인다. 이 문장에서는 그 앞에 '不'이 위치하므로 '樂'은 명사가 아니라 술어로써 형용사 '즐겁다' 또는 동사 '좋아하다'의 의미이다. '不'은 동사(형용사)를 부정하고, '非'는 명사를 부정하기 때문이다. 이 문장은 다양하게 해석할 수 있다. 먼저, '有'는 소유의 의미로 쓰일 때, 그 뒤에 보어가 위치한다. 그리고 '有'가 형용사로 쓰일 때, '어떤'이라는 뜻으로 뒤에 있는 명사를 수식한다. 필자는 '有'를 형용사로 보고 '有朋'을 '어떤 벗'으로 해석했다. 또한, '自遠方來'의 '方'을 '遠方'과 연결하면 명사로써 '먼(遠) 곳(方)'으로 해석할 수 있고, '方'을 '方來'와 연결하면 부사로써 '장차(方) 온다면(來)'으로 해석할 수 있다. '方'을 형용사의 수식을 받는 명사(장소)로 보느냐, 동사를 수식하는 부사로 보느냐의 차이이다. 한문은 관점에 따라 다양하게 해석될 수 있다. 그리고 그 다양한 해석 때문에 주석이 붙는다. 그러나 다양한 해석도 문장구조와 단어의 결합 원칙을 넘어설 수는 없다.

▶ 子曰: "莫我知也夫!" (『논어』「헌문」)

▶ 공자(子)가 말하길(曰), "나(我)를 알아주는(知) 이가 없구나(莫~也夫)!"라고 했다.

'莫我知也夫'는 '莫知我也夫'의 도치이다. 술어를 부정하는 '未', '無', '莫', '不' 등 부정사가 있고, 술어의 목적어가 대명사이면, 그 대명사는 부정어와 술어 사이에 놓인다. 『논어』의 '不己知, 不知人'에서 '人'과 같이 목적어는 '知'의 뒤에 놓여야 하지만, '己'가 대명사이기 때문에 타동사 '知'의 앞에 놓인 것이다. 이 문장에서 부정사 '莫'과 술어 '知' 사이에 목적어 '我'가 놓였다. '也夫'는 '~일 것이다'라는 종결사이다.

▶ 君子, 無入而不自得焉。 (『중용』14장)

▶ 군자(君子)는 들어가서(入而) 스스로(自) 거기(焉, 그곳)에서 얻지(得) 못하는

(不) 것이 없다(無).

'無入而不自得焉'에서 '無'는 문장 끝까지 연결된다. 즉, '無入'을 '들어가지 말고'라고 해석하지 않고, 어디까지 연결되는지 살펴야 한다. 이 문장은 부정사 '無'뿐만 아니라 접속사 '而'도 술어를 찾는 단서로 활용된다. '焉'은 '於之'의 준말이다.

(3) '可(以)', '能(以)', '得(以)', '足(以)'은 서로 의미와 문법적 기능이 통용된다. 이들은 단독 품사(형용사나 명사)로 쓰이지 않을 때, 술어 앞에서 술어의 의미를 보조하므로 술어를 찾는 단서이다. 다만, 보조사와 술어 사이에 부사가 위치하기도 한다.

▶ 五十者可以衣帛矣.(『맹자』「양혜왕상」)
▶ (나이) 오십(五十)인 자(者)가 비단옷(帛)을 입을(衣) 수(可以) 있다(矣).

이 문장에서 '衣帛'을 '비단옷'으로 해석해서는 안 된다. '可以'는 술어 앞에 놓이므로 '衣'는 '옷'이 아니라 술어인 '옷을 입다'로 해석해야 한다. 이 문장에서 비단옷은 '帛(백)'을 해석한 것이다. 만약 '비단옷'을 두 글자로 작문한다면, '衣帛'이 아니라 '帛衣'로 써야 한다. '可, 能, 得, 足'은 '以'가 붙어서 '可以, 能以, 得以, 足以'와 같은 의미로 사용된다. 다만, '可以, 能以, 得以, 足以'는 능동형 문장으로만 쓰이지만, '可, 能, 得, 足'는 피동형 문장으로도 쓰인다.

▶ 地方百里而可以王.(『맹자』「양혜왕상」)
▶ 땅(地)이 사방(方) 백 리(百里)가 되면(而) 왕 노릇할(王) 수 있다(可以).

이 문장에서 '可以'로 인하여 '王'은 '왕'이 아니라 술어로서 '왕 노릇을 하다'로 해석해야 한다. 한편, '而'는 2인칭(너, 그대, 당신)으로 사용되기도 하지만, 기본적으로는 접속사로서 명사와 명사를 연결하지 않고, 술어인 동사(형용사)와 동사(형용사)를 연결하거나 문장을 연결한다. 명사와 명사를 연결하는 접속사는 '與'와 '及'이다. '而'의 이러한 특성은 '與'와 '及'과 구분되어 문장 해석에 중요하게 활용된다. '而'의 앞과 뒤에는 술어적 의미의 동사(형용사)가 위치해야 한다. 만약, 단어의 결합에 '而'를 중심으로 앞과 뒤에 술어가 없다면, 그 앞과 뒤의 단어에 술어의 의미를 부여해서 해석해야 한다. 다만, 지나친 술어의 반복을 피하려고 '而' 앞의 술어를 우리말 부사처럼 연결하기도 한다. 따라서 이 문장은 '而'를 중심으로 '百里'는 '백 리가 되다'라고 해석되고, '王'은 '왕'이 아니라 '왕 노릇을 하다'라는 의미로 해석된다. 이처럼 주어진 한 가지 단서로만 문장구조를 파악하기보다는 여러 가지 단서를 중첩해 그 구조를 빠르고 정확하게 이해할 수 있다.

(4) '於', '于', '乎' 등은 문장 중간에서 명사(명사구) 앞에 쓰일 때, 그 앞에 주로 술어가 위치하므로 술어를 찾는 단서이다. '於'는 우리말로 '~에(에게, 에서), 로(부터), 와(과), 을(를)' 등으로 해석되며 명사 앞에 쓰여 부사어처럼 보이지만, 보어이다. 한문은 우리말과 달리 '술어+목적어' 또는 '술어+보어' 구조이다. 즉, 한문에서 목적어나 보어는 술어 뒤에 있다. 따라서 보어 앞에 붙는 '於'와 같은 어조사는 그 앞에 술어가 위치한다. 다만, 문장에서 '於'가 붙은 보어는 비교적 그 위치가 자유롭다. 또한, '술어+목적어+보어'의 구조에 따라 '於' 앞에 목적어가 오고, 그 목적어 앞에 술어가 놓이기도 한다. 한편, 어조사 '於'가 보어인 경우, 그 뒤에 명사와 결합한다. 다만, '乎'는 종결사로 주로 쓰이므로 문장 중간에 놓일 때만 '於', '于'와 용법이 같다.

> ▶ 王立於沼上。(『맹자』「양혜왕상」)
> ▶ 왕(王)이 못(沼) 가(上)에(於) 서 있다(立).

이 문장에서 기본적인 단어의 의미와 품사로 해석해도 '立'이 동사이므로 술어일 확률이 높다. '王立於沼上'에서 기본 의미는 '임금(王), 서다(立), ~에(於), 못(沼), 위(上)'이고, 그 품사는 '명사(王), 동사(立), 어조사(於), 명사(沼), 부사(上)'이다. 문장에 '於'가 놓이므로 그 앞에 나오는 단어인 '立'이 술어일 확률이 높다. 특히, 문장이 길어질 때 '於'와 같은 어조사는 술어를 빠르게 찾는 단서로 활용된다. '上'은 물과 관련한 장소에서는 '물 위'를 뜻하기보다는 대부분 '물가'를 뜻한다.

▶ 河內凶, 則移其民於河東, 移其粟於河內。(『맹자』「양혜왕상」)

▶ 하내(河內)가 흉년이 들면(凶則), 그(其) 백성(民)을 하동(河東)으로(於) 옮기고
(移), 그(其) 곡식(粟)을 하내(河內)로(於) 옮겼다(移).

이 문장은 유사한 구조를 반복해 문장이 배열되었고, 단어의 기본 의미와 품사로도 술어를 찾을 수 있다. '於' 앞에 술어가 위치하므로 술어를 찾을 수 있는 단서이다. 다만, '於' 앞에 술어가 바로 오지 않고 '其民'이라는 목적어가 위치했다. 즉, '술어+목적어+보어' 구조이다. 한편, 어조사 '於'가 보어 앞에 놓일 때, 그 뒤에 명사와 결합하므로 '河東'이나 '河內'가 명사이다.

(5) '必', '敢', '欲' 등이 우리말 부사나 보조사로 쓰일 때, 술어 앞에 위치하므로 술어를 찾는 단서이다. 부사는 정도, 시간, 반어, 당위, 한정 등 문장에서 다양하게 쓰인다. 그리고 부사는 동사나 형용사를 수식하기도 하고, 문장 전체를 수식하기도 하며, 다른 부사를 수식하기도 한다. 그런데 우리말과 같이 한문에서는 수식하는 말은 수식을 받는 말의 앞에 위치한다. 결국, 부사는 술어로 쓰일 수 있는 동사나 형용사를 수식하므로 술어를 찾는 단서이다.

▶ 王欲行之。(『맹자』「양혜왕상」)
▶ 왕(王)이 그것(之)을 행하고자 한다(欲行).

'欲'은 명사, 부사로도 쓰이는데 일반적으로 우리말의 보조사로써 술어 앞에 위치한다. '欲'은 술어 '行'을 수식한다. 한편, '之'는 그 뒤에 놓이는 단어가 명사인지 동사(형용사)인지에 따라 그 쓰임이 구분된다. 이 문장에서는 그 뒤에 아무것도 놓이지 않았다. 이 경우, 그 앞에 '行'이라는 술어가 위치하므로 '之'는 대명사로 '行'의 목적어로 쓰였다.

▶ 必從吾言矣。(『맹자』「공손추상」)
▶ 반드시(必) 내 말(吾言)을 따르리라(從~矣).

'必' 뒤에 놓인 '從'이 술어일 확률이 높다. '吾言'은 '從'의 목적어이다.

> ▶ 拜而受之曰: "丘未達, 不敢嘗。" (『논어』「향당」)
> ▶ 절을 하고(拜而) 그것(之)을 받고(受) 말하길(曰), "구(丘, 공자)가 아직 통달하
>   지(達) 못했으니(未), 감히(敢) 맛보지(嘗) 못합니다(不)."라고 했다.

(6) '者'는 문장 끝에 위치해 목적어로도 쓰이지만, 기본적으로 주어로서 술어 앞에 위치하므로
술어를 찾는 단서이다. '者'는 우리말로 '~것, ~사람' 등으로 해석되며, '주어+술어' 문장구조의 주
어이다.

> ▶ 子曰: "惟仁者, 能好人, 能惡人。" (『논어』「이인」)
> ▶ 공자(子)가 말하길(曰), "오직(惟) 어진(仁) 사람(者)만이 남(人)을 좋아할(好)
>   수 있고(能), 남(人)을 미워할(惡) 수 있다(能)."라고 했다.

이 문장에서 '者' 뒤에 술어가 있다. 또한 '可(以), 能(以), 得(以), 足(以)'은 서로 의미가 통용되
며, 단독 품사(형용사나 명사)로 쓰인 것이 아니라면 술어 앞에 위치한다. 따라서 술어는 '好'와
'惡'가 되고, 그 뒤에 위치하는 명사인 '人'은 '好'와 '惡'의 목적어가 된다. '惟'는 '唯'와 의미가 통용
되어 '오직'의 의미로 사용되었다. 그리고 '惡'는 '악하다'라는 의미로 쓰이는 때는 '악'으로 독음하
고, '미워하다'라는 의미로 쓰이는 때는 '오'로 독음한다.

> ▶ 子曰: "知者樂水, 仁者樂山, 知者動, 仁者靜, 知者樂, 仁者壽。" (『논어』「옹야」)
> ▶ 공자(子)가 말하길(曰), "지자(知者)는 물(水)을 좋아하고(樂), 인자(仁者)는 산
>   (山)을 좋아하며(樂), 지자(知者)는 동하고(動), 인자(仁者)는 정하며(靜), 지자(知
>   者)는 즐겁고(樂), 인자(仁者)는 장수한다(壽)."라고 했다.

이 문장에서 '者' 뒤에 놓인 '樂, 動, 靜, 壽'는 모두 술어이다. '樂'은 '즐겁다'의 의미일 때 '락'으로

독음하고, '노래'의 의미일 때 '악', 그리고 '좋아하다'의 의미일 때 '요'로 독음한다.

2. 한문(漢文)에서 '之'와 '以'은 이렇게……

『논어』, 『맹자』, 『중용』, 『대학』의 사서(四書)에서 가장 많이 쓰인 글자는 '之'로 약 20자 중에 한 글자로 쓰였다. 반면, '以'는 '之'처럼 많이 쓰이지는 않아도 사서에서 일곱 번째 안에 들어설 정도로 자주 쓰인 글자이다. 그렇지만 두 글자는 한문 해석을 가장 어렵게 하기도 한다. 그만큼 한문에서 두 단어의 쓰임새를 파악하기 쉽지 않다. 반대로, 한문에서 두 단어의 쓰임새를 파악하면, 문장의 의미가 명료해진다. 한문 해석을 위해서는 '之'와 '以'의 쓰임새를 반드시 넘어야 한다. 밑에 글에서 두 글자의 쓰임새를 세부적으로 설명했지만, 생각보다 두 글자의 쓰임새를 파악하는 것은 어렵지 않다.

가. '之'

'之'는 발의 모양을 본떠 만든 '가다'의 의미를 지닌 글자이다. 그러나 문장에서 '之'가 '가다'의 의미로 쓰인 예는 거의 없다. '之'는 문장에서 우리말의 주격·목적격·관형격 조사로 쓰이고, 동사나 대명사로 쓰이며, 때로는 목적어가 앞으로 도치된 것을 나타내기도 한다. 그렇다면, 문장에서 '之'를 어떻게 해석해야 할까? 100%는 아니어도 '之'가 위치한 자리를 통해서 그 쓰임을 어느 정도 구분할 수 있다. 특히, '之'는 문장에서 그 앞과 뒤에 붙은 단어의 품사로 그 역할이 결정된다.

(1) '之' 뒤에 명사가 나오는 경우, '之'는 우리말의 관형격 조사(~의, ~하는, 한, ~ㄴ)로 쓰인다. 특히, 관형격 조사는 대부분 '~의 명사'로 해석되지만, '~하는 명사'로도 자주 해석된다.

▶ 人之過也, 各於其黨, 觀過, 斯知仁矣。『논어』「이인」
▶ 사람(人)의(之) 과(過)는 그 무리(其黨)에(於) 따라 각각이니(各), 과(過)를 보면 (觀~斯), 인(仁)을 알 수 있으리라(知~矣).

'之'의 뒤에 허물이라는 명사 '過'가 위치하므로 '之'는 관형격 조사로 쓰였다. '過'는 그 기본 의미가 '허물'이라는 명사인데, 술어로도 쓰인다. 그런데 '也'가 문장 중간에 쓰이면 ', ' 혹은 조사로 쓰이므로, 이 문장에서 '過'는 명사로 쓰였을 확률이 높다. '於'는 술어를 잡아주는 단서이다. 따라서 이 문장에서 '各'은 그 기본 의미와 품사가 술어는 아니지만, '於' 앞에 위치하므로 술어일 수도 있다는 점을 염두에 두고 해석해야 한다. 이 문장에서 '斯'은 '則'과 같은 의미이다.

▶ 夫子之文章, 可得而聞也, 夫子之言性與天道, 不可得而聞也。(『논어』「공야장」)
▶ 부자(夫子, 선생님)의(之) 문장(文章)은 얻어서(得而) 들을(聞) 수 있으나(可~也), 부자(夫子)가(之) 말한(言) 성(性)과(與) 천도(天道)는 얻어서(得而) 들을(聞) 수 없다(不可~也).

이 문장에서 '夫子之文章'의 '之'는 관형격 조사(부자의 문장), '夫子之言'의 '之'는 주격 조사(부자가 말하다)로 사용되었다. '可, 能, 得, 足'은 주로 술어의 의미를 보조하며, 그 의미와 기능이 같다. 그런데 이 문장의 '可得'은 함께 쓰였으므로 '可'는 '得'의 의미를 보조하고, '得'은 술어로 쓰였다. '可得'은 '얻을(得) 수 있다(可)'라고 해석한다. '與'는 술어를 연결하는 '而'와 달리 명사와 명사를 연결하므로 '性'와 '天道'는 명사로 해석해야 한다.

(2) '之' 뒤에 동사나 형용사가 나오는 경우, '之'는 우리말의 주격 조사(~은/는, 이/가)로 쓰인다. 단, 주격 조사로 쓰이면 주로 문장에서 구(句, 주어+술어)인 경우이다. 문장에서 '之+所'인 경우도 '之'는 주격 조사로 해석한다. 그런데 우리말의 주격 조사로 그 의미가 어색하면, 목적격 조사 ~을/를 넣어서 해석한다. '之'의 목적격 조사는 목적어가 술어 앞으로 도치된 단서이다.

▶ 子曰: "不患人之不己知, 患不知人也。" (『논어』「학이」)
▶ 공자(子)가 말하길(曰), "남(人)이(之) 자신(己)을 알아주지(知) 않는(不) 것을 걱정하지(患) 말고(不), 남(人)을 알지(知) 못하는(不) 것을 걱정해라(患~也)."

이 문장에서 '之' 뒤에 놓인 '不~知'가 술어이므로 '之'는 우리말의 주격 조사로 해석한다. '不己知'는 '不知己'가 형태인데, '不' 부정어가 나와서 '知'의 목적어인 대명사 '己'가 부정어와 술어 사이로 도치되었다. 그리고 '人之不己知'는 '남이 자기를 알아주지 않는다'라고 하는 '주어+술어+목적어' 구조인데, 이는 다시 '不患'의 목적어가 되어 '술어+목적어' 구조가 되었다. 문장에서 '남이 자기를 알아주지 않는다'를 목적어로 하면, '남이 자기를 알아주지 않는 것을'이라고 해석한다. 한문에서 '人'은 '사람'이라는 의미가 아니라 대부분 '타인(남)'을 가리킨다.

▶ 富與貴, 是人之所欲也。(『논어』「이인」)
▶ 부(富)와(與) 귀(貴), 이(是)는 사람(人)이(之) 원하는(欲) 것(所)이다.

이 문장에서 '之' 뒤에 '所'가 위치하므로 '之'는 주격 조사로 해석한다. '與'는 술어를 연결하는 '而'와 달리 명사와 명사를 연결하므로, '富'와 '貴'는 명사로 해석한다. 이 문장은 '부(富)와 귀(貴)는 사람(人)이(之) 원하는(欲) 것(所)이다(是)'라고 해석할 수도 있다.

(3) '之' 뒤에 단어가 없거나 단어가 있더라도 그 품사를 명사나 동사(형용사)로 보기 어려운 경우, '之'는 앞에 나온 명사(명사구)를 받는 대명사로 쓰인다. '之'가 대명사로 쓰이면 대부분 그 앞에 술어가 놓이고, '之'에 목적격 조사를 붙여 '그것을', '그를' 등으로 해석한다. 다만, '之'가 대명사일 경우 문장 끝에 위치한다고 알려져 있는데, 이는 술어의 뒤라는 의미로 문장의 끝이 아니다. 한편, '之' 앞에 목적어를 갖지 않는 형용사나 자동사가 위치하면 '之'는 '그것에', '거기에', '그곳에' 등 보어로 해석한다.

▶ 子曰: "學而時習之, 不亦說乎?" (『논어』「학이」)
▶ 공자(子)가 말하길(曰), "배우고(學而) 때때로(時) 그것(之)을 익히면(習), 또한 (亦) 기쁘지(說) 않겠는가(不~乎)?"라고 했다.

'學而時習之'에서 술어를 연결하는 '而'가 위치하므로 '學'과 '時習之'에 각각 술어의 의미가 있

학예연구사가 알려 주는 **한문 해석의 비밀**

다. 그리고 '之' 뒤에 단어가 위치하지 않으므로, 그 앞에 '習'은 술어일 확률이 높다. '之'는 '習'의 대명사로써 목적어 역할을 한다. 부정사 '不' 뒤에 놓인 '說'은 '말씀'이 아니라 '悅'의 '기쁘다'의 의미로 쓰였으며, 그 독음도 '설'이 아니라 '열'이다.

> ▶ 變而通之(1)以盡利, 鼓之(2)舞之(3)以盡神。(『중용』)
> ▶ 그것을(之(1)) 변하고(變而) 통하게 하다(通). 그렇게 함으로써(以), 이(利)를 다하고(盡), 그것을(之(2)) 북치게 하고(鼓), 그것을(之(3)) 춤추게 한다(舞). 그렇게 함으로써(以), 신묘함을(神) 다한다(盡).

이 문장에서 '之(1, 2, 3)'는 각각 '變而通', '鼓', '舞'의 대명사로써 목적어 역할을 한다. '盡利'과 '盡神'는 '술어+목적어' 구조가 반복되었다. '以' 뒤에 '다하다'라는 술어 '盡'이 왔으므로 그 뒤에 대명사 '之'를 넣어서 해석한다.

> ▶ 視之而弗見, 聽之而弗聞。(『중용』)
> ▶ 그것(之)을 보려고(視) 해도(而) 보이지(見) 않고(弗), 그것(之)을 들으려(聽) 해도(而) 들리지(聞) 않는다(弗).

이 문장은 '而'를 중심으로 그 앞과 뒤에 술어의 의미가 있다. 한편, '之' 뒤에 '而'가 와서 의미가 구분되므로 '之'는 앞과 연결된 대명사로써 '視'과 '聽'의 목적어이다.

(4) 주격·목적격·관형격 조사도 아니고, 대명사나 도치도 아니라면, '之'는 실사의 의미로 '가다', '떠나다', '버리다'라는 동사로 쓰인다. '之'는 '가다'라는 의미의 '갈 지'이면서도, 실사로써 '가다'라고 쓰이는 예는 흔하지 않다.

> ▶ 他日, 君出, 則必命有司所之。(『맹자』「양혜왕하」)
> ▶ 다른 날(他日) 군(君)이 나가시면(出則) 반드시(必) 유사(有司)에게 가는(之) 곳

(所)을 명하셨다(命).

所는 그 뒤에 있는 동사나 형용사의 수식을 받는다. 이 문장에서 '之'는 '所' 뒤에 위치하므로 동사이다. '則必命有司所之'에서 기본적으로 술어의 역할을 할 수 있는 단어는 '有'이다. 그런데 '有司'는 직책의 이름으로 고유명사이다. 여기서 술어를 잡는 단서는 부사 '必'이다. 부사는 때로는 문장 전체를 수식하기도 하지만, 기본적으로 술어의 역할을 하는 동사나 형용사를 수식하는 말이다. 따라서 부사는 문장에서 술어를 잡는 단서이다. 특히, '必'과 같은 종류의 단어는 주로 그 뒤에 술어가 온다. 따라서 '命'은 '목숨'이 아니라 '명하다'라는 술어이다. 그리고 '命' 뒤에 고유명사 '有司'가 위치하므로 구조상 '有司에게 명하다'라는 의미이다. 한편, 한문에서는 수식하는 말은 수식을 받는 말의 앞에 있다. 그 예외의 경우로 대표적인 예가 '所'이다. '所'는 뒤에 오는 술어의 의미와 결합하여 '~하는 바(곳, 사람, 것)'로 해석한다. 이 문장에서 '之'가 '가다'의 의미이다. '所之'는 '간 곳', '갈 곳', '갔던 곳' 등으로 해석할 수 있다.

> ▶ 壯者散而之四方者, 幾千人矣。(『맹자』「양혜왕하」)
> ▶ 젊은(壯) 자(者)는 흩어져서(散而) 사방(四方)으로 간(之) 자(者)가 몇(幾)천(千) 명(人)이다(矣).

'之' 뒤에 '四方'이라는 명사가 나왔으므로 기본적으로 '之'는 관형격 조사로 볼 수 있으나, 관형격 조사로 해석하면 말이 되지 않는다. 여기서 '之'는 '가다'라는 의미로 쓰였는데, 그 단서는 술어를 연결하는 접속사 '而'가 있다.

(5) '之'는 시간을 의미하는 명사와 함께 사용되어 시간을 나타내는 부사로 쓰이기도 한다. 다만, 관점에 따라 이를 관형격 조사로 보기도 한다. ▶ 古之(옛날에), 今之孝者(지금에 효는)

나. 以

'以'는 '之'와 함께 한문 해석을 어렵게 한다. '以'는 농기구의 모양을 본떠 만든 글자로 도구, 방법, 이유, 시간, 목적 등 다양한 의미를 나타낸다. '以'는 기본적으로 영어의 'with'와 같은 개념으로 '~을 가지고', '~으로서(써)'의 뜻이다. 영어에서 'with'가 'with+명사(명사구)' 형태이듯 '以'는 '以+명사(명사구)'의 형태로 쓰인다. 만약, '以' 뒤에 명사가 없이 동사나 형용사가 위치하면, '以' 뒤에 대명사 '之'가 생략된 형태로 간주하고, '以' 뒤에 대명사 '之'를 넣어서 해석한다.

   (1) '以+명사', 즉 '以' 뒤에 명사가 나오면, '명사를 가지고' 혹은 '명사로서'의 의미이며, '以'는 우리말의 부사격 조사이다.

   ▶ 有所不行, 知和而和, 不以禮節之, 亦不可行也。(『논어』「학이」)
   ▶ 행하지(行) 못하는(不) 바(所)가 있으니(有), 화(和)를 알아서(知~而) 조화롭고
   (和), 예로써(以禮) 그것(之)을 절제하지(節) 못하면(不), 또한(亦) 행할(行) 수(可)
   없다(不也).

이 문장에서 '以'는 명사 '禮'와 결합하여 '예로써'로 해석한다. 문장에서 수식하는 말은 수식을 받는 말 앞에 오는데, '所'는 그 예외의 하나이다. '所'는 뒤에 술어와 결합해 사람이나 사물, 장소 등을 받는 '~하는 바'로 해석되는 명사구이다. 그리고 '知和而和'에서 앞의 '和'는 '知'의 목적어로서 명사인데, 뒤의 '和'는 '而'가 연결되어 술어로 쓰였다. '不'은 술어를 잡아 주는 단서인데, '以禮'이 부사구이므로 '節'이 술어이다. '之'는 '節'의 목적어이다. '可'도 술어를 잡아 주는 단서이다.

   ▶ 生, 事之以禮, 死, 葬之以禮, 祭之以禮。(『논어』「위정」)
   ▶ 살아 계시면(生) 예로써(以禮) 그를(之) 섬기고(事), 죽으면(死) 예로써(以禮)
   그를(之) 장사 지내고(葬), 예로써(以禮) 그를(之) 제사 지낸다(祭).

이 문장에서 '以'는 명사 '禮'와 결합하여 '예로써'로 해석한다. 이 문장에서 '之'를 대명사로 보지 않고, '事', '葬', '祭'를 술어로 만들어 주는 '~하다'로 해석하기도 한다. 그런데 '祭'만 그 기본 의미가 '제사'이고, '事'나 '葬'은 기본 의미가 '섬기다'와 '장사 지내다'라는 술어이다. '祭'는 '제사 지내

다'라는 의미로도 자주 사용된다. 술어인 단어에 다시 술어의 의미를 부여할 필요는 없다. 따라서 '之'는 대명사로 해석하는 것이 적절하다.

(2) '以+동사(형용사)', 즉 '以' 뒤에 동사나 형용사가 나오면, 대명사 之를 넣어 '以+之+동사(형용사)'로 보고, '그것으로서(써)'의 의미로 해석한다. 1부에서 언급했던 '聖人立象以盡意'에서 '以' 다음에 '盡(다하다)'이라는 술어가 있다. 따라서 그 사이에 '之'를 넣어 '聖人立象以(之)盡意'로 하면, '성인이 상을 세웠으니, (그것)으로써 뜻을 다했다'라고 해석한다. 여기서 '그것'은 '상을 세우다'라는 '술어+목적어'의 '立象'의 구(句)를 받는다. 그런데 이 경우 '以'가 앞에 있는 단어나 어구와 직접 연결해 '단어(어구)+with'로, '立象以'을 '상을 세움으로써'라 해석하기도 한다. 그러나 '以' 뒤에 있는 생략된 대명사 '之'가 '以' 바로 앞에 있는 구와 직접 연결되지 않을 때도 많다. 무엇보다도 앞말과 직접 연결하면 문장에서 저자가 강조하는 어감이 잘 드러나지 않는다.

▶ 回也, 聞一以知十, 賜也, 聞一以知二。(『논어』「공야장」)
▶ 회(回)는(也) 하나(一)를 들어서(聞), 그것으로써(以) 열(十)을 알고(知), 사(賜)는(也) 하나(一)를 들어서(聞), 그것으로써(以) 둘(二)을 안다(知).

이 문장에서 回(회)는 공자의 제자 안연(顔淵)이고, 賜(사)는 자공(子貢)이다. '以' 뒤에 술어 '知'가 위치하므로 '以' 뒤에 대명사 '之'를 넣어서 해석한다. 이때 대명사 '之'는 '聞一'을 받는다. 이 문장에서 '以'를 앞의 단어와 연결해 '聞一以'로 '하나를 듣고서'로 해석하기도 한다. 그러나 앞에서 언급했듯이 저자가 강조하려는 어감이 잘 드러나지 않는다. '聞一'은 '하나를 듣다'라는 '술어+목적어' 구조이며, '以'와 연결되어 부사구가 된다. '知十'은 '열을 알다'라는 '술어+목적어' 구조이다.

▶ 予, 一以貫之。(『논어』「위령공」)
▶ 나(予)는 하나(一), 그것으로써(以) 그것(之)을 꿰뚫는다(貫).

이 문장에서도 '以'를 앞의 '一'과 결합해 '하나로써'로 해석하기도 한다.

▶ 將以求吾所大欲也。(『맹자』「양혜왕상」)
▶ 장차(將) 그것으로써(以) 내가(吾) 크게(大) 바라는(欲) 바(所)를 구하고자 한
   다(求).

(3) 'A以爲B', '以A爲B'는 'A를 B로 여기다', 'A를 B로 삼다', 'A를 B로 생각하다'의 숙어로 쓰인다. 이때 '以'를 목적격 조사인 '~을'로 보기도 한다. 특히, 'A以爲B'에서 'A'가 도치된 것으로 볼 수도 있다. 다만, '以爲'는 숙어로 쓰이지 않을 때도 있다. 문장에서 '以爲'는 숙어로 해석하고, 해석되지 않으면 '以'와 '爲'를 각각 해석한다. '以'는 '때문에' 또는 '때문이다'로도 쓰인다.

▶ 仁以爲己任, 不亦重乎? (『논어』「태백」)
▶ 인(仁)을 자기(己) 임무(任)로 여기니(以爲), 또한(亦) 중하지(重) 않겠는가(不
   ~乎)?

(4) '以'는 접속사 '而'처럼 쓰인다. 다만, '而'는 역접(逆接)으로도 순접(順接)으로도 쓰이지만, '以'는 순접으로만 쓰인다. 그리고 '以'는 시간, 동작을 의미하는 부사로도 쓰인다. 끝으로 何以(무엇으로써, 어디에), 所以(방법, 까닭, 것) 등의 숙어로도 쓰인다.

▶ 以甲戌之歲四月。갑술년 4월에.
▶ 五十以學易。오십에 역을 배우다.
▶ 吾之子生以十月四日。나의 아들은 10월 4일에 태어났다.

3장.
정확한 해석을 위한 15가지

1. 접속사: '而'와 '與', '及' 구별하기

'而'는 2인칭(너, 그대, 당신) 대명사로도 사용되는데, 기본적으로는 접속사로서 술어인 동사(형용사)와 동사(형용사)를 연결하거나 문장을 연결한다. 반면, 명사와 명사를 연결하는 접속사는 '與'와 '及'이다. '而'의 이러한 특성은 '與'와 '及'과 구분되어 문장 해석에서 중요하게 활용된다. 한자는 고정된 품사가 없으나 문장에서 단어가 놓인 자리와 연결되는 단어에 따라 성분과 품사가 정해진다. 따라서 '而'의 앞과 뒤에는 술어적 의미의 동사류가 위치해야 한다. 만약, 단어의 결합에 '而'를 중심으로 앞과 뒤에 술어가 없다면, 그 앞과 뒤의 단어에 술어적인 의미가 있다. 다만, 술어의 반복을 피하려고 우리말의 부사처럼 연결하기도 한다. '而'와 같은 접속사로는 '且', '又' 등이 있다. 한편, '而'는 '晚而(늦게)'와 같이 시간을 나타내는 글자와 어울려 부사로 쓰이기도 한다.

▶ 心不在焉, 視而不見, 聽而不聞, 食而不知其味。(『대학』)
▶ 마음(心)이 거기에(焉) 있지(在) 않으면(不), 보아(視)도(而) 보이지(見) 않고(不), 들어(聽)도(而) 들리지(聞) 않으며(不), 먹어(食)도(而) 그(其) 맛(味)을 알지(知) 못한다(不).

▶ 富與貴, 是人之所欲也。不以其道得之, 不處也。貧與賤, 是人之所惡也。不以其道得之, 不去也。(『논어』「이인」)
▶ 부(富)와(與) 귀함(貴), 이것(是)은 사람(人)이 원하는(欲) 것(所)이다(也). 그(其) 도(道)로써(以) 그것(之)을 얻지(得) 않으면(不) 처하지(處) 않는다(不~也). 가난(貧)과(與) 천함(賤), 이것(是)은 사람(人)이 싫어하는(惡) 것(所)이다(也). 그(其) 도(道)로써(以) 그것(之)을 얻지(得) 않으면(不) 버리지(去) 않는다(不~也).

학예연구사가 알려 주는 **한문 해석의 비밀**

기타 접속사로는 '有', '如', '若', '和' 등이 있다. '有'와 '和'를 보면, 다음과 같다. '吾十有五而志于學'에서 대부분 '十有五'을 '열다섯'으로 해석한다. 그런데 이는 '나는 열 살에다가 또 다섯 살이 되어서 학문에 뜻을 두었다'라고 해석해야 한다. '和'가 접속사로 쓰이면, 독음은 '화'가 아니라 '와'로 '雲和雨'의 뜻은 '구름과 비'이다. 한편 '如'도 접속사로 쓰이는데, '六七十如五六十'라 하면 '육칠십 또는 오륙십'이다.

2. 품사를 정해 주는 '不'과 '非' 구별하기

'不'는 뒤에 있는 동사나 형용사를 부정하고, '非'는 뒤에 있는 명사를 부정한다. 즉, '不' 뒤에 명사가 있더라도 반드시 동사나 형용사로 만들어서 부정해야 한다. 그래서 '不日'은 '하루가 아니다'가 아니라 문맥에 따라 '하루가 지나지 않는다' 또는 '하루가 되지 않다' 등으로 해석해야 한다. 같은 예로 '不王'은 '왕이 아니다'가 아니라 문맥에 따라 다를 수 있으나 '왕 노릇을 하지 못하다'라고 해석해야 한다. 또, '君不君(군불군)'은 '임금이 임금이 아니다'라고 해석하면 잘못된 해석이다. 즉, '不'의 뒤에 있는 '君'은 형용사로써 술어이고, '不' 앞에 있는 '君'은 명사로써 주어이다. 따라서 이는 '임금(君)이 임금답지(君) 못하다(不)'라고 해석해야 한다. 만약 '임금이 임금이 아니다'라고 표현하려면, '君非君'으로 작문해야 한다. '不'와 '非'는 이어지는 단어의 품사와 성분을 결정할 뿐만 아니라, 우리말 해석의 정확성을 높여 준다.

▶ 是故, 君子無所不用其極。(『대학』)
▶ 이(是) 때문(故)에 군자(君子)는 그(其) 극(極)을 쓰지(用) 않는(不) 바(所)가 없다(無).

▶ 是, 不爲也, 非不能也。(『맹자』「양혜왕상」)
▶ 이(是)는 하지(爲) 않는(不) 것이지(也), 하지(能) 못하는(不) 것이 아니다(非~也).
(참조) '不'은 동사 '爲'와 '能'을 부정하고, '非'는 '不能'을 명사화하여 부정한다.

한자는 문장에서 고정된 품사가 없다. 같은 단어라 하더라도 그 위치에 따라 품사가 결정되어 주어, 목적어, 보어, 술어, 부사어 등 모든 문장 성분의 역할을 할 수 있다. 중요한 것은 단어가 위치하는 자리이다. 한편, '不' 뒤의 단어가 'ㄷ', 'ㅈ'으로 시작하는 독음이 오면, '不'은 '불'로 독음하지 않고, '부'로 독음한다(不盡: 불진(×), 부진(○)).

3. 능동과 피동; '可以, 能以, 得以, 足以'와 '可, 能, 得, 足' 구별하기

술어의 의미를 보조하는 '가능(~할 수 있다 / ~할 만하다)'의 보조사 '可, 能, 得, 足'은 서로 기능과 의미가 통한다. 즉, '可' 대신 그 자리에 '能', '得', '足'을 쓸 수 있다. 그리고 이들은 '以'가 붙어서 '可以, 能以, 得以, 足以'로도 쓰인다. 그런데 '以'가 붙으면 '주어+可以+술어' 구조로만 해석되고, '以'가 붙지 않으면 '목적어+可+술어' 구조로도 해석될 수 있다. 이는 목적어를 술어 앞으로 도치해 강조한 것이다. 한문은 '술어+목적어' 구조인데, '목적어+술어' 구조로 쓰이는 예외이다. 그래서 '以'가 없이 '可, 能, 得, 足'이 술어와 연결되면 '목적어+술어' 구조로 쓰였을 가능성을 염두에 두고 해석해야 한다. 한편, '可, 能, 得, 足'은 단독 품사(형용사나 명사)로 쓰이지 않을 때, 술어 앞에 위치하므로 '술어를 찾는 단서'가 된다. 다만, 보조사와 술어의 사이에 부사가 위치할 수 있다.

▶ 若寡人者, 可以保民乎哉? (『맹자』「양혜왕상」)
▶ 과인(寡人)과 같은(若) 자(者)도 백성(民)을 보호할(保) 수 있습니(可以)까(乎哉)?

이 문장에서 '可以'는 술어 '保(보호하다)'를 보조하고 있다. 즉, '可以保'는 목적어 '民'의 술어로 '백성을 보호할 수 있다'라고 해석한다. 다만, 의문을 나타내는 어조사 '乎'와 '哉'가 붙어 의문문이 되었다. '若寡人'은 '과인과 같다'로 해석되는데, 뒤에 '者'가 연결되어 '과인과 같은 자'라고 해석되었다.

▶ 子張問, "十世可知也?" (『논어』「위정」)

▶ 자장(子張)이 묻기를(問) "십세(十世)를 알(知) 수 있습니까(可~也)?"라고 했다.

이 문장에서 '可'는 술어 '知(알다)'를 보조하고 있다. 즉, '십세(十世)는 알 수 있습니까?'라고 해석된다. 그런데 십세(十世)는 열 왕조로, 아는 주체가 아니라 아는 대상이다. '可, 能, 得, 足'이 술어와 연결되면 '목적어+술어' 구조로 쓰였을 가능성을 염두에 두고 해석되므로 '십세'를 목적어로 해석하는 것이 자연스럽다.

4. 의미를 명확하게 해 주는 '諸'와 '焉' 익히기

'諸'는 기본적으로 '모두'의 의미이다. 그러나 문장 중간에 쓰인 '諸'는 '之於'은 준말로도 쓰이며, '저'로 독음한다. 문장에서 '諸'는 '모두' 또는 '여럿'으로 해석하고, 그 해석이 어색하면 '之於'로 바꿔서 해석한다. 한편, '焉'은 의문대명사, 의문부사, 접속사로도 쓰이고, '也', '矣'와 같이 종결사로도 쓰인다. 그러나 종결사로 쓰일 때, '也', '矣'와 달리 '於是', '於此', '於之'의 준말로 '거기에, 여기에서, 이것에, 그것을' 등의 의미이다.

▶ 忠恕, 違道不遠, 施諸己而不願, 亦勿施於人。(『중용』13장 3절)
▶ 충(忠)과 서(恕)는 도(道)와 거리(違)가 멀지(遠) 않으니(不), 자기(己)에게 그것을(諸) 베풀어서(施) 원하지(願) 않으면(不), 또한(亦) 남에게(於人) 베풀지(施) 마라(勿).

이 문장에서 '施諸己'를 '모든 자기에게 베풀다'라고 해석하면, 어떤 말을 의미하는지 알 수 없다. '諸'을 '之於'로 바꾸면, '施之於己'이 된다. 즉, '施'는 술어, '之'는 술어의 목적어, '於己'는 '施'의 대상이자 보어이다. 따라서 '자기에게(於己) 그것(之)을 베풀다(施)'라고 해석한다. 이 문장에서 '違'는 '어기다'로 쓰이지 않고, '거리', '차이' 등의 의미이다. '不遠'을 통해 술어가 파악되고, 술어 앞에 있는 '違道'의 성분을 짐작할 수 있다. 한편, 한문에서 사람을 의미하는 '人'은 대부분 '타인', '남'을 의미한다.

▶ 子曰: "三人行, 必有我師焉。"(『논어』「술이」)

▶ 공자(子)가 말하길(曰), "세 사람(三人)이 가면(行) 반드시(必) 나(我)의 스승(師)이 거기에(焉) 있다(有)."라고 했다.

'焉'은 '於之'의 의미이다. 문장에서 '必'은 부사로써 '술어를 찾는 단서'가 된다.

▶ 昔者, 吾舅死於虎, 吾夫又死焉, 今吾子又死焉。(가정맹어호)

▶ 옛날에(昔者) 나(吾)의 시아버지(舅)가 호랑이에게(於虎) 죽었고(死), 나(吾)의 남편(夫)이 또(又) 그것에게(焉) 죽었으며(死), 이제(今) 내(吾) 아들(子)이 그것에게(焉) 죽었다(死).

이 문장에서 '者'는 시간을 나타내는 말과 결합해 시간을 의미하는 부사구로 쓰였다.

▶ 過而能改, 善莫大焉。(『삼국사기』)

▶ 잘못하고(過)서(而) 고칠(改) 수 있다면(能), 선(善)이 이것보다(焉=於是) 큰(大) 것이 없다(莫).

5. 부정문에서 대명사의 도치

부정을 의미하는 '未', '無', '莫', '不' 등은 술어를 부정하는 보조사이다. 그런데 술어의 목적어가 대명사이면 그 대명사는 부정어와 술어 사이에 놓인다.

▶ 不王者, 未之有也。(『맹자』「양혜왕상」)

▶ 왕 노릇을 하지(王) 못하는(不) 자(者)는 아직(未) 그런 자(之)는 있지(有) 않았다(未~也).

이 문장은 '未有之也' 형태였으나 술어를 부정하는 '未'가 위치하므로 도치되어 '未之有也'로 쓰였다. '不王'을 '왕이 아니다'가 아니라 '왕 노릇을 하지 못하다'의 의미이다.

▶ 不患人之不己知, 患不知人也。(『논어』「학이」)

▶ 남(人)이(之) 자신(己)을 알아주지(知) 못함(不)을 걱정하지(患) 말고(不), 남(人)을 알지(知) 못함(不)을 걱정해라(患).

'不己知, 不知人'의 '己'도 '人'처럼 술어 '知'의 목적어이므로 술어 뒤에 위치해야 한다. 그런데 '己'가 대명사이므로 타동사 '知'의 앞에 놓였다.

▶ 今也, 父兄百官不我足也。(『맹자』「등문공상」)

▶ 지금(今也), 부형(父兄)과 백관(百官)들이 나(我)를 만족스럽게(足) 여기지 아니한다(不也).

6. '者'와 '所'의 쓰임 익히기

'者'는 앞에 나온 단어의 수식을 받아 명사화하고, '所'는 뒤에 나오는 동사, 형용사의 수식을 받아 명사화한다. 물론, '所'는 숙소(宿所), 장소(場所) 등과 같이 앞의 말과 연결되어 하나의 단어로도 쓰인다. 그러나 '所願(원하는 바(것, 사람))'과 같이 대부분 뒤에 있는 동사(형용사)의 수식을 받는다. 그리고 '者'는 ~라는 것'의 뜻으로 그 뒤에 주어를 강조하는 주격 조사 '은/는, 이/가'가 붙는다. 예를 들면 '農者'는 '농사(농업)라는 것은'으로 해석된다. 한편, '者'는 사람, 사물, 존재 등의 의미 외에 '때'를 의미하는 부사로도 쓰인다. 예를 들면 '今者'는 '오늘에', '昔者'는 '옛날에'의 의미이다. 그리고 '所'는 '以'와 결합하여 까닭, 이유의 의미를 나타내기도 한다.

▶ 其本亂, 而末治者, 否矣, 其所厚者, 薄, 而其所薄者, 厚, 未之有也。(『대학』경 1장 7절)

▶ 그(其) 본(本)이 어지럽고(亂)도(而) 말(末)이 다스려지는(治) 사람(者)은 없으며(否矣), 그(其) 후하게 할(厚) 것(所~者)에 박하게 하고(薄而), 그(其) 박하게 할(薄) 것(所~者)에 후하게 하는(厚), 그런 사람(之)은 아직 있지(有) 않았다(未~也).

7. 문장에서 의문사와 의문부사를 명확히 파악하기

'誰', '何', '安', '孰', '焉', '胡' 등은 의문사 혹은 의문부사로서 일반적으로 문장 앞에 있다. 한문에서 이 단어들은 먼저 의문사인지 의문부사인지를 구분하고, 의문사로 쓰였다면 주어인지, 목적어인지를 구분해야 한다. 확장형인 '何以'의 경우에도 적용된다. 형태는 '以何'으로 '무엇을 가지고'라는 의미인데, '何'가 의문사이므로 앞에 놓인 것이다. '何'와 같은 의문사가 문장에 있으면, '어찌'라는 뜻으로 단정하지 않고, 의문사인지 의문부사인지 구분해야 한다. 뜻은 '어찌'를 비롯하여 '무엇', '무슨', '어떤' 등 다양하게 쓰인다.

▶ 大夫曰: "何以利吾家?" (『맹자』「양혜왕상」)
▶ 대부(大夫)는 "무엇(何)을 가지고(以) 나의 집(吾家)을 이롭게 할까(利)?"라고 말한다(曰).

이 문장에서 '何'는 '以'의 의문사로서 목적어이다. '以何' 형태이나 '何以'로 도치되었다. 중요한 점은 '어찌'라는 의문부사가 아니라 '무엇을'이라는 의문사라는 점이다.

▶ 何必曰: "利。" (『맹자』「양혜왕상」)
▶ 어찌(何) 꼭(必) "이(利)"를 말씀하십니까(曰)?

이 문장은 '何'가 의문부사로 '어찌'라는 의문부사로 쓰였다. '何必'은 우리말의 '어찌하여 꼭'이라는 의미와 같다.

학예연구사가 알려 주는 **한문 해석의 비밀**

8. 주어를 강조하는 '也'의 쓰임 익히기

'也'는 기본적으로 문장 끝에서 단정의 종결사로 쓰이며, 의문 또는 반어의 종결사로도 쓰인다. 그러나 문장 중간에서 주어와 부사를 강조할 때도 쓰인다. 따라서 문장 중간에서 '也'는 주어나 부사를 강조하는 적절한 표현으로 대치된다. 또한, '也者'는 '焉者'와 같이 '~라는 것은'이란 뜻이다. 부사를 강조하는 예는 드물지만, '必也(반드시)', '人也(사람에게서)' 등으로 사용되기도 한다.

- ▶ 中也, 養不中, 才也, 養不才。(『맹자』「이루하」)
- ▶ 중(中)이란(也) 부중(不中)을 기르고(養), 재(才)란(也) 부재(不才)를 기른다(養).

- ▶ 鳥之將死, 其鳴也哀, 人之將死, 其言也善。(『논어』「태백」)
- ▶ 새(鳥)가(之) 장차(將) 죽으려 함에(死) 그(其) 울음(鳴)이(也) 슬프고(哀), 사람(人)이(之) 장차(將) 죽으려 함에(死) 그(其) 말(言)이(也) 선하다(善).

9. 일반부정사와 다른 '莫'의 쓰임 익히기

'莫'은 그 뒤에 동사가 위치하면 부정의 의미로 쓰이고, 그 뒤에 형용사가 위치하면 최상급의 의미로 쓰인다. '莫+동사(술어)'는 '~하는 것이 없다' 또는 '~하는 사람이 없다'라는 의미이고, '莫+형용사(술어)'는 '~보다 더~한 것은 없다' 또는 '~보다 더 ~한 사람은 없다'라는 의미이다. '莫'은 일반 부정사와 달리 대명사를 포함한다. 따라서 '莫'은 '~것이(은)', '~한 사람이(은)'를 포함해서 해석한다.

- ▶ 子曰: "莫我知也夫。" (『논어』「헌문」)
- ▶ 공자(子)가 말하길(曰), "나(我)를 알아주는(知) 사람이 없구나(莫~也夫)."라고 했다.

이 문장에서 술어는 동사 '知'이다. '莫'은 대명사를 포함하므로 '~사람이 없다'라 해석한다. '我'는 '知'의 목적어로 '知我' 형태인데, '我'가 '知'의 목적어로 도치된 형태이다.

> ▶ 孟子曰: "存乎人者, 莫良於眸子." (『맹자』「이루상」)
> ▶ 맹자(孟子)가 말하길(曰) "사람(人)에게(乎) 있는(存) 것은(者) 눈동자(眸子)보다(於) 더 좋은(良) 것은 없다(莫)."라고 했다.

이 문장에서 술어는 형용사 '良'이다. 따라서 단순 부정의 의미가 아니라 최상급의 의미로 사용되었으며, '莫'은 대명사를 포함하기 때문에 '더 ~것은 없다'라고 해석한다. '乎'는 문장 중간에 쓰이면 '於'와 의미가 같다. '眸子(모자)'는 '눈동자'이다. 술어를 '良'으로 보는 단서는 '莫'의 부정사와 '於'의 어조사 때문이다.

> ▶ 孟子曰: "君仁莫不仁, 君義莫不義." (『맹자』「이루하」)
> ▶ 맹자(孟子)가 말하길(曰) "임금(君)이 어질면(仁), 어질지(仁) 않은(不) 이가 없고(莫), 임금(君)이 의로우면(義) 의롭지(義) 않은(不) 이가 없다(莫)."라고 했다.

10. '(未)有~者'의 유형 익히기

'(未)有~者'는 '~사람이 있다(아직 ~하는 이가 있지 않다)' 또는 '~경우가(적이) 있다(아직 ~하는 경우가 있지 않다)'라는 의미이다. 만약, '有'와 '者' 사이에 술어를 연결하는 '而'가 있더라도, '而' 앞에서 끊지 않는다. 한편, 有는 '어떤'의 의미로도 쓰인다. 그리고 '未'는 '아직'이라는 뜻으로 바뀔 가능성이 있으나 현재까지는 바뀌지 않은 것을 의미한다. '無如 ~ 者'는 '~만한 것이 없다' 혹은 '~만한 사람이 없다', '~만한 경우가 없다'라는 의미이다. '有諸'는 숙어로써 '그런 일이 있습니까?'라는 의미이다.

> ▶ 有牽牛而過堂下者. (『맹자』「양혜왕상」)

▶ 소(牛)를 끌고서(牽而) 당(堂) 아래(下)를 지나는(過) 사람(者)이 있다(有).

이 문장을 '소를 끄는 것이 있고, 당 아래를 지나는 자가 있다'라고 해석해서는 안 된다. 술어를 연결하는 '而' 앞에서 의미를 끊어야 하는데, '有'와 '者'의 형태는 예외이다. 문장에서 '有'가 있으면 뒤에 '者'가 있는지 확인해야 한다.

▶ 有復於王者。(『맹자』「양혜왕상」)
▶ 왕(王)에게(於) 보고하는(復) 자(者)가 있다(有).

▶ 未有疏於此時者也。(『맹자』「공손추상」)
▶ 이때(此時)보다(於) 더 드문(疏) 적(者)이 아직 있지(有) 않았다(未~也).

11. 문장 중간에 쓰인 '於'와 같은 '于', '乎'의 쓰임 익히기

문장 중간에 쓰인 어조사 '於', '于', '乎'는 각각 의미와 기능이 통하고, 그 기본적인 의미는 '~에, ~에서, ~에게, ~로' 이다. 특히, 이러한 단어는 뒤에 오는 단어와 결합하여 문장에서 보어의 역할을 하고, 그 앞에 술어가 있다. 따라서 이는 '술어를 찾는 단서'가 되기도 한다. 다만, 목적어처럼 그 위치가 고정되지 않고, 문장 내에서 자유롭게 위치하며, '於', '于', '乎'는 생략되는 경우가 많다. 특히, 문장 앞에 쓰이면 '於'는 생략된다. 그리고 '於' 앞에 형용사가 놓이면 '~보다'라는 비교급으로 쓰인다.

▶ 或問乎曾西曰: "吾子與子路, 孰賢?" (『맹자』「공손추상」)
▶ 어떤 사람(或)이 증서(曾西)에게(乎) 물어(問) 말하길(曰), "그대(吾子)와(與) 자로(子路), 누가(孰) 현명한가(賢)?"라고 했다.

이 문장에서 '曾西(증서)'는 증삼(曾參)의 아들이며, '子路(자로)'는 공자의 제자 중 한 사람이다. '吾子'는 '나의 아들'이라는 의미가 아니라 상대방을 높여 부르는 호칭이다.

> ▶ 詩云: "畏天之威, 于時保之." (『맹자』「양혜왕하」)
> ▶ 『시경(詩)』에 이르길(云), "하늘(天)의(之) 위엄(威)을 두려워하여(畏), 이에(于時) 그것(之)을 보전한다(保)."라고 했다.

이 문장에서 앞의 '之'는 뒤에 명사 '威(위엄)'이 위치하므로, '之'는 관형격 조사로 쓰였다. '畏'는 술어이며, '天之威'은 그 목적어이다. 그리고 뒤의 놓인 '之'는 그 뒤에 다른 단어가 있지 않고, 그 앞에 술어 '保(보전하다)'가 위치하므로 대명사로써 '保'의 목적어이다.

12. 其: 其~乎(也, 與, 哉): 아마~일 것이다(추측). 어찌~이리오? 其 → '어찌'

'其'는 기본적으로 사람이나 사물을 받는 대명사 '그'의 의미이다. '其'는 대명사 '之'와 달리 문장 앞에 위치하기도 한다. 그러나 문장에서 대명사 외에도 '아마도', '혹'이라는 추측의 의미로도 쓰인다. '其'가 추측의 의미로 쓰일 때, 대부분 문장 끝에 '乎', '與' 등과 함께 쓰인다. '其 ~ 乎', '其 ~ 與'는 '아마도 ~일 것이다'라는 유형의 문장이다. '其'는 '곧'이란 의미로도 쓰인다.

> ▶ 子曰: "中庸, 其至矣乎!" (『중용』3장 1절)
> ▶ 공자(子)가 말하길(曰), "중용(中庸)은 아마도(其) 지극할(至) 것이로다(矣乎)!" 라고 했다.

이 문장에서 '其'는 추측의 의미로 사용되었다. 만약, '其'가 대명사라면 그 앞의 '中庸'을 받아야 한다. 그런데 대명사는 주로 앞에서 한 번 설명되거나 언급된 것을 다시 설명하거나 언급할 때 사용된다. '中庸'이란 명사가 나오고 이어서 '其'로 받을 필요는 없다. 따라서 '其'는 추측의 의미일 가능성이 크며, 문장 끝에 '乎'가 연결되었다.

학예연구사가 알려 주는 **한문 해석의 비밀**

▶ 君子務本, 本立而道生, 孝弟也者, 其爲仁之本與。(『논어』「학이」)

▶ 군자(君子)는 본(本)을 힘쓰니(務), 본(本)이 서면(立而) 도(道)가 생겨나니(生), 효제(孝弟)라는 것(也者)은 아마(其) 인(仁)을 행(爲)하는(之) 본(本)일 것이다(與).

13. 부분 부정(不必, 不常)과 완전 부정(必不, 常不) 구분하기

'必', '常' 등 부사가 뒤에 나오는 술어를 수식하느냐, 술어의 보조사인 '不'을 수식하느냐에 따라 부분 부정과 완전 부정을 구분할 수 있다. 수식하는 말은 수식을 받는 말의 앞에 나온다는 원칙을 적용하면, 부분 부정과 완전 부정을 구분할 수 있다.

▶ 子曰: "有德者, 必有言, 有言者, 不必有德。仁者, 必有勇, 勇者, 不必有仁。"(『논어』「헌문」)

▶ 공자(子)가 말하길(曰), "덕(德)이 있는(有) 자(者)는 반드시(必) 말(言)이 있지만(有), 말(言)이 있는(有) 자(者)가 반드시(必) 덕(德)이 있는(有) 것은 아니다(不). 인자(仁者)는 반드시(必) 용맹(勇)이 있지만(有), 용자(勇者)가 반드시(必) 인(仁)이 있는(有) 것은 아니다(不)."라고 했다.

▶ 我必不仁也, 必無禮也。(『맹자』「이루하」)

▶ 내(我)가 반드시(必) 어질지(仁) 못했으며(不), 반드시(必) 예(禮)가 없었다(無).

▶ 我必不忠。(『맹자』「이루하」)

▶ 내(我)가 반드시(必) 충하지(忠) 못했다(不).

14. 단어의 반복

같은 단어가 반복되면 두 단어 사이를 끊고 해석한다. 다만, 같은 단어가 반복하여 부사어 혹은 의성어(소리를 흉내 낸 말) 또는 의태어(모양이나 움직임을 흉내 낸 말)일 수도 있다. 그래서 문장에서 같은 단어가 반복되면 일단 끊어서 해석하는 것이 원칙이다. 그리고 끊어서 해석되지 않으면 반복된 글자를 연결해서 의성어, 의태어, 혹은 다른 부사어의 뜻이 있는지 찾아야 한다.

▶ 書不盡言言不盡意。(『중용』)
▶ 글(書)은 말(言)을 다할(盡) 수 없고(不), 말(言)은 뜻(意)을 다할(盡) 수 없다(不).

이 문장에서 言言이 반복되므로 '書不盡言, 言不盡意。'으로 구분하여 해석한다.

▶ 其終也, 有佛佛之聲。(『성재실기』3권)
▶ 그것이(其) 마쳐지자(終也), '불불(佛佛)'이라는(之) 소리가(聲) 있었다(有).

15. 만능의 '爲' 익히기

'爲'는 '되다'의 뜻으로 술어인데, 영어의 'do(하다)'와 같이 모든 술어를 대신할 수 있다. 자주 사용되는 표현은 '~을 위하다', '~ 때문에'로 쓰이고, 'A以爲B', '以A爲B'의 숙어로 'A를 B로 여기다(삼는다)'로도 쓰인다. 다만, '爲'가 평서문에서 '때문에'로 쓰일 때, 주로 종결사 '也'와 함께 쓰인다(爲~也). 그리고 장소를 강조할 때는 종결사 '也'를 대신하여 '焉'을 쓰기도 한다. 문장에서 술어가 없으면 '爲'를 술어로 보고, 술어가 있으면 '爲'는 전치사(에게, 위하여, 때문에) 등으로 볼 수 있다.

▶ 爲人君, 止於仁, 爲人臣, 止於敬, 爲人子, 止於孝, 爲人父, 止於慈, 與國人交, 止
於信。(『대학』3장 3절)
▶ 임금(人君)이 되어서(爲)는 인(仁)에(於) 머물고(止), 신하(人臣)가 되어서(爲)
는 경(敬)에(於) 머물고(止), 자식(人子)이 되어서(爲)는 효(孝)에(於) 머물고(止),
아비(人父)가 되어서(爲)는 사랑(慈)에(於) 머물고(止), 나라 사람들(國人)과 더불어(與) 교제할(交) 때는 신(信)에(於) 머문다(止).

이 문장에서 '爲'는 '되다'의 의미로 사용되었다. '人君', '人臣', '人子', '人父'는 '사람의 임금', '사람의 신하', '사람의 자식', '사람의 아비'가 아니라 각각 '임금', '신하', '자식', '아비'를 뜻한다. 한편, 유사한 구조의 반복을 통해 '於' 앞에 놓인 술어를 찾을 수 있다.

▶《楚書》曰: "楚國, 無以爲寶, 惟善以爲寶." (『대학』10장 12절)
▶『초서(楚書)』에 이르길(曰), "초나라(楚國)는 보배(寶)로 여기는(以爲) 것이 없고(無), 오직(惟) 선(善)을 보배(寶)로 여긴다(以爲)."라고 했다.

이 문장에서 '爲'는 '以爲'의 숙어로 사용되었다. '惟'는 '생각할 유'인데, '唯'와 의미가 통용되어 '오직'의 의미로 사용되었다.

▶ 由, 誨女知之乎。知之爲知之, 不知爲不知, 是知也。(『논어』「위정」)
▶ 유(由)야! 너(女)에게 그것(之)을 안다는(知) 것을 가르쳐 주겠다(誨). 그것(之)을 알면(知) 그것(之)을 안다고(知) 하고(爲), 알지 못하면(不知) 알지 못한다고(不知) 하니(爲), 이것(是)이 앎(知)이다(也).

이 문장에서 '爲'는 기본 의미인 '하다'로 사용되었다. '知之(1)爲知之(2)'에서 之(1)를 뒤에 술어 '爲'로 연결해 주격 조사(어조사)로 풀이하는 예도 있다. 그리고 『논어』에서 '女'는 '汝(너 여)'의 의미이다.

▶ 君取於吳, 爲同姓, 謂之吳孟子。(『논어』「술이」)
▶ 임금(君)이 오나라에(於吳) 장가들었는데(取), 동성(同姓)이므로(爲) 그녀를 (之) 오맹자(吳孟子)라고 불렀다(謂).

이 문장에서 '爲'는 '때문에'로 사용되었다.

> ▶ 臣, 請爲王言樂。(『맹자』「양혜왕하」)
> ▶ 신(臣)이 청컨대(請) 왕(王)을 위하여(爲) 음악(樂)을 말하겠다(言).

이 문장에서 '爲'는 '위하여'로 사용되었다.

4장.
문장 해석을 위한 유용한 실마리 몇 가지

이 글에서 몇 번에 걸쳐 한문을 해석하기 위해서는 문장구조와 단어의 결합을 이해해야 한다고 강조했다. 한문을 우리말로 해석하면, 문장구조 즉, 단어의 위치에 따라 우리말의 조사와 어미 등이 더해진다. 다음 예문을 통해 단어의 자리에 따라 추가되는 우리말을 살펴보자.

> ▶ 物有本末, 事有終始, 知所先後, 則近道矣。(『대학』경 1장 3절)
> ▶ 물(物)에는 본(本)말(末)이 있고(有), 일(事)에는 종(終)시(始)가 있으니(有), 먼저하고(先) 나중에 하는(後) 바(所)를 안다(知)면(則), 도(道)에 가깝(近)다(矣).

밑줄 친 곳은 한자가 지니지 않은 우리말 '조사'이다. 한문은 '之', '與' 등과 같은 특별한 경우를 제외하고, 우리말의 조사가 없다. 그래서 위의 문장과 같이 술어를 중심으로 단어의 자리에 따라 '에는', '이', '가', '를', '에' 등이 더해져서 해석된다. 한문 해석은 술어를 중심으로 각 단어의 위치에 따라 주어, 목적어, 보어 등의 역할이 정해지고, 각각 주격 조사(은/는, 이/가), 목적격 조사(을/를), 보격 조사(에/에서/에는)를 붙이는 것이다. 끝으로 한문 해석에 유용한 몇 가지 실마리를 언급하면 다음과 같다.

실마리 1. 문장 끝의 위치하는 '종결사'

종결사는 문장을 맺는 역할 뿐만 아니라 평서문(也, 矣, 焉 등), 의문문(乎, 歟(與), 哉, 諸 등), 감탄문(乎, 矣, 哉, 兮, 與, 夫, 也哉, 也與, 也夫, 矣夫, 矣乎 등) 등 문장의 종류를 결정한다. 한정 종결사로는 '而已', '而已矣', '已', '也已', '耳', '爾' 등으로 '~일 뿐이다' 혹은 '~일 따름이다'라는 뜻이다. 그리고 한정 종결사는 '云爾(~라 말할 뿐이다)'처럼 다른 단어와 연결되어 확장되기도 한다. '與'는 명사의 연결사로 '함께, 더불어, ~와/과'로도 쓰이는데, 의문과 감탄을 나타내는 종결사로도 쓰인다. 그리고 '지아비'를 의미하는 '夫'는 주로 문장 앞에서 '무릇', '대저'의 의미로 쓰이고, 문장 끝에서 감탄 종결사로 쓰인다.

> ▶ 曾子曰: "夫子之道, 忠恕而已矣." (『논어』 「이인」)
> ▶ 증자(曾子)가 말하길(曰), "부자(夫子, 선생님)의(之) 도(道)는 충(忠)과 서(恕)일 뿐이다(而已矣)."라고 했다.

> ▶ 子曰: "攻乎異端, 斯害也已." (『논어』 「위정」)
> ▶ 공자(子)가 말하길(曰), "이단(異端)을(乎) 전공하면(攻~斯), 해로울(害) 뿐이다(也已)."라고 했다.

이 문장에서 '攻'은 '공격하다'의 의미가 아니라, '닦다, 배우다, 연구하다'라는 뜻의 '전공(專攻)'이다.

> ▶ 子曰: "南方之强與? 北方之强與? 抑而强與?" (『중용』 10장 2절)
> ▶ 공자(子)가 말하길(曰), "남방(南方)의(之) 강함(强)인가(與)? 북방(北方)의(之) 강함(强)인가(與)? 아니면(抑) 그대(而)의 강함(强)인가(與)?"라고 했다.

이 문장은 'A與, 抑B與' 유형의 문장으로 'A인가? 아니면 B인가?'의 뜻이다. '抑(억)'은 역접 접속사로도 쓰인다. 문장에서 '抑'은 기본 의미인 '누르다'로 해석하고, 말이 되지 않으면 접속사의 의미를 살펴야 한다. 『논어』 「학이」 '求之與, 抑與之與'도 '그것을 구한 것인가? 아니면 그것을 준 것인가?'라고 해석한다. 한편, '抑而强與'에서 '而'는 술어를 연결하는 접속사가 아니라 2인칭 대명사이다. 이는 '南方', '北方'과 대를 이루는 구조로 접속사가 아니라는 것을 짐작할 수 있다.

실마리 2. 때로는 '그'도 '저'가 되는 '대명사'

대명사 그중에서도 인칭대명사는 해석을 어렵게 한다. 일반적으로 알려진 '我', '吾' 등의 대명사도 있지만, '若', '爾', '而', '伊', '厥' 등도 대명사로 종종 사용된다. 문장구조와 단어의 결합, 그리고 대를 이루는 구조에 따라 그 쓰임을 짐작할 수 있다.

① 1인칭: 我, 吾, 余, 己, 身.
② 2인칭: 子, 若, 女(汝), 爾, 而, 君, 乃, 公.
③ 3인칭: 彼, 他, 或, 公, 厥, 其.

▶ 非身之所能爲也, 效死勿去。(『맹자』 「양혜왕하」)
▶ 자신(身)이(之) 능히(能) 할(爲) 수 있는 바(所)가 아니니(非), 목숨(死)을 바치고(效) 떠나지(去) 말라(勿).

▶ 爾愛其羊? 我愛其禮。(『논어』 「팔일」)
▶ 너(爾)는 그(其) 양(羊)을 아끼느냐(愛)? 나(我)는 그(其) 예(禮)를 아낀다(愛).

실마리 3. 해석에 양감을 넣어 주는 '부정칭 대명사'

부정칭 혹은 미지칭 등의 대명사는 3인칭 대명사의 하나로 한문 해석에 맛을 더해 주기도 한다. 대표적인 부정칭 대명사는 '某(아무개), 皆(모두), 或(어떤), 各(각각)' 등이 있다. 이 외에도 '이것'을 의미하는 부정칭으로 '是, 此, 斯, 玆, 寔' 등이 있다. 그리고 '그것, 그곳'을 의미하는 부정칭으로 '彼, 其, 他, 厥, 之, 諸(저)' 등이 있다. 특히, '斯'는 문장에서 가정(~라면)이나 조건(~라야)으로 사용되기도 하고, 앞의 단어나 문장을 받는 대명사로도 사용된다.

실마리 4. 술어 앞으로 도치되는 '의문사'

의문사는 주로 의문이나 반어로 사용되며, 목적어 역할을 하더라도 술어의 앞에 놓인다. 대표적인 의문사로는 '誰, 何, 安, 孰, 焉, 胡' 등이 있다. 특히, '焉'은 문장 앞에서는 의문사로 쓰이는데, 문장 끝에 종결사로 쓰일 때 기본적으로 '於之'의 준말이다.

> ▶ 子曰: "誰能出不由戶, 何莫由斯道也." (『논어』「옹야」)
> ▶ 공자(子)가 말하길(曰), "누가(誰) 문(戶)을 지나지(由) 않고(不) 나갈(出) 수 있
> 는가(能)? 어찌(何) 이(斯) 길(道)을 지나지(由) 않는 것인가(莫~也)?"라고 했다.

이 문장에서 '誰'은 주어로서 의문대명사이며, '何'은 부사어로써 의문부사로 쓰였다. '誰能出不由戶'에서 '能'과 '不'이 있어 '出'과 '由'는 각각 술어로 쓰였다. '戶'는 '지게문'인데, 옛날식 가옥에서 마루와 방 사이의 문이나 부엌의 바깥문이다.

> ▶ 無臣而爲有臣, 吾誰欺? 欺天乎? (『논어』「자한」)
> ▶ 신하(臣, 가신)가 없는데(無~而) 신하(臣)가 있다(有) 하니(爲), 내(吾)가 누구
> (誰)를 속였는가(欺)? 하늘(天)을 속였구나(欺~乎)?

이 문장에서 '吾誰欺'의 '誰'는 술어 '欺'의 목적어이므로 '欺天乎'의 '天'과 같이 술어 '欺'의 뒤에 위치해야 한다. 그러나 '誰'가 의문대명사로 목적어임에도 불구하고, 술어 '欺'의 앞에 놓았다.

실마리 5. 술어를 잡아 주는 다양한 '부사'

부사는 정도, 범위, 시간, 부정 등을 나타내는 말로 동사나 형용사를 수식하고, 다른 부사를 수식하기도 하며, 문장 전체를 수식하기도 한다. 특히, 한문에서 부사는 술어가 될 수 있는 동사나 형용사를 수식한다는 점에서 술어를 잡아 주는 단서이다. 자주 쓰이는 부사를 분류하여 정리하면 다음과 같다.

① 정도: 最(가장), 甚(매우), 至(지극히), 極(극히), 必(반드시), 益(더욱), 常(항상), 太(크게), 尙(오히려, 아직), 畢(끝내), 殆(거의), 凡(무릇, 대개), 全(온전히), 僅(겨우), 都(모두). ▶ 事甚急 일이 매우 급하다.

② 시간: 今(이제, 지금), 方(바야흐로, 막), 始(비로소), 遂(드디어), 適(마침), 昔(예전에), 初(처음에), 嘗(일찍이), 曾(일찍이), 嚮(지난번), 向(지난번), 旣(이미), 已(이미), 將(장차), 且(차), 俄(잠시 뒤, 이미) ▶ 俄=俄而, 已而, 業已, 少選, 少選之間, 少焉

③ 의문: 何(무엇), 豈(왜, 어찌), 曾 등

④ 반어: 何, 豈, 安, 焉, 寧, 奚, 曷, 惡, 庸, 胡 등. 어찌~리오?

⑤ 미래, 욕망: 欲, 願, 請, 將, 且(장차). ~하고자 하다. ~하고 싶다.

⑥ 당위: 當, 宜, 應, 須(마땅히(모름지기) ~해야 한다), 當(당하다, 감당하다, 담당하다.)

⑦ 가정 부사: 若·如(만약), 如或(만약 혹시라도), 雖·縱(비록~일지라도), 誠·苟(진실로(만약)~일지라도), 假令·假使(가령~이라면), 設使(설사~일지라도), 苟爲·如使(만일~라면) ▶ (확장형) 若~則 사이에 술어가 없으면 가정이 아니라 '~과 같은 것[사람]', '~과 같은 경우'로 해석하고, 술어가 있으면 '만약~하면'으로 해석한다. ▶ (확장형) 今有~於此 지금 여기에 ~이 있다면.

⑧ 기타: 直(다만), 惟(=唯, 오직), 雖(비록), 況~乎?(하물며 ~이겠는가?)

⑨ 한정부사: 惟(=唯, 오직 ~일 뿐), 獨(유독 ~일 뿐), 但(다만 ~일 뿐), 只(다만 ~일 뿐), 直(다만 ~일 뿐), 徒(다만 ~일 뿐) ▶ 非徒無益, 而又害之. 다만, 무익할 뿐 아니라 도리어 그것을 해치는 것이다.

실마리 6. 사동과 피동, 그리고 금지명령

한문에서 사동과 피동은 사동을 도와주는 보조사(使, 敎, 令, 遣)와 피동을 도와주는 보조사(被, 爲~所, 見)를 사용한다. 그러나 보조사가 없이, 문맥에 따라 사동과 피동을 파악할 때도 있다. 그리고 보조사는 일반적으로 술어 앞에 위치하는데, 사동의 경우 시키는 대상이 보조사와 술어 사이에 놓인다. 문장 앞에 '勿, 莫, 毋, 無, 不' 등이 쓰이면, '~하지 마라'라는 의미를 지닌 금지명령형으로 주로 쓰인다.

① 사동형: '使AB', '敎AB', '令AB', '俾AB' 유형으로 'A로 하여금 B하게 하다'라고 하는 의미이다. 그 외에 사동의 의미를 지닌 동사로는 '遣', '命', '說', '勸' 등이 있다. 사동의 의미인 '使' 뒤에 술어가 놓이면, '使'와 술어 사이에 '之'를 넣어서 해석한다. 한편, 시(詩)에서 '敎'는 '가르치다'라는 의미가 아니라, 사동의 의미로 자주 쓰인다.

② 피동형: '被', '爲~所', '見'으로 '~당하다. ~에게 ~당하다'라는 의미를 지닌다.

③ 금지명령형: 문장 앞에 '勿', '莫', '毋', '無', '不' 등이 쓰이면, '~하지 마라'라는 의미이다. ▶ 莫道人之短. 남의 단점을 말하지 마라.

실마리 7. 의태어나 의성어

뜻글자인 한문은 소리글자인 한글에 비하여 의태어나 의성어 표기가 제한된다. 따라서 한문에서 의태어나 의성어의 구분이 쉽지 않다. 의태어는 사물의 상태나 동작을 흉내 낸 말이고, 의성어는 사물의 소리를 흉내 낸 말이다. 한문에서 의태어나 의성어는 같은 단어를 두 번 반복해서 쓰는 경향이 있다. 따라서 같은 단어가 두 번 반복하면, 먼저 두 단어를 구분해서 해석하고, 구분해서 해석했을 때 말이 통하지 않으면, 의태어나 의성어로 쓰였는지 살펴봐야 한다. 다만, 한 단어라도 그 뒤에 '然', '如', '若', '乎' 등을 붙여 의성어나 의태어를 만들기도 한다. 예) 蹴然(삼가거나 조심하는 듯한 모양), 浩然(담담한 모양), 紛紛然 (번거로운 모양, 어지러운 모양), 蕩蕩乎(넓고 넓은 모양)

실마리 8. 기본 독음과 달리 발음되는 감탄사와 감탄문

감탄사는 문장 끝에 위치하는 감탄 종결사와 달리 주로 문장 앞에서도 중간에서도 사용된다. 문장 앞에서 쓰이는 감탄사는 '惡(오), 於(오), 於乎(오호), 於呼(오호), 嗚呼(오호), 噫(희), 嗟乎(차호)' 등이 있다. 문장 중간이나 끝에서는 감탄 종결사는 '乎, 矣, 哉, 兮, 與, 夫, 也哉, 也與, 也夫, 矣夫, 矣乎' 등이 있다.

> ▶ 顏淵, 死, 子曰: "噫! 天喪子, 天喪子." (『논어』 「선진」)
> ▶ 안연(顏淵)이 죽자(死), 공자(子)가 말하길(曰), "아(噫)! 하늘(天)이 나(子)를 버렸구나(喪). 하늘(天)이 나(子)를 버렸구나(喪)."라고 했다.

실마리 9. 有(無)와 在의 쓰임

일반적으로 '有(無)'는 장소가 앞에 나오고, '在'는 장소가 뒤에 나온다. 즉, '장소+有(無)+A'로 쓰이고, 'A+在+장소'로 쓰이는데, '장소에 A가 있다'라고 해석한다. 특히, '有(無)'는 소유 관계를 나타내어 뒤에 명사인 보어가 있다. 따라서 '有(無)' 뒤에 있는 보어는 술어처럼 보이더라도 명사로 해석해야 한다. 만약, 有(無) 뒤에 술어가 오면 有(無)와 술어 사이에 '以', '由' 등이 삽입된다.

> ▶ 孟子對曰: "殺人以梃與刃, 有以異乎?" 曰: "無以異也." "以刃與政, 有以異乎?" 曰: "無以異也." (『맹자』 「양혜왕상」)
> ▶ 맹자(孟子)가 대답하여(對) 말하길(曰), "사람(人)을 죽이는데(殺), 몽둥이(梃)와(與) 칼날(刃)로써(以) 하는 것에 다른(異) 것(以)이 있습니까(有~乎)?"라고 했다. 말하길(曰), "다른(異) 것(以)이 없습니다(無~也)."라고 했다. "칼날(刃)과(與) 정치(政)로써(以) 하는 것에 다른(異) 것(以)이 있습니까(有~乎)?" 말하길(曰), "다른(異) 것(以)이 없습니다(無~也)."라고 했다.

실마리 10. 百(백), 千(천), 萬(만)의 숫자가 아닌 百(백), 千(천), 萬(만)

百(백), 千(천), 萬(만)은 기본적으로 숫자를 의미한다. 그러나 문장에서 쓰인 百(백), 千(천), 萬(만)은 숫자로 쓰이기보다는 '모두' 또는 '여럿' 등의 의미로 자주 쓰인다.

나오면서

『중용』12장 4절로 해석하는 과정을 살펴보면, 다음과 같다.

> 君子之道, 造端乎夫婦, 及其至也, 察乎天地。(『중용』12장 4절)

1단계: 독음하고 문장구조를 파악할 수 있는 중요 단어에 밑줄 치고 파악하기

> 君子之道(군자지도)는, 造端乎夫婦(조단호부부)니, 及其至也(급기지야)하여는,
> 察乎天地(찰호천지)니라.

▶ '之' 뒤에 '道'가 명사인가? 동사인가? 먼저 '道'는 기본품사가 명사(길)이므로, '군자의 도'로 해석하고…….
▶ '乎'가 문장 중간에 있으므로 '於'와 같은 의미이겠군. 그렇다면 그 뒤에는 명사(夫婦)가 오고, 그 앞은 술어가 위치하므로 '造端'에 '술어'가 있겠지.
▶ '其'는 '그 뭐뭐함', '그의 뭐뭐함' 아니면 '그가 뭐뭐함'. 그 앞에 술어가 자주 나오니까 '及'은 술어의 의미로 쓰였을 가능성이 있겠군. 뒤에 '至'와 연결하면……, '그가 지극하다' 아니면, '그 지극함' 정도…….
▶ '也'는 중간에 쓰이면 ',' 또는 주어를 강조하므로 뒤에 나오는 '察乎天地' 앞에서 살짝 끊어주고…….
▶ '乎'는 문장 중간에 '於'와 같은 의미이니까 그 앞의 '察'은 술어, 그 뒤 '天地'는 명사……. 그

리고 '造端乎夫婦'과 '察乎天地'은 대를 이루는 구조일 수도 있겠군.

2단계: 술어 잡기

▶ 造端乎夫婦: '乎' 앞에 '造端'. '造'는 '~을 만들다'로 목적어를 갖는 타동사, '端'은 '造'의 목적어…… 그 뒤에 있는 '夫婦'는 '乎'와 붙어 '부부에게', '부부와', '부부를' → '부부에게서 단을 만들다'

▶ 及其至也: '其' 앞에 '及'가 숨어면, '~에 이르다'. 뒤에 있는 '至'는 '이르다'인데, 앞에도 이르다는 말이 있으니, 다른 뜻은 없을까? '及'이 술어이면, 뒤는 명사화해서 '그 지극함에 이르다'.

▶ 察乎天地: '乎' 앞에 '察'은 술어. '天地'는 '乎'에 붙어서 '천지에', '천지를' → '천지를 살핀다'

3단계: 앞에서부터 직역 시도

君子之道, 造端乎夫婦, 及其至也, 察乎天地。

▶ 君子之道(군자의 도), 造端乎夫婦(부부에게 단을 만들다), 及其至也(그 지극함에 이르러,), 察乎天地(천지를 살핀다.)

4단계: 주어(은/는, 이/가)+술어(~이다)+목적어(을/를)+보어(에게, 와/과) 구조로 배열하기

▶ '군자의 도', '부부에게 단을 만든다', '그 지극함에 이르다', '천지를 살핀다'

▶ 군자의 도(는) 부부에게 단을 만든다. / 그 지극함에 이르러 천지를 살핀다.

5단계: 문맥에 적절하게 윤활유 치기

군자의 도는 부부에게서 단서를 만들고, 그 지극함에 이르러서는 천지를 살핀다.

(추가) 실제 부부에게서 단서를 만든다는 의미는 필부필부에게 발단이 된다는 의미이고, 천지를 살핀다는 의미는 천지에 밝게 드러난다는 의미이다.

학예연구사가 알려 주는 **한문 해석의 비밀**

3부

『중용(中庸)』 적용하기

　중국 송(宋)나라 이후『중용』은『논어(論語)』,『맹자(孟子)』,『대학(大學)』과 함께 사서(四書)의 하나로 유교 경전이 되었다.『중용』은 송나라 유학자 주희(朱熹, 1130-1200)가 오경(五經)에 하나인『예기(禮記)』에서『대학』과 함께 떼어 내어 사서의 하나로 이름을 붙인 것으로 알려져 있다. 이 책에서 먼저『중용』을 택한 이유는 분량에 있다. 1부와 2부를 충분히 읽고 그 뜻을 이해한다고 해도, 한문을 해석하려면 어느 정도 연습이 필요하다. 마라톤에 비유하자면, 1부와 2부는 마라톤을 뛰기 위해서 신발을 신고, 호흡법을 배우고, 몸을 푸는 요령을 익힌 정도이다. 이제 중장거리의 달리기 연습이 필요하다. 무 자르듯 자를 수는 없으나,『대학』은 대학장구(大學章句)를 포함해 약 80여 문장이다. 아마도 한문 해석의 요령이 생겼다면, 한나절 정도면 스스로『대학』을 읽고 해석할 수 있다. 반면,『중용』은『대학』의 두 배 정도로 약 140여 문장이고,『논어』는『중용』의 6배 정도로 860여 문장이며,『맹자』는 1,000여 문장이 넘는다. 한문 해석의 연습으로 100여 문장 정도를 적용할 때『중용』이 적절했다.『중용』에서「중용장구서」를 제외하면, 약 130여 문장으로 하루 정도면 읽을 수 있는 분량이다. 물론, 사서 중에서 해석에 필요한 100여 문장만을 뽑을 수도 있었다. 그런데 사서 중 한 권을 완독한다는 것도 공부하는 사람에게 동기를 유발하는 데, 적절할 것으로 판단했다. 둘째,『중용』의 난이도에 있다. 개인적인 견해로는 사서 중에서『맹자』의 문장구조가 가장 명확하다. 그리고 그 설명 또한 체계적이어서 읽는 사람들이 문맥을 이해하기 쉽다. 반면,『중용』은 일반인이 스스로 읽고 해석하기에는 다소 어렵다고 알려져 있다. 따라서『중용』에 도전함으로써 스스로 한문 해석에 관한 자신감을 줄 수 있다고 판단했다.『중용』을 통해 충분히 한문을 연습하면,『맹자』,『대학』,『논어』를 해석할 수 있을 것이다. 아울러

기존에 해석된 사서에 관해서 자신만의 의견을 덧붙일 수도 있을 것이다. 향후 기회가 된다면, 책을 분량을 고려해『동몽선습(童蒙先習)』을『대학』과 함께 엮을 계획이다. 그리고『논어』와『맹자』를 각각 책으로 엮고 싶다. 다만,『맹자』는 단권으로 만들기에 그 양이 제법 많다.

　한문을 직역(直譯)하기 전에 그 체계를 언급하면 다음과 같다. 먼저, 이 책에서 원문은 백문(白文)으로 제시하지 않고, '표점'을 찍어 제시했다. 다만, 표점은 의미 단위로 구분했다. 성독(聲讀)을 하면서 문장구조와 의미의 구분을 연습할 수 있을 것이다. 둘째, '단서'를 통해 성독을 하면서 문장구조와 해석에 도움이 될 만한 단어를 표시했다. 이 과정은 직역하기 전에 그 구조를 파악하는 것이다. 다만, 직역을 마치면, 처음 문장구조를 파악하기 위해 표시한 단어와 다르게 쓰일 수 있다. 성독을 하면서 문장구조를 파악하기 위하여 가능한 많은 단서를 표기했기 때문이다. 셋째, '직역'은 최대한 단어의 기본 의미에서부터 시작하고, 문장구조 그대로 번역했다. 우리말로 유창하게 표현하기 위해 원문에 없는 단어를 넣거나, 원문에 있는 단어를 빼고 해석하지 않았다. 만약 문장에서 한자가 지닌 기본 의미와 다르게 쓰인 단어는 별도로 설명했다. 직역 연습은 문장에서 단어의 위치에 따라 우리말의 어떤 조사가 추가되었고, 문맥에 따라 어떻게 어미가 사용되는지 중점적으로 살펴볼 수 있을 것이다. 넷째, 직역에 도움이 되는 해석 원리를 반복적으로 제시했다. 각 문장에 제시된 원리가 어떠한 방식으로 적용되는지, 생각하면서 해석하면 더욱 효과적일 것이다.

　이 책에서 제시하는 원리로도 적용되지 않는 예가 있을 것이다. 그 대표적인 예가 시(詩)이다. 물론, 시(詩)도 한문을 해석하는 원리가 기본적으로 적용된다. 다만, 시는 운율과 자구를 맞추기 위해서 변형된 예가 많고, 단어와 구마다 그 속에 담긴 숨은 뜻이 있어 파악이 어렵다. 특히,『중용』에서는 5경 중 하나인『시경(詩經)』을 자주 인용하고 있다. 시의 특성으로 볼 때, 해석 원칙이 적용되지 않을 수도 있다. 이 책에 제시한 원문은 '한국고전번역원- 한국고전종합DB- 경서성독'에 제시된『중용』을 참조했다. 다만, 필자는 원문의 현토(懸吐)를 표점으로 바꿔서 제시했음을 밝힌다.

1장.
天命之謂性

1절

> 표점 ▶ 天命之謂性, 率性之謂道, 修道之謂教。

> 단서 ▶ 天命**之謂**性, 率性**之謂**道, 修道**之謂**教。

> 직역 ▶ 하늘(天)이 명한(命) 것을(之) 성(性)이라 말하고(謂), 성(性)을 따르는(率) 것을(之) 도(道)라 말하며(謂), 도(道)를 닦는(修) 것을(之) 교(敎)라 말한다(謂).

(1) '술어를 찾는 단서' 또는 '기본 의미가 동사(형용사)인 단어'를 찾아 술어의 역할(-다)을 부여한다.

(2) 한문은 유사한 구조를 반복해 문장이 배열된다. 따라서 단어의 품사와 역할은 그 단어가 놓인 위치로 파악된다.

(3) '之' 뒤에 동사나 형용사가 나오는 경우, '之'는 우리말의 주격 조사(~은/는, 이/가)로 쓰인다. 단, 주격 조사는 주로 문장에서 구(句, 주어+술어)인 경우이다. 그런데 우리말의 주격 조사로 그 의미가 어색하면, 목적격 조사 '~을/를' 넣어서 해석한다. '之'의 목적격 조사는 목적어가 술어 앞으로 도치된 단서이다.

(추가) '天命'을 단어의 결합으로 보면 '하늘의 명'으로 수식 관계이고, 문장구조로 보면 '하늘이 명하다'라는 '주어+술어' 구조이다. '謂性'이 없이 '天命之'만 쓰였다면, '之'는 주격 혹은 목적격 조사가 아니라 대명사로써 '하늘이 그것을 명하다'라고 하는 '주어+술어+목적어' 구조이다. 한문은 문장 안에서 위치와 연결되는 단어에 따라 다르게 해석된다.

2절

> 표점 ▶ 道也者, 不可須臾離也, 可離, 非道也。是故, 君子, 戒愼乎其所不睹, 恐懼乎

其所不聞。

단서 道<u>也者</u>, <u>不可</u>須臾<u>離</u>也, <u>可離</u>, <u>非</u>道也。是故, 君子, 戒愼<u>乎其所不</u>睹, 恐懼<u>乎</u>
<u>其所不</u>聞。

직역 도(道)라는 것(也者)은 잠시(須臾)도 떠날(離) 수(可) 없으니(不~也), 떠날
(離) 수(可) 있다면, 도(道)가 아니다(非~也). 이(是) 때문(故)에 군자(君子)는 그
(其)가 보지(睹) 못하는(不) 바(所)를(乎) 경계하고(戒) 삼가며(愼), 그(其)가 듣지
(聞) 못하는(不) 바(所)를(乎) 두려워하고(恐), 두려워한다(懼).

(1) '술어를 찾는 단서' 또는 '기본 의미가 동사(형용사)인 단어'를 찾아 술어의 역할(-다)을 부
여한다.

(2) 술어를 중심으로 그 앞에 오는 명사(명사구)는 '은/는, 이/가'를 붙여 주어의 역할을 부여하
고, 그 뒤에 오는 명사(명사구)는 '을/를'을 붙여 목적어의 역할을 부여하거나 '에/에서, 와/과'를
붙여 보어의 역할을 부여한다.

(3) '也'는 기본적으로 문장 끝에서 단정의 종결사로 쓰이며, 의문 또는 반어의 종결사로도 쓰
인다. 그러나 문장 중간에서 주어와 부사를 강조할 때도 쓰인다. 따라서 문장 중간에서 '也'는 주
어나 부사를 강조하는 적절한 표현으로 대치된다. 또한, '也者'는 '焉者'와 같이 '~라는 것은'이라
는 뜻이다.

(4) '者'는 문장 끝에 위치해 목적어로도 쓰이지만, 기본적으로 주어로서 술어 앞에 위치하므로
술어를 찾는 단서이다. '者'는 우리말로 '~것, ~사람' 등으로 해석되며, '주어+술어' 문장구조의 주
어이다.

(5) '不', '未', '莫', '末', '勿'은 술어 앞에서 술어를 부정하는 보조사이므로 술어를 찾는 단서이다.

(6) '可(以)', '能(以)', '得(以)', '足(以)'은 서로 의미와 문법적 기능이 통용된다. 이들은 단독 품
사(형용사나 명사)로 쓰이지 않을 때, 술어 앞에서 술어의 의미를 보조하므로 술어를 찾는 단서
이다. 다만, 술어와의 사이에 부사가 위치하기도 한다.

(7) '不'는 뒤에 있는 동사나 형용사를 부정하고, '非'는 뒤에 있는 명사를 부정한다.

(8) '於', '于', '乎' 등은 문장 중간에서 명사(명사구) 앞에 쓰일 때, 그 앞에 주로 술어가 위치하

므로 술어를 찾는 단서이다. 이때 '於', '于', '乎'는 '~에(게)', '~을/를', '~와/과' 등의 의미이다.

(9) '者'는 앞에 나온 단어의 수식을 받아 명사화하고, '所'는 뒤에 나오는 동사, 형용사의 수식을 받아 명사화한다. 물론, '所'는 앞의 말과 연결되어 하나의 단어로도 쓰이지만, 대부분 뒤에 있는 동사(형용사)의 수식을 받는다.

3절

> **표점** ▶ 莫見乎隱, 莫顯乎微, 故, 君子, 愼其獨也。
>
> **단서** ▶ **莫見乎**隱, **莫顯乎**微, 故, 君子, 愼**其**獨也。
>
> **직역** ▶ 어두운 것(隱)보다(乎) 더 드러나는(見) 것은 없으며(莫), 작은 것(微)보다
> (乎) 더 드러나는(顯) 것은 없으니(莫), 그러므로(故) 군자(君子)는 그(其) 홀로(獨)
> (아는 것을) 삼간다(愼也).

(1) '술어를 찾는 단서' 또는 '기본 의미가 동사(형용사)인 단어'를 찾아 술어의 역할(-다)을 부여한다.

(2) 술어를 중심으로 그 앞에 오는 명사(명사구)는 '은/는, 이/가'를 붙여 주어의 역할을 부여하고, 그 뒤에 오는 명사(명사구)는 '을/를'을 붙여 목적어의 역할을 부여하거나 '에/에서, 와/과'를 붙여 보어의 역할을 부여한다. 예외인 경우는 그 단서가 있다.

(3) '不', '未', '莫', '末', '勿'은 술어 앞에서 술어를 부정하는 보조사이므로 술어를 찾는 단서이다.

(4) '莫'은 그 뒤에 동사가 위치하면 부정의 의미로 쓰이고, 그 뒤에 형용사가 위치하면 최상급의 의미로 쓰인다. 즉, '莫+동사(술어)'는 '~하는 것이 없다' 또는 '~하는 사람이 없다'라는 의미이고, '莫+형용사(술어)'는 '~보다 더~한 것은 없다' 또는 '~보다 더 ~한 사람은 없다'라는 의미이다. 또한 '莫'은 일반 부정사와 달리 대명사를 포함한다. 따라서 '莫'은 '~것이(은)', '~한 사람이(은)'를 포함해서 해석한다.

(5) '於', '于', '乎' 등은 문장 중간에서 명사(명사구) 앞에 쓰일 때, 그 앞에 주로 술어가 위치하므로 술어를 찾는 단서이다. 이때 '於', '于', '乎'는 '~에(게)', '~을/를', '~와/과' 등의 의미이다.

> 표점 ▶ 喜怒哀樂之未發, 謂之中, 發而皆中節, 謂之和。中也者, 天下之大本也, 和也者, 天下之達道也。

> 단서 ▶ 喜怒哀樂**之未發**, **謂之**中, **發而**皆中節, **謂之和**。中**也者**, 天下**之**大本也, 和**也者**, 天下**之**達道也。

> 직역 ▶ 희로애락(喜怒哀樂)이(之) 아직 발현되지(發) 않았으니(未), 그것(之)을 일러(謂) 중(中)이라 하고, 발현되어(發)서(而) 모두(皆) 중절하니(中節), 그것(之)을 일러(謂) 화(和)라 한다. 중(中)이라는 것은(也者) 천하(天下)의(之) 큰(大) 본(本)이요(也), 화(和)라는 것은(也者) 천하(天下)의(之) 통달한(達) 도(道)이다(也).

(1) '술어를 찾는 단서' 또는 '기본 의미가 동사(형용사)인 단어'를 찾아 술어의 역할(-다)을 부여한다.

(2) 술어를 중심으로 그 앞에 오는 명사(명사구)는 '은/는, 이/가'를 붙여 주어의 역할을 부여하고, 그 뒤에 오는 명사(명사구)는 '을/를'을 붙여 목적어의 역할을 부여하거나 '에/에서, 와/과'를 붙여 보어의 역할을 부여한다. 예외인 경우는 그 단서가 있다.

(3) '之' 뒤에 동사나 형용사가 나오는 경우, '之'는 우리말의 주격 조사(~은/는, 이/가)로 쓰인다. '喜怒哀樂之未發'에서 '之'는 주격 조사로 쓰였다.

(4) '不', '未', '莫', '末', '勿'은 술어 앞에서 술어를 부정하는 보조사이므로 술어를 찾는 단서이다.

(5) '之' 뒤에 단어가 없거나 단어가 있더라도 그 품사를 명사나 동사(형용사)로 보기 어려운 경우, '之'는 앞에 나온 명사(명사구)를 받는 대명사로 쓰인다. '之'가 대명사로 쓰이면 대부분 그 앞에 술어가 놓이고, '之'에 목적격 조사를 붙여 '그것을', '그를' 등으로 해석한다. '謂之中'과 '謂之和'의 '之'는 대명사로써 그 앞에 놓인 '謂'의 목적어 역할을 한다. '之'는 각각 '喜怒哀樂之未發'과 '發而皆中節'을 받았다.

(6) '而'는 2인칭(너, 그대, 당신) 대명사로도 사용되는데, 기본적으로는 접속사로서 술어인 동사(형용사)와 동사(형용사)를 연결하거나 문장을 연결한다. '而'의 앞과 뒤에 있는 '發(발하다)'과

'中節(중절하다)'에 각각 술어의 의미가 있다.

(7) '也'는 기본적으로 문장 끝에서 단정의 종결사로 쓰이며, 의문 또는 반어의 종결사로도 쓰인다. 그러나 문장 중간에서 주어와 부사를 강조할 때도 쓰인다. 따라서 문장 중간에서 '也'는 주어나 부사를 강조하는 적절한 표현으로 대치된다. 또한, '也者'는 '焉者'와 같이 '~라는 것은'이라는 뜻이다. '中也者, 天下之大本也, 和也者, 天下之達道也'는 명사(中, 天下, 大本, 和, 達道), 주격 조사(也者), 관형격 조사(之), 종결사(也)만 있고, 술어가 없는 '~也者~也'로 '~라는 것은 ~이다'의 유형이다. 각각 '天下之大本也'과 '天下之達道也'에 '~이다'를 붙여서 해석해야 한다. 물론, '也'를 우리말의 '~이다'로 해석하기도 하는데, '也'는 종결사로 우리말의 '마침표(.)'나 '쉼표(,)'이다.

(8) '之' 뒤에 명사가 나오는 경우, '之'는 우리말의 관형격 조사(~의, ~하는, 한, ~ㄴ)로 쓰인다. 이 문장에서 '天下之大本'과 '天下之達道'에 쓰인 '之'는 관형격 조사로 각각 '천하(天下)의(之) 대도(大本)'와 '천하(天下)의(之) 달도(達道)'로 해석한다. '大'과 '達'을 '크다'와 '통달하다'의 의미로 술어로 볼 수 있다. 그러나 '大'는 형용사로써 '本'을 목적어를 갖는 술어가 될 수 없다. 따라서 '大'와 '達'은 각각 '本'과 '道'를 수식하는 형용사이다.

5절

> **표점** 致中和, 天地位焉, 萬物育焉。右, 第一章。

> **단서** 致**中和**, **天地**位**焉**, **萬物**育**焉**。

> **직역** 중(中)과 화(和)를 지극히 하면(致), 천지(天地)가 거기에서(焉) 자리하며 (位), 만물(萬物)이 거기에서(焉) 자란다(育). 우(右)는 제1장(第一章)이다.

(1) '술어를 찾는 단서' 또는 '기본 의미가 동사(형용사)인 단어'를 찾아 술어의 역할(-다)을 부여한다.

(2) 술어를 중심으로 그 앞에 오는 명사(명사구)는 '은/는, 이/가'를 붙여 주어의 역할을 부여하고, 그 뒤에 오는 명사(명사구)는 '을/를'을 붙여 목적어의 역할을 부여하거나 '에/에서, 와/과'를 붙여 보어의 역할을 부여한다. 예외인 경우는 그 단서가 있다.

(3) 한문은 유사한 구조를 반복해 문장이 배열된다. 따라서 단어의 품사와 역할은 그 단어가 놓인 위치로 파악된다. '致中和'에서 '致'와 '和'가 술어일 확률이 있다. '致'를 술어로 보면, '中和를 致하다'라고 하고, '和'를 술어로 보면, '致가 가운데에서 和한다'라고 해석한다. 만약 '致中和'만 있다면 '和'를 술어로 보는 것이 더 타당하다. 왜냐하면 '和' 앞에 '中'은 '가운데'의 의미를 지닌 부사로, 뒤에 나오는 동사나 형용사를 수식하기 때문이다.

(4) 문장의 앞과 뒤, 그리고 문장 안의 연결에 따라 문맥에 맞게 해석해야 하는 문장도 있다. 앞에서 쓰인 단어의 품사(특히, 명사)가 다시 언급되면 앞에서 쓰였던 품사일 가능성이 크다. '中'과 '和'는 앞 문장에서 명사로 쓰였다. 따라서 특별한 경우가 아니라면, 이 문장에서도 '中'과 '和'는 명사로 쓰였다. '致中和'에서 술어 '致(이를)'는 '지극히 하다'의 뜻의 형용사이므로 '中'과 '和'는 목적어가 아니라 보어이다.

(5) '焉'은 의문대명사, 의문부사, 접속사로도 쓰이고, '也', '矣'와 같이 종결사로도 쓰인다. 그러나 종결사로 쓰일 때, '也', '矣'와 달리 '於是', '於此', '於之'의 준말로 '거기에, 여기에서, 이것에, 그것에' 등의 의미이다. 이 문장에서 '天地位焉'과 '萬物育焉'를 각각 '천지가 자리한다'와 '만물이 자란다'라고 해석하지 않고, '천지(天地)가 거기에서(焉) 자리한다(位)'와 '만물(萬物)이 거기에서(焉) 자란다(育)'라고 해석한다.

2장.
仲尼曰君子中庸

1절

> **표점** ▶ 仲尼曰: "君子中庸, 小人反中庸。"
>
> **단서** ▶ 仲尼**曰**: "**君子中庸**, **小人**反**中庸**。"
>
> **직역** ▶ 중니(仲尼)가 말하길(曰), "군자(君子)는 중용(中庸)을 하고, 소인(小人)은

중용(中庸)을 반대로 한다(反).”라고 했다.

(1) '술어를 찾는 단서' 또는 '기본 의미가 동사(형용사)인 단어'를 찾아 술어의 역할(-다)을 부여한다.

(2) 한문은 유사한 구조를 반복해 문장이 배열된다. 따라서 단어의 품사와 역할은 그 단어가 놓인 위치로 파악된다.

(3) 술어가 생략된 문장은 명사에 '~(이)다'를 붙여 보어의 술어를 만들거나, 명사 앞에 '爲'를 넣어 목적어(보어)의 술어로 만들어서 해석한다. 이 문장은 '君子'와 '小人'이 '中庸'으로 대를 이룬다. 그리고 '君子', '小人', '中庸'은 모두 명사이다. '君子中庸'는 '군자는 중용을 하다'라고 해석하고, '小人反中庸'은 '소인은 중용을 반대로 하다'라고 해석한다.

▶ 仲尼曰: "~"(중니(仲尼)가 말하길(曰), "~"라고 했다.) / A曰: "B"(A가 말하길, "B"라고 했다. A가 "B"라고 말했다.)

2절

> **표점** ▶ 君子之中庸也, 君子而時中, 小人之反中庸也, 小人而無忌憚也。右, 第二章.
>
> **단서** ▶ 君子<u>之</u>中庸<u>也</u>, 君子<u>而</u>時中, 小人<u>之</u>反中庸<u>也</u>, 小人<u>而無</u>忌憚也。
>
> **직역** ▶ 군자(君子)의(之) 중용(中庸)은(也) 군자(君子)이면서(而) 때에(時) 맞게 하는 것(中)이오, 소인(小人)의(之) 반중용(反中庸)은(也) 소인(小人)이면서(而) 거리낌(忌憚)이 없어서(無)이다(也). 우(右)는 제2장(第二章)이다.

(1) '술어를 찾는 단서' 또는 '기본 의미가 동사(형용사)인 단어'를 찾아 술어의 역할(-다)을 부여한다.

(2) 한문은 유사한 구조를 반복해 문장이 배열된다. 따라서 단어의 품사와 역할은 그 단어가 놓인 위치로 파악된다.

(3) '之' 뒤에 명사가 나오는 경우, '之'는 우리말의 관형격 조사(~의, ~하는, 한, ~ㄴ)로 쓰인다.

'君子之中庸也'의 '之'는 그 뒤에 '中庸'이라는 명사가 있으므로 관형격 조사(~의)로 해석한다.

(4) '也'는 기본적으로 문장 끝에서 단정의 종결사로 쓰이며, 의문 또는 반어의 종결사로도 쓰인다. 그러나 문장 중간에서 주어와 부사를 강조할 때도 쓰인다. 따라서 문장 중간에서 '也'는 주어나 부사를 강조하는 적절한 표현으로 대치된다.

(5) '而'는 2인칭(너, 그대, 당신) 대명사로도 사용되는데, 기본적으로는 접속사로서 술어인 동사(형용사)와 동사(형용사)를 연결하거나 문장을 연결한다. 따라서 '而'를 중심으로 그 앞의 '君子'와 '時中'에 술어의 의미가 있다. '君子而時中'은 '군자가 되어서(이면서) 때에 맞게 중을 한다'라고 해석한다.

3장.
子曰中庸其至矣乎

1절

> **표점** ▶ 子曰: "中庸, 其至矣乎! 民鮮能, 久矣." 右, 第三章.
> **단서** ▶ 子曰: "中庸, **其**至矣乎! 民**鮮能**, **久**矣."
> **직역** ▶ 공자(子)가 말하길(曰), "중용(中庸)은 아마도(其) 지극할(至) 것이로다(矣乎)! 백성(民)들이 능한 이(能)가 적은지(鮮), 오래되었다(久矣)."라고 했다. 우(右)는 제3장(第三章)이다.

(1) '술어를 찾는 단서' 또는 '기본 의미가 동사(형용사)인 단어'를 찾아 술어의 역할(-다)을 부여한다.

(2) '其'는 기본적으로 사람이나 사물을 받는 대명사 '그'의 의미이다. '其'는 대명사 '之'와 달리 문장 앞에 위치하기도 한다. 그러나 문장에서 대명사 외에도 '아마도', '혹'이라는 추측의 의미로도 쓰인다. '其'가 추측의 의미로 쓰일 때, 대부분 문장 끝에 '乎', '與'와 함께 쓰인다. '其~乎'는 '아

마~일 것이다'의 뜻이다. '矣乎'는 감탄의 종결사이다.

  (추가) 표점이나 현토가 없이 백문으로 '民鮮能久矣' 제시되면, 해석하기 어렵다. 왜냐하면, '可(以)', '能(以)', '得(以)', '足(以)'은 서로 의미와 문법적 기능이 통용된다. 이들은 단독 품사(형용사나 명사)로 쓰이지 않을 때, 술어 앞에서 술어의 의미를 보조하므로 술어를 찾는 단서이다. 즉, 能은 '久'와 연결되어 그 의미를 보조하는 것으로 보인다. 이 문장의 '民鮮能'는 '주어+술어+보어' 구조로, '能'은 명사로써 '鮮'의 보어로 쓰였다. 그리고 이 문장에서 '鮮'은 '곱다'의 의미가 아니라 '드물다'의 의미이다.

  ▶ 子曰: "~"(공자(子)가 말하길(曰), "~"라고 했다.) / A曰: "B"(A가 말하길, "B"라고 했다. A가 "B"라고 말했다.)

4장.
子曰道之不行也

1절

표점 ▶ 子曰: "道之不行也, 我知之矣。知者, 過之, 愚者, 不及也。道之不明也, 我知之矣。賢者, 過之, 不肖者, 不及也。"

단서 ▶ 子**曰**: "道**之**不行**也**, 我**知之**矣。知**者**, **過之**, 愚**者**, **不及**也。道**之**不明**也**, 我**知之**矣。賢**者**, **過之**, **不肖者**, **不及**也。"

직역 ▶ 공자(子)가 말하길(曰), "도(道)가(之) 행해지지(行) 않으니(不~也), 내(我)가 그것(之)을 안다(知). 지자(知者)는 그것(之)을 넘어서고(過, 지나치고), 우자(愚者)는 (그것에) 이르지(及) 못한다(不~也). 도(道)가(之) 밝아지지(明) 않으니(不~也), 내(我)가 그것(之)을 안다(知). 현자(賢者)는 그것(之)을 지나치고(過), 불초자(不肖者)는 (그것에) 이르지(及) 못한다(不也)."라고 했다.

학예연구사가 알려 주는 **한문 해석의 비밀**

(1) '술어를 찾는 단서' 또는 '기본 의미가 동사(형용사)인 단어'를 찾아 술어의 역할(-다)을 부여한다.

(2) 술어를 중심으로 그 앞에 오는 명사(명사구)는 '은/는, 이/가'를 붙여 주어의 역할을 부여하고, 그 뒤에 오는 명사(명사구)는 '을/를'을 붙여 목적어의 역할을 부여하거나 '에/에서, 와/과'를 붙여 보어의 역할을 부여한다.

(3) 한문은 유사한 구조를 반복해 문장이 배열된다. 따라서 단어의 품사와 역할은 그 단어가 놓인 위치로 파악된다.

(4) '之' 뒤에 동사나 형용사가 나오는 경우, '之'는 우리말의 주격 조사(~은/는, 이/가)로 쓰인다.

(5) '不', '未', '莫', '末', '勿'은 술어 앞에서 술어를 부정하는 보조사이므로 술어를 찾는 단서이다.

(6) '之' 뒤에 단어가 없거나 단어가 있더라도 그 품사를 명사나 동사(형용사)로 보기 어려운 경우, '之'는 앞에 나온 명사(명사구)를 받는 대명사로 쓰인다. '之'가 대명사로 쓰이면 대부분 그 앞에 술어가 놓이고, '之'에 목적격 조사를 붙여 '그것을', '그를' 등으로 해석한다.

(7) '者'는 문장 끝에 위치해 목적어로도 쓰이지만, 기본적으로 주어로서 술어 앞에 위치하므로 술어를 찾는 단서이다. '者'는 우리말로 '~것, ~사람' 등으로 해석되며, '주어+술어' 문장구조의 주어이다.

▶ 子曰: "~"(공자(子)가 말하길(曰), "~"라고 했다.) / A曰: "B"(A가 말하길, "B"라고 했다. A가 "B"라고 말했다.)

2절

표점 ▶ 人莫不飮食也, 鮮能知味也。右, 第四章。

단서 ▶ 人**莫不**飮食**也**, 鮮**能**知味也。

직역 ▶ 사람(人)이 마시거나(飮) 먹지(食) 않는(不) 이가 없지만(莫~也), 맛(味)을 알(知) 수(能) 있는 이가 드물다(鮮也). 우(右)는 제4장(第四章)이다.

(1) '술어를 찾는 단서' 또는 '기본 의미가 동사(형용사)인 단어'를 찾아 술어의 역할(-다)을 부

여한다.

(2) '不', '未', '莫', '末', '勿'은 술어 앞에서 술어를 부정하는 보조사이므로 술어를 찾는 단서이다.

(3) '莫'은 그 뒤에 동사가 위치하면 부정의 의미로 쓰이고, 그 뒤에 형용사가 위치하면 최상급의 의미로 쓰인다. 즉, '莫+동사(술어)'는 '~하는 것이 없다' 또는 '~하는 사람이 없다'라는 의미이고, '莫+형용사(술어)'는 '~보다 더~한 것은 없다' 또는 '~보다 더 ~한 사람은 없다'라는 의미이다. 또한 '莫'은 일반 부정사와 달리 대명사를 포함한다. 따라서 '莫'은 '~것이(은)', '~한 사람이(은)'를 포함해서 해석한다.

(추가) '知'가 술어로 쓰였다면, '能'은 '知'의 의미를 보조한다. 술어 뒤에는 목적어(보어)가 놓이므로 '能知味'는 '맛을 알 수 있다'라고 해석된다. 그런데 술어 앞에 놓인 '鮮'은 '곱다'의 형용사이다. 만약 '鮮'이 명사(고유명사)가 아니라면 형용사이므로 문장에서 술어가 되거나 명사를 수식하는 역할을 한다. 이 경우 자전으로 '鮮'의 뜻을 살펴야 한다. '鮮'은 '곱다'의 의미 외에도 '드물다', '적다'의 의미가 있다. 술어로 쓰이면 형용사이므로 그 뒤는 목적어가 아니라 보어이다. '能知味'을 '鮮'의 보어로 보면, '맛을 알 수 있는 사람(것)이'로 해석할 수 있다. 이 문장에서 '鮮'은 '드물다', '적다'의 의미이다. 문장구조는 '술어+보어' 구조이다.

5장.
子曰道其不行矣夫

1절

표점 ▶ 子曰: "道其不行矣夫!" 右, 第五章。

단서 ▶ 子曰: "道其不行矣夫!"

직역 ▶ 공자(子)가 말하길(曰), "도(道)가 아마도(其) 행해지지(行) 않는구나(不~矣夫)!"라고 했다. 우(右)는 제5장(第五章)이다.

(1) '술어를 찾는 단서' 또는 '기본 의미가 동사(형용사)인 단어'를 찾아 술어의 역할(-다)을 부여한다.

(2) '其'는 기본적으로 사람이나 사물을 받는 대명사 '그'의 의미이다. '其'는 대명사 '之'와 달리 문장 앞에 위치하기도 한다. 그러나 문장에서 대명사 외에도 '아마도', '혹'이라는 추측의 의미로도 쓰인다. '其'가 추측의 의미로 쓰일 때, 대부분 문장 끝에 '乎', '與' 등과 함께 쓰인다.

(3) '不', '未', '莫', '末', '勿'은 술어 앞에서 술어를 부정하는 보조사이므로 술어를 찾는 단서이다.

▶ 子曰: "~"(공자(子)가 말하길(曰), "~"라고 했다.) / A曰: "B"(A가 말하길, "B"라고 했다. A가 "B"라고 말했다.) / 감탄 종결사: 乎, 矣, 哉, 兮, 與, 夫, 也哉, 也與, 也夫, 矣夫, 矣乎

6장.
子曰舜其大知也與

1절

> **표점** ▶ 子曰: "舜, 其大知也與! 舜, 好問而好察邇言, 隱惡而揚善。執其兩端, 用其中於民, 其斯以爲舜乎!" 右, 第六章。

> **단서** ▶ 子曰: "舜, <u>其</u>大知<u>也與</u>! 舜, <u>好</u>問<u>而好</u>察<u>邇</u>言, 隱惡<u>而</u>揚善。<u>執其</u>兩端, <u>用</u>其中<u>於</u>民, <u>其</u>斯<u>以爲</u>舜<u>乎</u>!"

> **직역** ▶ 공자(子)가 말하길(曰), "순(舜)은 아마도(其) 큰(大) 지혜(知)일 것이라(也與)! 순(舜)은 묻기(問)를 좋아하고(好~而) 가까운(邇) 말(言)을 살피는 것(察)을 좋아하시되(好), 악(惡)을 숨기고(隱~而) 선(善)을 드러낸다(揚). 그(其) 양단(兩端)을 잡아서(執), 그(其) 중(中)을 백성(民)에게(於) 쓰니(用), 아마도(其) 이(斯)로써(以, 때문에) 순(舜)이 되었으리라(爲乎)!"라고 했다. 우(右)는 제6장(第六章)이다.

(1) '술어를 찾는 단서' 또는 '기본 의미가 동사(형용사)인 단어'를 찾아 술어의 역할(-다)을 부여한다.

(2) 한문은 유사한 구조를 반복해 문장이 배열된다. 따라서 단어의 품사와 역할은 그 단어가 놓인 위치로 파악된다. '而'를 중심으로 그 앞과 뒤에 술어가 놓이고, '而'를 중심으로 술어 '好'가 대를 이루는 구조이다. 그리고 뒷부분도 '而'을 중심으로 술어 '隱(숨기다)'과 '揚(날리다)'가 그 뒤에 '惡'과 '善'을 목적어로 취하는 '술어+목적어' 구조이다.

(3) '其'는 기본적으로 사람이나 사물을 받는 대명사 '그'의 의미이다. '其'는 대명사 '之'와 달리 문장 앞에 위치하기도 한다. 그러나 문장에서 대명사 외에도 '아마도', '혹'이라는 추측의 의미로도 쓰인다. '其'가 추측의 의미로 쓰일 때, 대부분 문장 끝에 '乎', '與' 등과 함께 쓰인다.

(4) 술어가 생략된 문장은 명사에 '~(이)다'를 붙여 보어의 술어를 만들거나, 명사 앞에 '爲'를 넣어 목적어(보어)의 술어로 만들어서 해석한다. '舜其大知也與'는 '주어+술어+보어'의 'A는 B이다'라는 구조로, 술어가 생략된 형태이다. '也與'에 '~이다'의 술어 의미를 부여하는 설명도 있으나, '也與' 감탄을 나타내는 종결사로 우리말의 '!'에 해당한다.

(5) '而'는 2인칭(너, 그대, 당신) 대명사로도 사용되는데, 기본적으로는 접속사로서 술어인 동사(형용사)와 동사(형용사)를 연결하거나 문장을 연결한다. '惡'은 '善'과 대비되는 말로 쓰이는 때는 '악'으로 독음하고, '미워하다', '어찌', '무엇'으로 쓰이는 때는 '오'로 독음한다.

(6) 술어를 중심으로 그 앞에 오는 명사(명사구)는 '은/는, 이/가'를 붙여 주어의 역할을 부여하고, 그 뒤에 오는 명사(명사구)는 '을/를'을 붙여 목적어의 역할을 부여하거나 '에/에서, 와/과'를 붙여 보어의 역할을 부여한다. 예외인 경우는 그 단서가 있다. 술어 '好'를 중심을 그 앞에 놓인 '舜'은 주어, 그 뒤에 놓인 '問'과 '察'은 목적어이다. 해석은 '순임금은 묻기를 좋아하고, 살피기를 좋아한다'라고 풀이된다. 다만, '察邇言'은 '察'을 중심으로 '가까운 말을 살핀다'라는 '술어+목적어' 구조이다.

(7) '於', '于', '乎' 등은 문장 중간에서 명사(명사구) 앞에 쓰일 때, 그 앞에 주로 술어가 위치하므로 술어를 찾는 단서이다. 이때 '於', '于', '乎'는 '~에(게)', '~을/를', '~와/과' 등의 의미이다.

(8) 'A以爲B', '以A爲B'는 'A를 B로 여기다', 'A를 B로 삼다', 'A를 B로 생각하다'의 숙어로 쓰인다. 이때 '以'를 목적격 조사인 '~을'로 보기도 한다. 특히, 'A以爲B'에서 'A'가 도치된 것으로 볼 수

도 있다. 다만, '以爲'는 숙어로 쓰이지 않을 때도 있다. 따라서 '以爲' 숙어로 해석을 하고, 해석되지 않으면 '以'와 '爲'를 각각 해석한다. '以'는 '때문에' 또는 '때문이다'로도 쓰인다. 이 문장에서 술어는 '爲'이며, '以爲'의 숙어로 쓰이지 않았다.

해석 연습 ▶ '好察邇言'. (1) '好' 좋아한다. (그렇다면 무엇을 좋아할까?, 목적어는 무엇일까?) (2) '察' 살핀다. 살피는 것을 좋아한다. (그런데 무엇을 살필까?) (3) '邇言' 가까운 말. 가까운 말을 살핀다. (4) 그렇다면, '好察邇言'은 '가까운 말을 살피는 것을 좋아한다'라고 해석된다. (5) '술어+목적어' 구조로, 목적어는 다시 '술어+형용사+목적어' 구조로, 전체는 '술어+목적어(술어+형용사+목적어)'이다.

▶ 子曰: "~"(공자(子)가 말하길(曰), "~"라고 했다.) / A曰: "B"(A가 말하길, "B"라고 했다. A가 "B"라고 말했다.) / 知=智(지혜) / 감탄 종결사: 乎, 矣, 哉, 兮, 與, 夫, 也哉, 也與, 也夫, 矣夫, 矣乎. / 惡: 악하다(악), 미워하다(오), 어찌(오).

7장.
子曰人皆曰予知

1절

표점 ▶ 子曰: "人皆曰, '予知.' 驅而納諸罟擭陷阱之中, 而莫之知辟也. 人皆曰, '予知.' 擇乎中庸而不能期月守也." 右, 第七章.

단서 ▶ 子曰: "人皆曰, '予知.' 驅而納諸罟擭陷阱之中, 而莫之知辟也. 人皆曰, '予知.' 擇乎中庸而不能期月守也."

직역 ▶ 공자(子)가 말하길(曰), "사람(人)이 모두(皆) 말하길(曰), '나(予)는 안다(知, 지혜롭다)'라고 한다. 그들을(諸) 그물(罟), 덫(擭), 함정(陷阱)의(之) 안(中)에 (諸) 몰아서(驅而) 넣어도(納), 그것(之)을 피하는 것(辟)을 아는(知) 이가 없다(莫

~也). 사람들(人)이 모두(皆) 말하길(曰), '나(予)는 안다(知, 지혜롭다)'라고 한다. (그러나) 중용(中庸)을(乎) 택해서(擇~而) 한 달(月)의 지킴(守)도 기약할(期) 수(能) 없다(不~也)."라고 했다. 우(右)는 제7장(第七章)이다.

(1) '술어를 찾는 단서' 또는 '기본 의미가 동사(형용사)인 단어'를 찾아 술어의 역할(-다)을 부여한다.

(2) 한문은 유사한 구조를 반복해 문장이 배열된다. 따라서 단어의 품사와 역할은 그 단어가 놓인 위치로 파악된다.

(3) 술어를 중심으로 그 앞에 오는 명사(명사구)는 '은/는, 이/가'를 붙여 주어의 역할을 부여하고, 그 뒤에 오는 명사(명사구)는 '을/를'을 붙여 목적어의 역할을 부여하거나 '에/에서, 와/과'를 붙여 보어의 역할을 부여한다. 예외인 경우는 그 단서가 있다. '皆'는 형용사로도 쓰이고 부사로도 쓰인다. 형용사로 쓰이면 명사를 수식하는 '모든'으로 해석하고, 부사로 쓰이면 술어인 형용사나 동사를 수식하는 '모두'라고 해석한다. 물론, 부사로 쓰이면 다른 부사 또는 문장 전체를 수식하기도 한다.

(4) '而'는 2인칭(너, 그대, 당신) 대명사로도 사용되는데, 기본적으로는 접속사로서 술어인 동사(형용사)와 동사(형용사)를 연결하거나 문장을 연결한다. '驅而納諸罟攫陷阱之中'에서 술어는 '而'를 중심으로 그 앞과 뒤에 있는 '驅(몰다)'와 '納(넣다)'이다.

(5) '諸'는 기본적으로 '모두'의 의미이다. 그러나 문장 중간에 '諸'는 '之於'은 준말로도 쓰이며, '저'로 독음한다. 문장에서 '諸'는 '모두' 또는 '여럿'으로 해석을 하고, 그 해석이 어색하면 '之於'로 바꿔서 해석한다. '納諸罟攫陷阱之中'에서 '諸'는 '之於'의 준말로 사용되었다. 따라서 '納諸罟~'는 '納之於罟~'이며, '그들을 그물에 넣다'로 '술어+목적어+보어' 구조이다.

(6) '之' 뒤에 명사가 나오는 경우, '之'는 우리말의 관형격 조사(~의, ~하는, 한, ~ㄴ)로 쓰인다. '陷阱之中'에서 '中'은 부사가 아니라 일정한 둘레 속의 공간이란 의미의 명사이다.

(7) '之' 뒤에 단어가 없거나 단어가 있더라도 그 품사를 명사나 동사(형용사)로 보기 어려운 경우, '之'는 앞에 나온 명사(명사구)를 받는 대명사로 쓰인다. '之'가 대명사로 쓰이면 대부분 그 앞에 술어가 놓이고, '之'에 목적격 조사를 붙여 '그것을', '그를' 등으로 해석한다.

학예연구사가 알려 주는 **한문 해석의 비밀**

(8) 부정을 의미하는 '未', '無', '莫', '不' 등은 술어를 부정하는 보조사이다. 그런데 술어의 목적어가 대명사이면 그 대명사는 부정어와 술어 사이에 놓인다. '而莫之知辟也'는 '而莫知辟之也'가 도치된 것이다.

(9) '莫'은 일반 부정사와 달리 대명사를 포함한다. 따라서 '莫'은 '~것이(은)', '~한 사람이(은)'를 포함해서 해석한다.

(10) '於', '于', '乎' 등은 문장 중간에서 명사(명사구) 앞에 쓰일 때, 그 앞에 주로 술어가 위치하므로 술어를 찾는 단서이다. 이때 '於', '于', '乎'는 '~에(게)', '~을/를', '~와/과' 등의 의미이다. '乎中庸'에서 '乎'는 '을/를'로 쓰여 '중용(中庸)을(乎)'로 해석한다.

(11) '可(以)', '能(以)', '得(以)', '足(以)'은 서로 의미와 문법적 기능이 통용된다. 이들은 단독 품사(형용사나 명사)로 쓰이지 않을 때, 술어 앞에서 술어의 의미를 보조하므로 술어를 찾는 단서이다. '而不能期月守也'에서 '而' 뒤의 술어는 '期'이다. 그런데 이 문장의 술어를 '守'로 보기도 한다.

▶ 子曰: "~"(공자(子)가 말하길(曰), "~"라고 했다.) / A曰: "B"(A가 말하길, "B"라고 했다. A가 "B"라고 말했다.) / 辟: 피하다(피), 제후(벽), 임금(벽), 물리치다(벽), 비유하다(비).

8장.
子曰回之爲人也

1절

표점▶ 子曰: "回之爲人也, 擇乎中庸, 得一善則拳拳服膺而弗失之矣." 右, 第八章。

단서▶ 子曰: "回之爲人也, 擇乎中庸, 得一善則拳拳服膺而弗失之矣."

직역▶ 공자(子)가 말하길(曰), "회(回)가 사람(人)이 됨(爲)이(也) 중용(中庸)을 (乎) 택해서(擇), 하나(一)의 선(善)을 얻으면(得~則), 권권히(拳拳, 정성스럽게) 가슴(膺)에 입어서(服, 두어서) 그것(之)을 잃지(失) 않는다(弗矣)."라고 했다. 우

(右)는 제8장(第八章)이다.

(1) '술어를 찾는 단서' 또는 '기본 의미가 동사(형용사)인 단어'를 찾아 술어의 역할(-다)을 부여한다.

(2) 술어를 중심으로 그 앞에 오는 명사(명사구)는 '은/는, 이/가'를 붙여 주어의 역할을 부여하고, 그 뒤에 오는 명사(명사구)는 '을/를'을 붙여 목적어의 역할을 부여하거나 '에/에서, 와/과'를 붙여 보어의 역할을 부여한다.

(3) '之' 뒤에 동사나 형용사가 나오는 경우, '之'는 우리말의 주격 조사(~은/는, 이/가)로 쓰인다. 단, 주격 조사로 쓰이면 문장 속에 구(句, 주어+술어)이다. '回之爲人也'에서 '之'는 주격 조사로 쓰였다. '爲人'을 명사구로 보아 '之'를 관형격 조사로 볼 수도 있다. 이 경우 '회의 사람됨'이라고 해석한다. 그리고 '爲人'은 '사람이다', '사람을 위하여' 등으로도 해석되나 문장에서 주로 인격을 의미하는 것으로 '사람됨'이라고 해석된다.

(4) '也'는 기본적으로 문장 끝에서 단정의 종결사로 쓰이며, 의문 또는 반어의 종결사로도 쓰인다. 그러나 문장 중간에서 주어와 부사를 강조할 때도 쓰인다. 따라서 문장 중간에서 '也'는 주어나 부사를 강조하는 적절한 표현으로 대치된다. 또한, '也者'는 '焉者'와 같이 '~라는 것은'이라는 뜻이다. '回之爲人也'의 '也'는 주격을 강조하는 의미로 사용되어 '회가 사람됨은' 또는 '회가 사람됨이' 등으로 해석한다.

(5) '於', '于', '乎' 등은 문장 중간에서 명사(명사구) 앞에 쓰일 때, 그 앞에 주로 술어가 위치하므로 술어를 찾는 단서이다. 이때 '於', '于', '乎'는 '~에(게)', '~을/를', '~와/과' 등의 의미이다. '擇乎中庸'에서 술어는 '擇'이다. 그리고 '乎中庸'에서 '乎'는 '을/를'로 쓰여 '중용(中庸)을(乎)'로 해석한다.

(6) '而'는 2인칭(너, 그대, 당신) 대명사로도 사용되는데, 기본적으로는 접속사로서 술어인 동사(형용사)와 동사(형용사)를 연결하거나 문장을 연결한다.

(7) '之' 뒤에 단어가 없거나 단어가 있더라도 그 품사를 명사나 동사(형용사)로 보기 어려운 경우, '之'는 앞에 나온 명사(명사구)를 받는 대명사로 쓰인다. '之'가 대명사로 쓰이면 대부분 그 앞에 술어가 놓이고, '之'에 목적격 조사를 붙여 '그것을', '그를' 등으로 해석한다. '得一善則拳拳服膺而弗失之矣'는 '則'과 '而'를 중심으로 의미가 구분된다. '得一善'에서 술어는 '得'이므로 '하나

의 선을 얻다'로 해석된다. '拳拳服膺'에서 '拳拳'은 정성스럽게 간직한 모양을 나타내는 의태어로 술어를 수식하므로 '服'이 술어이고 '膺'는 '服'의 목적이다. 그리고 '之'는 대명사로써 '失'의 목적어이다.

▶ 子曰: "~"(공자(子)가 말하길(曰), "~"라고 했다.) / A曰: "B"(A가 말하길, "B"라고 했다. A가 "B"라고 말했다.) / 弗=不

9장.
子曰天下國家可均也

1절

표점 ▶ 子曰: "天下國家, 可均也, 爵祿, 可辭也, 白刃, 可蹈也, 中庸, 不可能也。"右, 第九章。

단서 ▶ 子曰: "天下國家, **可**均也, 爵祿, **可**辭也, 白刃, **可**蹈也, 中庸, **不可能**也。"

직역 ▶ 공자(子)가 말하길(曰), "천하(天下)와 국가(國家)도 고를(均, 다스리다) 수 (可) 있으며(也), 벼슬(爵)과 녹봉(祿)도 사양할(辭) 수(可) 있으며(也), 흰 칼날(白 刃)도 밟을(蹈) 수(可) 있으나(也), 중용(中庸)은 할(能) 수(可) 없다(不~也)."라고 했다. 우(右)는 제9장(第九章)이다.

(1) '술어를 찾는 단서' 또는 '기본 의미가 동사(형용사)인 단어'를 찾아 술어의 역할(-다)을 부여한다.

(2) 한문은 유사한 구조를 반복해 문장이 배열된다. 따라서 단어의 품사와 역할은 그 단어가 놓인 위치로 파악된다.

(3) '可(以)', '能(以)', '得(以)', '足(以)'은 서로 의미와 문법적 기능이 통용된다. 이들은 단독 품

사(형용사나 명사)로 쓰이지 않을 때, 술어 앞에서 술어의 의미를 보조하므로 술어를 찾는 단서이다. 이 문장에서 술어는 '均', '辭', '蹈'이다.

(4) 술어의 의미를 보조하는 '가능(~할 수 있다 / ~할 만하다)'의 보조사 '可, 能, 得, 足'은 서로 기능과 의미가 통한다. 즉, '可' 대신 그 자리에 '能', '得', '足'을 써도 된다. 그리고 이들은 '以'가 붙어서 '可以, 能以, 得以, 足以'로도 쓰인다. 그런데 '以'가 붙으면 '주어+可以+술어' 구조로만 해석되고, '以'가 붙지 않으면 '목적어+可+술어' 구조로도 해석될 수 있다. 이는 목적어를 술어 앞으로 도치해 강조한 것이다. '天下國家', '爵祿', '白刃'은 술어 '可均', '可辭', '可蹈'의 목적어로서 술어 뒤에 놓은 것인데, 도치된 형태이다. 이 문장에서 각각의 술어의 주체는 생략되었다.

(5) '不', '未', '莫', '末', '勿'은 술어 앞에서 술어를 부정하는 보조사이므로 술어를 찾는 단서이다.

(주의) '不可'는 술어의 의미를 보조하고 있으며, 실제 술어는 '能'이다. 보조사로 활용되는 '可, 能, 得, 足'이 서로 연속으로 나오면 앞의 단어는 보조사이고, 뒤에 쓰인 단어가 술어이다. '天下國家'처럼 명사가 연속으로 결합하면 ① '명사의 명사', ② '명사와 명사'로 해석한다. '天下國家'는 일반적으로 '천하의 국가'보다는 '천하와 국가'로 해석한다.

▶ 子曰: "~"(공자(子)가 말하길(曰), "~"라고 했다.) / A曰: "B"(A가 말하길, "B"라고 했다. A가 "B"라고 말했다.) / 辭: 사양하다.

10장.
子路問强

1절

표점 ▶ 子路問强。

단서 ▶ 子路**問**强。

직역 ▶ 자로(子路)가 강함(强)을 물었다(問).

(1) '술어를 찾는 단서' 또는 '기본 의미가 동사(형용사)인 단어'를 찾아 술어의 역할(-다)을 부여한다. 이 문장의 술어는 '問(묻다)'과 '强(강하다)'이다. 앞에 쓰인 '問'은 '~을 묻다'로 목적어를 갖는 타동사이므로 '强'은 '問'의 목적어이다. '强'은 '강하다'의 형용사인데, 목적어는 명사이므로 '강함'이라 해석해야 한다.

(2) 술어를 중심으로 그 앞에 오는 명사(명사구)는 '은/는, 이/가'를 붙여 주어의 역할을 부여하고, 그 뒤에 오는 명사(명사구)는 '을/를'을 붙여 목적어의 역할을 부여하거나 '에/에서, 와/과'를 붙여 보어의 역할을 부여한다. 예외인 경우는 그 단서가 있다. 자로(子路)는 춘추시대 노나라 학자이자 관료로 공자의 제자인 중유(仲由)의 자(字)이다.

2절

> **표점** ▶ 子曰: "南方之强與? 北方之强與? 抑而强與?"
>
> **단서** ▶ 子**曰**: "南方**之**强**與**? 北方**之**强**與**? **抑**而强**與**?"
>
> **직역** ▶ 공자(子)가 말하길(曰), "남방(南方)의(之) 강함(强)인가(與)? 북방(北方)의(之) 강함(强)인가(與)? 아니면(抑) 너(而)의 강함(强)인가(與)?"라고 했다.

(1) '술어를 찾는 단서' 또는 '기본 의미가 동사(형용사)인 단어'를 찾아 술어의 역할(-다)을 부여한다.

(2) 한문은 유사한 구조를 반복해 문장이 배열된다. 따라서 단어의 품사와 역할은 그 단어가 놓인 위치로 파악된다.

(3) 술어가 생략된 문장은 명사에 '~(이)다'를 붙여 보어의 술어를 만들거나, 명사 앞에 '爲'를 넣어 목적어(보어)의 술어로 만들어서 해석한다. '南方之强與? 北方之强與? 抑而强與?'에서 술어는 없다. 술어의 원칙으로 볼 때, 형용사 '强'이 술어일 확률이 높으나, 앞 문장에서 명사로 쓰였으므로 명사로 쓰였을 확률이 높다.

(4) '之' 뒤에 명사가 나오는 경우, '之'는 우리말의 관형격 조사(~의, ~하는, 한, ~ㄴ)로 쓰인다. 이 문장에 쓰인 '之'는 '强(강함)'을 수식하는 관형격 조사로 쓰였다. 앞 문장과 연결하지 않고 '强'

을 술어로 보면, '之'는 주격 조사로 쓰인다. 주격 조사로 쓰일 때, '남방이 강한가? 북방이 강한가? 아니면 네가 강한가?'라고 해석된다.

(5) '而'는 2인칭(너, 그대, 당신) 대명사로도 사용되는데, 기본적으로는 접속사로서 술어인 동사(형용사)와 동사(형용사)를 연결하거나 문장을 연결한다. 이 문장에서 '~强與'가 반복되어 '而'는 2인칭 대명사로 쓰였다. 2인칭 대명사로 쓰이는 단어들은 '子, 若, 女(汝), 爾, 而, 君, 乃' 등이 있다.

▶ 子曰: "~"(공자(子)가 말하길(曰), "~"라고 했다.) / A曰: "B"(A가 말하길, "B"라고 했다. A가 "B"라고 말했다.) / A與? 抑B與?: 'A인가? 아니면 B인가?'의 의미이다. 문장에서 '抑'은 기본 의미인 '누르다'로 해석하고, 어색할 경우 접속사로서 '~아니면'의 의미를 살펴야 한다.

3절

표점 寬柔以教, 不報無道, 南方之强也, 君子居之。

단서 寬柔**以**教, **不報無**道, 南方**之**强也, 君子居**之**。

직역 너그럽고(寬) 유순함(柔), 그것으로써(以) 가르치고(教), 도(道)가 없어도(無) 갚지(報, 보복하지) 않는(不) 것은 남방(南方)의(之) 강함(强)이니, 군자(君子)가 그곳(之)에 거한다(居).

(1) '술어를 찾는 단서' 또는 '기본 의미가 동사(형용사)인 단어'를 찾아 술어의 역할(-다)을 부여한다.

(2) 술어가 생략된 문장은 명사에 '~(이)다'를 붙여 보어의 술어를 만들거나, 명사 앞에 '爲'를 넣어 목적어(보어)의 술어로 만들어서 해석한다. '寬柔以教, 不報無道, 南方之强也'에서 술어가 생략되었다. '不報無道'은 주어, '南方之强也'은 보어이다. 따라서 해석은 보어에 '이다'를 붙여서 해석한다.

(3) '以+명사', 즉 '以' 뒤에 명사가 나오면, '명사를 가지고' 혹은 '명사로서(써)'의 의미로 해석하며, '以'는 우리말의 부사격 조사이다. 한편, '以+동사(형용사)', 즉 '以' 뒤에 동사나 형용사가 나오

면, 대명사 之를 넣어 '以+之+동사(형용사)'로 보고, '그것으로서(써)'의 의미로 해석한다. '以' 뒤에 놓인 '敎'를 명사로 보느냐, 동사로 보느냐에 따라 그 쓰임이 다르다.

(4) '不', '未', '莫', '末', '勿'은 술어 앞에서 술어를 부정하는 보조사이므로 술어를 찾는 단서이다. 술어는 기본 의미와 품사로 볼 때 '寬', '柔', '敎', '報', '無', '强' 등이 될 수 있다. 특히, '不' 뒤에 놓인 '報'가 술어이며, '强'은 앞 문장과 연결할 때 명사이다.

(5) '之' 뒤에 명사가 나오는 경우, '之'는 우리말의 관형격 조사(~의, ~하는, 한, ~ㄴ)로 쓰인다. '南方之强'은 '남방의 강함'으로 해석한다.

(6) '之' 뒤에 단어가 없거나 단어가 있더라도 그 품사를 명사나 동사(형용사)로 보기 어려운 경우, '之'는 앞에 나온 명사(명사구)를 받는 대명사로 쓰인다. '之'가 대명사로 쓰이면 대부분 그 앞에 술어가 놓이고, '之'에 목적격 조사를 붙여 '그것을', '그를' 등으로 해석한다. 다만, '之'가 대명사일 경우 문장 끝에 위치한다고 알려져 있는데, 이는 술어의 뒤라는 의미로 문장의 끝이 아니다. 한편, '之' 앞에 목적어를 갖지 않는 형용사나 자동사가 위치하면 '之'는 '그것에', '거기에', '그곳에' 등 보어로 해석한다. '君子居之'은 '군자가 거기에 거한다'라고 해석한다.

(추가) '不'과 같은 '부정어~, 부정어~'가 연결되면 문맥에 따라 다양하게 해석된다. 일반적인 해석은 '~하지 않으면, ~하지 않는다'인데, 해석하는 틀은 고정되지 않고 문맥에 따라 적절하게 해석해야 한다. 한편, '無道'는 '도가 없다'라고 해석한다. 그런데 이는 '술어+주어'가 아니라 '술어+보어' 구조이다. 우리말의 '있다, 없다, 되다' 등의 뒤에 나오는 단어는 주격 조사가 쓰인 것처럼 보이는데, 실제는 보어이다.

4절

표점 ▶ 衽金革, 死而不厭, 北方之强也, 而强者居之。

단서 ▶ 衽金革, 死而不厭, 北方之强也, 而强者居之。

직역 ▶ 병기(金)와 갑옷(革)을 깔고서(衽), 죽어도(死而) 싫어하지(厭) 않는(不) 것은 북방(北方)의(之) 강함(强)이니(也~而), 강자(强者)가 거기에(之) 거한다(居).

(1) '술어를 찾는 단서' 또는 '기본 의미가 동사(형용사)인 단어'를 찾아 술어의 역할(-다)을 부여한다.

(2) 술어를 중심으로 그 앞에 오는 명사(명사구)는 '은/는, 이/가'를 붙여 주어의 역할을 부여하고, 그 뒤에 오는 명사(명사구)는 '을/를'을 붙여 목적어의 역할을 부여하거나 '에/에서, 와/과'를 붙여 보어의 역할을 부여한다.

(3) '而'는 2인칭(너, 그대, 당신) 대명사로도 사용되는데, 기본적으로는 접속사로서 술어인 동사(형용사)와 동사(형용사)를 연결하거나 문장을 연결한다.

(4) '不', '未', '莫', '末', '勿'은 술어 앞에서 술어를 부정하는 보조사이므로 술어를 찾는 단서이다.

(5) 술어가 생략된 문장은 명사에 '~(이)다'를 붙여 보어의 술어를 만들거나, 명사 앞에 '爲'를 넣어 목적어(보어)의 술어로 만들어서 해석한다. '死而不厭'는 주어이고 '北方之强也'은 보어이다.

(6) '之' 뒤에 명사가 나오는 경우, '之'는 우리말의 관형격 조사(~의, ~하는, 한, ~ㄴ)로 쓰인다.

(7) '者'는 문장 끝에 위치해 목적어로도 쓰이지만, 기본적으로 주어로서 술어 앞에 위치하므로 술어를 찾는 단서이다. '者'는 우리말로 '~것, ~사람' 등으로 해석되며, '주어+술어' 문장구조의 주어이다.

(8) '之' 뒤에 단어가 없거나 단어가 있더라도 그 품사를 명사나 동사(형용사)로 보기 어려운 경우, '之'는 앞에 나온 명사(명사구)를 받는 대명사로 쓰인다. '之'가 대명사로 쓰이면 대부분 그 앞에 술어가 놓이고, '之'에 목적격 조사를 붙여 '그것을', '그를' 등으로 해석한다. 한편, '之' 앞에 목적어를 갖지 않는 형용사나 자동사가 위치하면 '之'는 '그것에', '거기에', '그곳에' 등 보어로 해석한다.

▶ 金: 병기 / 革: 갑옷 / 衽(옷깃 임): 깔다

5절

表點 ▶ 故, 君子, 和而不流, 强哉矯。中立而不倚, 强哉矯。國有道, 不變塞焉, 强哉矯。國無道, 至死不變, 强哉矯。右, 第十章。

單書 ▶ 故, 君子, 和**而**不流, 强**哉**矯。中立**而**不倚, 强**哉**矯。國**有**道, **不變塞焉**, 强**哉**

矯。國**無**道, **至死不變**, 强**哉**矯。

> **직역** 그러므로(故) 군자(君子)는 화하나(和而) 흐르지(流, 휩쓸리다) 않으니 (不), 강하구나(强哉)! 꿋꿋함이여(矯). 중(中)에 서서(立而) 치우치지(倚) 않으니 (不), 강하구나(强哉)! 꿋꿋함이여(矯). 나라(國)에 도(道)가 있으면(有) 궁함(塞, 색)에도 거기에(焉) 변치(變) 않으니(不), 강하구나(强哉)! 꿋꿋함이여(矯). 나라 (國)에 도(道)가 없어도(無) 죽음(死)에 이르러도(至) 변치(變) 않으니(不), 강하구 나(强哉)! 꿋꿋함이여(矯). 우(右)는 제10장(第十章)이다.

(1) '술어를 찾는 단서' 또는 '기본 의미가 동사(형용사)인 단어'를 찾아 술어의 역할(-다)을 부여한다.

(2) 한문은 유사한 구조를 반복해 문장이 배열된다. 따라서 단어의 품사와 역할은 그 단어가 놓인 위치로 파악된다.

(3) '而'는 2인칭(너, 그대, 당신) 대명사로도 사용되는데, 기본적으로는 접속사로서 술어인 동사(형용사)와 동사(형용사)를 연결하거나 문장을 연결한다. '和而不流'과 '中立而不倚'에서 '而'를 중심으로 각각 술어의 의미가 있다.

(4) '不', '末', '莫', '末', '勿'은 술어 앞에서 술어를 부정하는 보조사이므로 술어를 찾는 단서이다.

(5) 감탄사는 문장 끝에 위치하는 감탄 종결사와 달리 주로 문장 앞에서도 사용되고, 중간에서도 사용된다. 문장 앞에서 쓰이는 감탄사 '惡(오), 於(오), 於乎(오호), 於呼(오호), 嗚呼(오호), 噫(희), 嗟乎(차호)' 등이 있으며, 문장 중간이나 끝에서는 감탄 종결사를 사용한다. 문장 종결사로는 '乎, 矣, 哉, 兮, 與, 夫, 也哉, 也與, 也夫, 矣夫, 矣乎' 등이 있다. '强哉矯'는 감탄 종결사 '哉'를 중심으로 의미를 구분된다. 해석은 '강하구나! 꿋꿋함이여'이다.

(6) '焉'은 의문대명사, 의문부사, 접속사로도 쓰이고, '也', '矣'와 같이 종결사로도 쓰인다. 그러나 종결사로 쓰일 때, '也', '矣'와 달리 '於是', '於此', '於之'의 준말로 '거기에, 여기에서, 이것에, 그것에' 등의 의미이다.

▶ 矯(바로잡을 교): 꿋꿋하다 / 倚(기댈 의): 치우치다 / 哉: 감탄 어조사 / 塞: 막히다(색), 변방(새) / 有(無)와 在의 구분: 장소+有(無)+A ↔ A+在+장소 → 장소에 A가 있다.

11장.
子曰索隱行怪

1절

> **표점** ▶ 子曰: "索隱行怪, 後世, 有述焉, 吾弗爲之矣。"

> **단서** ▶ 子曰: "索隱**行**怪, 後世, **有述焉**, 吾**弗爲之**矣。"

> **직역** ▶ 공자(子)가 말하길(曰), "숨은 것(隱)을 찾고(索, 색), 괴이한 것(怪)을 행하는(行) 것, 후세(後世)에 그것을(焉) 기술(述, 칭찬)이 있겠지만(有), 나(吾)는 그것(之)을 하지(爲) 않겠다(弗~矣)."라고 했다.

(1) '술어를 찾는 단서' 또는 '기본 의미가 동사(형용사)인 단어'를 찾아 술어의 역할(-다)을 부여한다. '索隱行怪'에서 '索(찾다), 隱(숨다), 行(행하다), 怪(괴이하다)' 모두 술어가 될 수 있다.

(2) 어구(語句)는 ① 문장구조, ② 수식어+피수식어, ③ 같은 품사 등의 형태로 단어가 결합한다.

(3) 어구에 동사와 형용사가 포함되면 문장구조가 될 수 있다. 술어를 중심으로 풀이하되, 목적어를 갖는 여부와 의미로 단어를 나누어서 해석한다. '索隱行怪'을 같은 품사가 결합한 어구로 나열하면, '索(찾다), 隱(숨다), 行(행하다)', '怪(괴이하다)'로 그 의미가 어색하다. 앞의 위치한 '索(찾다)'으로부터 해석하면, '索'은 '~을 찾다'라는 의미로 목적어를 갖는 타동사이다. 따라서 '隱'을 '索'의 목적어로 보면, '숨은 것을 찾다'라고 해석된다. '行'도 '~을 행하다'라는 의미로 목적어를 갖는 타동사이다. 따라서 '怪'를 '行'의 목적어로 보면, '괴이한 것을 행하다'라고 해석된다.

(4) '焉'은 의문대명사, 의문부사, 접속사로도 쓰이고, '也', '矣'와 같이 종결사로도 쓰인다. 그러나 종결사로 쓰일 때, '也', '矣'와 달리 '於是', '於此', '於之'의 준말로 '거기에, 여기에서, 이것에, 그것을' 등의 의미이다.

(5) '不', '未', '莫', '末', '勿'은 술어 앞에서 술어를 부정하는 보조사이므로 술어를 찾는 단서이다. '弗'은 '不'과 '勿'과 의미가 같다. 문장의 술어는 '弗' 뒤에 놓인 '爲'이다.

(6) '之' 뒤에 단어가 없거나 단어가 있더라도 그 품사를 명사나 동사(형용사)로 보기 어려운

경우, '之'는 앞에 나온 명사(명사구)를 받는 대명사로 쓰인다. '之'가 대명사로 쓰이면 대부분 그 앞에 술어가 놓이고, '之'에 목적격 조사를 붙여 '그것을', '그를' 등으로 해석한다. 이 문장에서 '之' 는 대명사로서 '爲'의 목적어이다. 대명사 '之'는 '索隱行怪'를 받는다.

▶ 子曰: "~"(공자(子)가 말하길(曰), "~"라고 했다.) / A曰: "B"(A가 말하길, "B"라고 했다. A가 "B"라고 말했다.) / 弗=不

2절

> **표점** ▶ 君子, 遵道而行, 半塗而廢, 吾弗能已矣。
>
> **단서** ▶ 君子, 遵道**而**行, 半塗**而**廢, 吾**弗能**已矣。
>
> **직역** ▶ 군자(君子)는 도(道)를 따라서(遵) 행하다가(行), 중도가 되어(半塗, 중도에 이르러) 폐하지만(廢), 나(吾)는 그만둘(已) 수(能) 없다(弗~矣).

(1) '술어를 찾는 단서' 또는 '기본 의미가 동사(형용사)인 단어'를 찾아 술어의 역할(-다)을 부여한다.

(2) '而'는 2인칭(너, 그대, 당신) 대명사로도 사용되는데, 기본적으로는 접속사로서 술어인 동사(형용사)와 동사(형용사)를 연결하거나 문장을 연결한다. 다만, 술어의 반복을 피하려고 우리말의 부사처럼 연결하기도 한다. '遵道而行, 半塗而廢' '而'를 중심으로 '行'과 '廢'뿐만 아니라 앞에 있는 '遵道'와 '半塗'도 술어로 해석한다. '遵道'는 '도를 따르다'로 해석하고, '半塗'는 '중도'가 아니라 '중도가 되어' 또는 '중도에 이르러'로 해석한다.

(3) '不', '未', '莫', '末', '勿'은 술어 앞에서 술어를 부정하는 보조사이므로 술어를 찾는 단서이다.

(4) '可(以)', '能(以)', '得(以)', '足(以)'은 서로 의미와 문법적 기능이 통용된다. 이들은 단독 품사(형용사나 명사)로 쓰이지 않을 때, 술어 앞에서 술어의 의미를 보조하므로 술어를 찾는 단서이다. 이 문장의 술어는 '弗能' 뒤에 놓인 '已'이다. '已'는 '이미'란 의미로 술어를 수식하는 부사로 주로 쓰이는데, 뒤에 수식을 받는 단어가 없어 부사로 쓰이지 않았다. 이 문장에서는 '已'는 '그만두다'라는 의미의 동사이다. 다만, 목적어가 생략된 형태이다.

▶ 塗: 진흙, 길, 칠하다, 막다. / 弗=不 / 已: 그만두다.

3절

君子依乎中庸, 遯世不見知而不悔, 唯聖者能之。右, 第十一章。

君子依**乎**中庸, 遯世**不見知而不**悔, 唯**聖者能之**。

군자(君子)는 중용(中庸)을(乎) 의지하여(依, 따르다) 세상(世)에서 도망하고(遯, 은둔하다, 달아나다) 알아줌(知)을 당하지(見, 피동) 않더라도(不~而) 후회하지(悔) 않으니(不), 오직(唯) 성자(聖者)만이 그것(之)을 할 수 있다(能). 우(右)는 제11장(第十一章)이다.

(1) '술어를 찾는 단서' 또는 '기본 의미가 동사(형용사)인 단어'를 찾아 술어의 역할(-다)을 부여한다.

(2) '於', '于', '乎' 등은 문장 중간에서 명사(명사구) 앞에 쓰일 때, 그 앞에 주로 술어가 위치하므로 술어를 찾는 단서이다. 이때 '於', '于', '乎'는 '~에(게)', '~을/를', '~와/과' 등의 의미이다.

(3) 술어를 중심으로 그 앞에 오는 명사(명사구)는 '은/는, 이/가'를 붙여 주어의 역할을 부여하고, 그 뒤에 오는 명사(명사구)는 '을/를'을 붙여 목적어의 역할을 부여하거나 '에/에서, 와/과'를 붙여 보어의 역할을 부여한다. 예외인 경우는 그 단서가 있다. '君子依乎中庸'에서 술어는 '依'로서 '의지하다'의 의미이다. 이 문장은 '군자는 중용을 의지한다'라고 해석되어 '주어+술어+목적어' 구조로 보이는데, '주어+술어+보어' 구조이다. 한문의 보어는 목적어나 부사어처럼 해석되기도 한다. 다만, 해석하는데, 목적어인지 보어인지는 중요하지 않다.

(4) '不', '未', '莫', '末', '勿'은 술어 앞에서 술어를 부정하는 보조사이므로 술어를 찾는 단서이다.

(5) '而'는 2인칭(너, 그대, 당신) 대명사로도 사용되는데, 기본적으로는 접속사로서 술어인 동사(형용사)와 동사(형용사)를 연결하거나 문장을 연결한다. '遯世不見知而不悔'은 '而'을 중심으로 앞과 뒤에 각각 술어가 위치하고, 또 앞과 뒤에 각각 '不'이 위치하므로 술어는 '見'과 '悔'이다. 다만, '見'은 '보다'의 의미가 아니라 '~을 당하다'의 의미로 쓰였고, '見'의 목적어는 '知'로서 '알다'

의 명사형인 '알아 줌'으로 해석한다.

(6) '者'는 문장 끝에 위치해 목적어로도 쓰이지만, 기본적으로 주어로서 술어 앞에 위치하므로 술어를 찾는 단서이다. '者'는 우리말로 '~것, ~사람' 등으로 해석되며, '주어+술어' 문장구조의 주어이다.

(7) '之' 뒤에 단어가 없거나 단어가 있더라도 그 품사를 명사나 동사(형용사)로 보기 어려운 경우, '之'는 앞에 나온 명사(명사구)를 받는 대명사로 쓰인다. '之'가 대명사로 쓰이면 대부분 그 앞에 술어가 놓이고, '之'에 목적격 조사를 붙여 '그것을', '그를' 등으로 해석한다. 한편, '唯聖者能之'에서 '能'은 술어의 의미를 도와주는 보조사가 아니라 술어로 쓰였다. 술어 '能'을 중심으로 그 앞에 놓인 '聖者'는 주어, '之'는 목적어이다.

▶ 遯: 도망할 돈(둔) / 見: 당하다.

12장.
君子之道費而隱

1절

표점 ▶ 君子之道, 費而隱。

단서 ▶ 君子<u>之</u>道, 費<u>而</u>隱。

직역 ▶ 군자(君子)의(之) 도(道)는 쓰이나(費) 숨는다(隱, 드러나지 않는다).

(1) '술어를 찾는 단서' 또는 '기본 의미가 동사(형용사)인 단어'를 찾아 술어의 역할(-다)을 부여한다.

(2) '之' 뒤에 명사가 나오는 경우, '之'는 우리말의 관형격 조사(~의, ~하는, 한, ~ㄴ)로 쓰인다.

(3) '而'는 2인칭(너, 그대, 당신) 대명사로도 사용되는데, 기본적으로는 접속사로서 술어인 동

사(형용사)와 동사(형용사)를 연결하거나 문장을 연결한다. 술어는 '而'를 중심으로 그 앞과 뒤에 있는 '費'와 '隱'이다.

2절

표점 ▶ 夫婦之愚, 可以與知焉, 及其至也, 雖聖人, 亦有所不知焉。夫婦之不肖, 可以能行焉, 及其至也, 雖聖人, 亦有所不能焉。天地之大也, 人猶有所憾。故, 君子語大, 天下莫能載焉。語小, 天下莫能破焉。

단서 ▶ 夫婦**之**愚, **可以**與知**焉**, **及其至**也, **雖聖**人, 亦**有所不知焉**。夫婦**之不肖**, **可以能行焉**, **及其至**也, **雖聖**人, 亦**有所不能焉**。天地**之大也**, 人猶**有所憾**。故, 君子**語大**, 天下**莫能載焉**. **語小**, 天下**莫能**破焉.

직역 ▶ 부부(夫婦)의(之) 어리석음(愚)으로도 참여해서(與) 그것을(焉) 알(知) 수 있으나(可以), 그(其) 지극함(至)에 이르러(及也), 비록(雖) 성인(聖人)이라도 또한(亦) 그것을(焉) 알지(知) 못하는(不) 바(所)가 있다(有). 부부(夫婦)의(之) 불초함(不肖)으로도 그것을(焉) 능히(能) 행할(行) 수 있으나(可以), 그(其) 지극함(至)에 이르러(及也), 비록(雖) 성인(聖人)이라도 또한(亦) 그것을(焉) 할 수(能) 없는(不) 바(所)가 있다(有). 천지(天地)의(之) 큼(大)에도(也) 사람들(人)이 오히려(猶) 서운한(憾) 바(所)가 있다(有). 그러므로(故) 군자(君子)가 큰 것(大)을 말해도(語) 천하(天下)에 그것을(焉) 실을(載) 수(能) 있는 것이 없고(莫), (군자가) 작은 것(小)을 말해도(語) 천하(天下)에 그것을(焉) 깨뜨릴(破) 수(能) 있는 것이 없다(莫).

(1) '술어를 찾는 단서' 또는 '기본 의미가 동사(형용사)인 단어'를 찾아 술어의 역할(-다)을 부여한다.

(2) 한문은 유사한 구조를 반복해 문장이 배열된다. 따라서 단어의 품사와 역할은 그 단어가 놓인 위치로 파악된다.

(3) '之' 뒤에 명사가 나오는 경우, '之'는 우리말의 관형격 조사(~의, ~하는, 한, ~ㄴ)로 쓰인다.

(4) '可(以)', '能(以)', '得(以)', '足(以)'은 서로 의미와 문법적 기능이 통용된다. 이들은 단독 품사(형용사나 명사)로 쓰이지 않을 때, 술어 앞에서 술어의 의미를 보조하므로 술어를 찾는 단서이다.

(5) '焉'은 의문대명사, 의문부사, 접속사로도 쓰이고, '也', '矣'와 같이 종결사로도 쓰인다. 그러나 종결사로 쓰일 때, '也', '矣'와 달리 '於是', '於此', '於之'의 준말로 '거기에, 여기에서, 이것에, 그것을' 등의 의미이다. '夫婦之愚, 可以與知焉'에서 '可以' 뒤에 놓인 '與'가 술어이다. '知焉'에서 '焉'는 '於之'의 준말로 '그것을 알다'라고 해석한다. 그리고 술어 앞에 놓인 '夫婦之愚'는 주어이다. '愚'는 '어리석다'라는 형용사이므로 '之'는 주격 조사로 해석한다. 그런데 '夫婦之愚'가 주어로 명사화했으므로 '愚'는 명사 '어리석음'으로 해석하여 '之'는 관형격 조사로 해석한다.

(6) '也'는 기본적으로 문장 끝에서 단정의 종결사로 쓰이며, 의문 또는 반어의 종결사로도 쓰인다. 그러나 문장 중간에서 주어와 부사를 강조할 때도 쓰인다. 따라서 문장 중간에서 '也'는 주어나 부사를 강조하는 적절한 표현으로 대치된다. 또한, '也者'는 '焉者'와 같이 '~라는 것은'이라는 뜻이다.

(7) '者'는 앞에 나온 단어의 수식을 받아 명사화하고, '所'는 뒤에 나오는 동사, 형용사의 수식을 받아 명사화한다.

(8) '不', '未', '莫', '末', '勿'은 술어 앞에서 술어를 부정하는 보조사이므로 술어를 찾는 단서이다. '及其至也, 雖聖人, 亦有所不知焉'에서 술어는 '有'이나 '及其至也'에서는 '及', '所不知焉'에서는 '不' 뒤에 놓인 '知'가 술어이다. 다만, '不知焉'은 '所'와 연결되어 명사화되었다. 그리고 '夫婦之不肖, 可以能行焉'에서 술어는 '行'이고 '可以'은 '行'의 의미를 보조하고, '能'은 '行'을 수식한다. 그리고 '夫婦之不肖'에서 '不' 뒤에 놓인 '肖'가 술어로 보이나 앞 문장과 대를 이루는 구조로 보면 '夫婦之不肖'가 술어가 되어 '不肖'는 '닮지 않다'가 아니라 '불초'라는 명사로 쓰였다. 따라서 그 앞에 놓인 '之'도 관형격 조사로 해석한다. 한편, '之'는 뒤에 명사가 오면 관형격 조사로 쓰이고, 동사(형용사)가 오면 주격 조사로 쓰인다. 그런데 관형격과 주격이 구분되지 않는 때도 있다. 이 문장 '天地之大也'처럼 '大'를 명사로 보면 '천지의 큼'으로 해석되고, '大'를 형용사로 보면, '천지가 크다'로 해석한다. 이는 어느 것이 맞고 틀린 것이 아니라 해석하는 사람의 선택이다.

(9) 어구에 동사와 형용사가 포함되면 문장구조가 될 수 있다. 술어를 중심으로 풀이하되, 목적어를 갖는 여부와 의미로 단어를 나누어서 해석한다. '君子語大'에서 '語'와 '大'가 술어가 될 수

있다. 기본적으로 '語'는 '~을 말하다'로 뒤에 목적어가 오고, '大'는 '~이 크다'로 앞에 주어가 온다. 이 경우 '大'는 '語'의 목적어가 되어, '큰 것을 말하다'라고 하는 '술어+목적어' 구조로 해석했다. 물론, 문장에 따라 '語大'는 '말이 크다'라고 하는 '주어+술어' 구조로 해석할 수도 있다. 그러나 주어인 '君子'가 있어서 '주어+술어+목적어' 구조로 보는 것이 적절하다.

(10) '莫'은 일반 부정사와 달리 대명사를 포함한다. 따라서 '莫'은 '~것이(은)', '~한 사람이(은)'를 포함해서 해석한다. '天下莫能載焉'에서 술어는 '載'이며 '莫能'은 '載'의 의미를 보조한다. 이 문장은 '莫(~것이 없다)'과 '焉(그것을, 於之)'의 의미를 정확히 표현해야 한다.

3절

표점 《詩》云: "鳶飛戾天, 魚躍于淵。" 言其上下察也。

단서 《詩》云: "鳶飛戾天, 魚躍于淵。" 言其上下察也。

직역 『시경(詩)』에 이르길(云), "연(鳶, 솔개)이 날아서(飛) 하늘(天)에 이르고(戾), 물고기(魚)가 못(淵)에서(于) 뛴다(躍)."라고 했다. 그(其) 위아래(上下)의 살핌(察)을 말한다(言也).

(1) '술어를 찾는 단서' 또는 '기본 의미가 동사(형용사)인 단어'를 찾아 술어의 역할(-다)을 부여한다.

(2) 한문은 유사한 구조를 반복해 문장이 배열된다. 따라서 단어의 품사와 역할은 그 단어가 놓인 위치로 파악된다.

(3) '於', '于', '乎' 등은 문장 중간에서 명사(명사구) 앞에 쓰일 때, 그 앞에 주로 술어가 위치하므로 술어를 찾는 단서이다. 이때 '於', '于', '乎'는 '~에(게)', '~을/를', '~와/과' 등의 의미이다. '鳶飛戾天, 魚躍于淵'에서 술어는 '飛'와 '躍'이다. 한편, '言其上下察也'에서 '言'은 술어로서, '其上下察'이 목적어로 받는 '술어+목적어' 구조이다.

▶ 詩云: "~"(『시경(詩)』에 이르길(云), "~"라고 했다.) / A云: "B"(A에(가) 이르길, "B"라고 했다.) / 戾(려): 어그러지다. 이르다. 탐하다. 갈다.

학예연구사가 알려 주는 **한문 해석의 비밀**

> 표점 ▶ 君子之道, 造端乎夫婦, 及其至也, 察乎天地。右, 第十二章。

> 단서 ▶ 君子**之**道, 造端**乎**夫婦, **及其至也**, 察**乎**天地。

> 직역 ▶ 군자(君子)의(之) 도(道)는 부부(夫婦)에게서(乎) 단서(端)를 만드니(造, 발
> 단을 시작하다), 그(其) 지극함(至)에 이르러(及), 천지(天地)를(乎) 살핀다(察, 드
> 러난다). 우(右)는 제12장(第十二章)이다.

  (1) '술어를 찾는 단서' 또는 '기본 의미가 동사(형용사)인 단어'를 찾아 술어의 역할(-다)을 부
여한다.

  (2) '之' 뒤에 명사가 나오는 경우, '之'는 우리말의 관형격 조사(~의, ~하는, 한, ~ㄴ)로 쓰인다.

  (3) '於', '于', '乎' 등은 문장 중간에서 명사(명사구) 앞에 쓰일 때, 그 앞에 주로 술어가 위치하므
로 술어를 찾는 단서이다. 이때 '於', '于', '乎'는 '~에(게)', '~을/를', '~와/과' 등의 의미이다. '술어+
목적어+보어'의 구조에 따라 '於' 앞에 목적어가 있고, 그 목적어 앞에 술어가 있을 때도 있다.

  (4) '也'는 기본적으로 문장 끝에서 단정의 종결사로 쓰이며, 의문 또는 반어의 종결사로도 쓰인다.
그러나 문장 중간에서 주어와 부사를 강조할 때도 쓰인다. 따라서 문장 중간에서 '也'는 주어나 부
사를 강조하는 적절한 표현으로 대치된다. 또한, '也者'는 '焉者'와 같이 '~라는 것은'이라는 뜻이다.

13장.
子曰道不遠人

> 표점 ▶ 子曰: "道不遠人, 人之爲道而遠人, 不可以爲道."

단서 ▶ 子曰: "道不遠人, 人之爲道而遠人, 不可以爲道."

직역 ▶ 공자(子)가 말하길(曰), "도(道)는 사람(人)을 멀리하지(遠) 않으니(不) 사람(人)이 도(道)를 하면서(爲~而) 사람(人)을 멀리하면(遠) 도(道)를 한다고(爲) 할 수(可以) 없다(不)."라고 했다.

(1) '술어를 찾는 단서' 또는 '기본 의미가 동사(형용사)인 단어'를 찾아 술어의 역할(-다)을 부여한다.

(2) '不', '未', '莫', '末', '勿'은 술어 앞에서 술어를 부정하는 보조사이므로 술어를 찾는 단서이다.

(3) '之' 뒤에 동사나 형용사가 나오는 경우, '之'는 우리말의 주격 조사(~은/는, 이/가)로 쓰인다.

(4) '而'는 2인칭(너, 그대, 당신) 대명사로도 사용되는데, 기본적으로는 접속사로서 술어인 동사(형용사)와 동사(형용사)를 연결하거나 문장을 연결한다.

(5) '可(以)', '能(以)', '得(以)', '足(以)'은 서로 의미와 문법적 기능이 통용된다. 이들은 단독 품사(형용사나 명사)로 쓰이지 않을 때, 술어 앞에서 술어의 의미를 보조하므로 술어를 찾는 단서이다.

(6) 술어를 중심으로 그 앞에 오는 명사(명사구)는 '은/는, 이/가'를 붙여 주어의 역할을 부여하고, 그 뒤에 오는 명사(명사구)는 '을/를'을 붙여 목적어의 역할을 부여하거나 '에/에서, 와/과'를 붙여 보어의 역할을 부여한다.

(추가) 이 문장에서 '以爲'는 숙어로 쓰이지 않았다. '以爲'는 '삼다, 여기다, 생각하다' 등으로 쓰이는 숙어인데, 숙어로 쓰이지 않는 예도 많다.

▶ 子曰: "~"(공자(子)가 말하길(曰), "~"라고 했다.) / A曰: "B"(A가 말하길, "B"라고 했다. A가 "B"라고 말했다.)

2절

표점 ▶ 《詩》云: "伐柯伐柯, 其則不遠." 執柯以伐柯, 睨而視之, 猶以爲遠. 故, 君子, 以人治人, 改而止.

단서 ▶ 《詩》云: "伐柯伐柯, 其則不遠." 執柯以伐柯, 睨而視之, 猶以爲遠. 故, 君子,

<u>以</u>人治人, 改<u>而</u>止。

> **직역** 『시경(詩)』에 이르길(云), "가지(柯, 도낏자루)를 베고(伐), 가지(柯, 도낏자루)를 벰이여(伐)! 그(其) 법칙(則)이 멀지(遠) 않다(不)."라고 했다. 가지(柯, 도낏자루)를 잡고(執), 그것으로써(以) 가지(柯, 도낏자루)를 베는데(伐) 눈을 흘기고(睨) 그것(之)을 보면서(視) 오히려(猶) 멀다고(遠) 여긴다(以爲). 그러므로(故) 군자(君子)는 사람(人)으로서(以) 사람(人)을 다스리다가(治) 고치면(改而) 그친다(止).

(1) '술어를 찾는 단서' 또는 '기본 의미가 동사(형용사)인 단어'를 찾아 술어의 역할(-다)을 부여한다.

(2) '不', '未', '莫', '末', '勿'은 술어 앞에서 술어를 부정하는 보조사이므로 술어를 찾는 단서이다. '其則不遠'에서 술어는 '不' 뒤에 놓인 '遠'이다. '則(칙)'은 '법칙'의 의미이다.

(3) '以+동사(형용사)', 즉 '以' 뒤에 동사나 형용사가 나오면, 대명사 之를 넣어 '以+之+동사(형용사)'로 보고, '그것으로서(써)'의 의미로 해석한다. '執柯以伐柯'는 '柯(도낏자루)를 잡고(執) 그것으로써(以) 柯(도낏자루)를 벤다(伐)'라고 해석한다.

(4) '而'는 2인칭(너, 그대, 당신) 대명사로도 사용되는데, 기본적으로는 접속사로서 술어인 동사(형용사)와 동사(형용사)를 연결하거나 문장을 연결한다.

(5) '之' 뒤에 단어가 없거나 단어가 있더라도 그 품사를 명사나 동사(형용사)로 보기 어려운 경우, '之'는 앞에 나온 명사(명사구)를 받는 대명사로 쓰인다.

(6) '以+명사', 즉 '以' 뒤에 명사가 나오면, '명사를 가지고' 혹은 '명사로서(써)'의 의미이며, '以'는 우리말의 부사격 조사이다.

▶ 詩云: "~"(『시경(詩)』에 이르길(云), "~"라고 했다.) / A云: "B"(A에(가) 이르길, "B"라고 했다.) / 柯(가): 가지, 도낏자루 / 則(칙): 법칙 / 睨(예): (곁눈질) 흘겨보다 ↔ 視: (똑바로) 보다. / 以爲: 'A以爲B', '以A爲B'는 'A를 B로 여기다', 'A를 B로 삼다', 'A를 B로 생각하다'

> **표점** ▶ 忠恕, 違道不遠, 施諸己而不願, 亦勿施於人。

> **단서** ▶ 忠恕, **違**道**不**遠, **施諸**己**而不**願, 亦**勿**施**於**人。

> **직역** ▶ 충(忠)과 서(恕)는 도(道)와 거리(違)가 멀지(遠) 않으니(不), 자기(己)에게
> 그것을(諸) 베풀어서(施~而) 원하지(願) 않으면(不) 또한(亦) 남(人)에게(於) 베풀
> 지(施) 마라(勿).

(1) '술어를 찾는 단서' 또는 '기본 의미가 동사(형용사)인 단어'를 찾아 술어의 역할(-다)을 부여한다.

(2) '不', '未', '莫', '末', '勿'은 술어 앞에서 술어를 부정하는 보조사이므로 술어를 찾는 단서이다. '不' 뒤에 놓인 '遠'이 술어이다. 한편, 명사와 명사가 연결되면, ① '명사의 명사', ② '명사와 명사' 중에서 문맥에 따라 해석한다. '忠恕'는 ① '충의 서' 또는 ② '충과 서' 중에서 문맥에 따라 해석한다.

(3) '諸'는 기본적으로 '모두'의 의미이다. 그러나 문장 중간에 쓰인 '諸'는 '之於'은 준말로도 쓰이며, '저'로 독음한다. 문장에서 '諸'는 '모두' 또는 '여럿'으로 해석하고, 그 해석이 어색하면 '之於'로 바꿔서 해석한다.

(4) '而'는 2인칭(너, 그대, 당신) 대명사로도 사용되는데, 기본적으로는 접속사로서 술어인 동사(형용사)와 동사(형용사)를 연결하거나 문장을 연결한다. '而'를 중심으로 그 앞은 '施', 그 뒤는 '願'이 술어이다.

(5) '於', '于', '乎' 등은 문장 중간에서 명사(명사구) 앞에 쓰일 때, 그 앞에 주로 술어가 위치하므로 술어를 찾는 단서이다. 이때 '於', '于', '乎'는 '~에(게)', '~을/를', '~와/과' 등의 의미이다.

▶ 違(어긋날 위): 거리, 차이

4절

표점 ▶ 君子之道, 四。丘未能一焉。所求乎子, 以事父, 未能也。所求乎臣, 以事君, 未能也。所求乎弟, 以事兄, 未能也。所求乎朋友, 先施之, 未能也。庸德之行, 庸言之謹。有所不足, 不敢不勉, 有餘, 不敢盡。言顧行, 行顧言, 君子胡不慥慥爾? 右, 第十三章。

단서 ▶ 君子**之**道, 四。丘**未能一焉**。**所求乎**子, **以事**父, **未能**也。**所求乎**臣, **以事**君, **未能**也。**所求乎**弟, **以事**兄, **未能**也。**所求乎**朋友, 先施**之**, **未能**也。庸德**之**行, 庸言**之**謹。**有所不足**, **不敢不勉**, 有餘, **不敢盡**。言顧行, 行顧言, 君子**胡不**慥慥爾?

직역 ▶ 군자(君子)의(之) 도(道)는 넷(四)이다. 구(丘, 공자)는 아직(未) 하나(一)도 그것을(焉) 잘하지(能) 못한다(未). 자식에게(乎子) 구하는(求) 바(所), 그것으로써(以) 부모(父)를 섬겨야 하는데(事), 아직(未) 잘하지(能) 못한다(未~也). 신하에게(乎臣) 구하는(求) 바(所), 그것으로써(以) 임금(君)을 섬겨야 하는데(事), 아직(未) 잘하지(能) 못한다(未~也). 아우에게(乎弟) 구하는(求) 바(所), 그것으로써(以) 형(兄)을 섬겨야 하는데(事), 아직(未) 잘하지(能) 못한다(未~也). 친구에게(乎朋友) 구하는(求) 바(所)로 먼저(先) 그것(之)을 베풀어야 하는데(施), 아직(未) 잘하지(能) 못한다(未~也). 용덕(庸德, 떳떳한 덕)을(之) 행하며(行), 용언(庸言)을(之) 삼간다(謹). 부족한(不足) 바(所)가 있으면(有) 감히(敢) 힘쓰지(勉) 않을(不) 수 없고(不), 남음(餘)이 있으면(有) 감히(敢) 다하지(盡) 못한다(不). 말(言)은 행동(行)을 돌아보고(顧), 행동(行)은 말(言)을 돌아보니(顧), 군자(君子)가 어찌(胡) 독실하지(慥慥, 독실할 조) 않겠는가(不~爾)? 우(右) 제13장(第十三章)이다.

(1) '술어를 찾는 단서' 또는 '기본 의미가 동사(형용사)인 단어'를 찾아 술어의 역할(-다)을 부여한다.

(2) 한문은 유사한 구조를 반복해 문장이 배열된다. 따라서 단어의 품사와 역할은 그 단어가 놓인 위치로 파악된다.

(3) 술어가 생략된 문장은 명사에 '~(이)다'를 붙여 보어의 술어를 만들거나, 명사 앞에 '爲'를

넣어 목적어(보어)의 술어로 만들어서 해석한다.

　(4) '之' 뒤에 명사가 나오는 경우, '之'는 우리말의 관형격 조사(~의, ~하는, 한, ~ㄴ)로 쓰인다.

　(5) '不', '未', '莫', '末', '勿'은 술어 앞에서 술어를 부정하는 보조사이므로 술어를 찾는 단서이다. 다만, 술어(동사, 형용사)를 수식하는 부사가 부정어와 술어 사이에 놓일 수 있다. 여기서 '能'은 술어이다.

　(6) '焉'은 의문대명사, 의문부사, 접속사로도 쓰이고, '也', '矣'와 같이 종결사로도 쓰인다. 그러나 종결사로 쓰일 때, '也', '矣'와 달리 '於是', '於此', '於之'의 준말로 '거기에, 여기에서, 이것에, 그것을' 등의 의미이다.

　(7) '者'는 앞에 나온 단어의 수식을 받아 명사화하고, '所'는 뒤에 나오는 동사, 형용사의 수식을 받아 명사화한다. 각각 '所' 뒤에 놓인 '求'는 동사로서 술어인데, '所'와 연결해 명사화되었다.

　(8) '於', '于', '乎' 등은 문장 중간에서 명사(명사구) 앞에 쓰일 때, 그 앞에 주로 술어가 위치하므로 술어를 찾는 단서이다. 이때 '於', '于', '乎'는 '~에(게)', '~을/를', '~와/과' 등의 의미이다.

　(9) '以+동사(형용사)', 즉 '以' 뒤에 동사나 형용사가 나오면, 대명사 之를 넣어 '以+之+동사(형용사)'로 보고, '그것으로서(써)'의 의미로 해석한다.

　(10) 어구에 동사와 형용사가 포함되면 문장구조가 될 수 있다. 술어를 중심으로 풀이하되, 목적어를 갖는 여부와 의미로 단어를 나누어서 해석한다. '事父, 事君, 事兄, 施之'는 모두 '술어+목적어' 구조이다.

　(11) '之' 뒤에 단어가 없거나 단어가 있더라도 그 품사를 명사나 동사(형용사)로 보기 어려운 경우, '之'는 앞에 나온 명사(명사구)를 받는 대명사로 쓰인다. '先施之'에서 '先(먼저)'은 부사로서 술어 '施(베풀다)'를 수식하고, '之'는 대명사로서 '施'의 목적어이다.

　(12) '之+동사(형용사)' 즉, 뒤에 동사나 형용사가 나오는 경우, '之'는 우리말의 주격 조사(~은/는, 이/가)로 쓰인다.

　(13) '必', '敢', '欲' 등이 우리말 부사나 보조사로 쓰일 때, 술어 앞에 위치하므로 술어를 찾는 단서이다.

　(14) '有(無)'는 소유 관계를 나타내어 뒤에 명사인 보어가 있다. 따라서 '有(無)' 뒤에 술어가 오더라도 명사화로 해석한다.

　　　　　　　　　　　　학예연구사가 알려 주는 **한문 해석의 비밀**

(15) '誰', '何', '安', '孰', '焉', '胡' 등은 의문사 혹은 의문부사로서 일반적으로 문장 앞에 있다. 먼저 의문사인지 의문부사인지를 구분하고, 의문사로 쓰였다면 주어인지, 술어의 목적어인지를 구분해야 한다. 이 문장에서 '胡'는 의문부사로 쓰였다.

해석 연습 ▶ '言顧行' 뒤에 '行顧言'을 통해 '顧'을 중심으로 유사한 구조가 반복되어 '顧'이 술어라는 것을 짐작할 수 있다. 만약 연결어 없이 '言顧行'만 쓰였다면, 어떻게 해석해야 할까? 먼저, 기본 의미와 품사는 '말하고(言, 동사), 돌아보고(顧, 동사), 행하다(行, 동사)'이다. 두 번째 문장 구조로는 '言'이 '~을 말하다'이므로 뒤에 '顧行'은 목적어가 되어, '顧行을 말하다'라고 해석된다. 이때 '顧行'은 '행동을 돌아보다'라는 '술어+목적어' 구조로도 해석된다. 다음으로 '顧'를 술어로 보면, '~을 돌아보다'로 '顧' 앞의 '言'은 주어, '顧' 뒤의 '行'은 목적어가 되어, '주어+술어+목적어' 구조가 된다. 한문 해석은 단어의 위치에 따라 다양한 해석이 가능하므로 어느 해석이 맞거나 틀린 것은 아니다. 그러나 그 다양한 해석은 문장구조와 단어의 결합으로 풀이되어야 한다. 그리고 그 다양한 해석 중에서 문맥에 따라 적절한 해석을 선택한다.

▶ 慥(조): 독실하다.

14장.
君子素其位而行

1절

표점 ▶ 君子, 素其位而行, 不願乎其外。

단서 ▶ 君子, 素其位**而**行, **不**願**乎**其外。

직역 ▶ 군자(君子)는 그(其) 자리(位)에 처해서(素~而) 행하고(行), 그(其) 밖(外)을(乎) 원하지(願) 않는다(不).

(1) '술어를 찾는 단서' 또는 '기본 의미가 동사(형용사)인 단어'를 찾아 술어의 역할(-다)을 부여한다.

(2) '而'는 2인칭(너, 그대, 당신) 대명사로도 사용되는데, 기본적으로는 접속사로서 술어인 동사(형용사)와 동사(형용사)를 연결하거나 문장을 연결한다.

(3) '不', '未', '莫', '末', '勿'은 술어 앞에서 술어를 부정하는 보조사이므로 술어를 찾는 단서이다.

(4) '於', '于', '乎' 등은 문장 중간에서 명사(명사구) 앞에 쓰일 때, 그 앞에 주로 술어가 위치하므로 술어를 찾는 단서이다. 이때 '於', '于', '乎'는 '~에(게)', '~을/를', '~와/과' 등의 의미이다. 이 문장은 '而'를 중심으로 '素其位'과 '行'에 각각 술어가 있다. '素'은 '본래'라는 부사인데, 술어의 의미을 넣어 '그 지위에 처하다'라고 해석된다.

▶ 素: 찾다(색), 본디(소), 처하다(소), 희다(소)

2절

> **표점** ▶ 素富貴, 行乎富貴, 素貧賤, 行乎貧賤。素夷狄, 行乎夷狄, 素患難, 行乎患難。君子, 無入而不自得焉。
>
> **단서** ▶ 素**富貴**, 行**乎**富貴, 素**貧賤**, 行**乎**貧賤。素夷狄, 行**乎**夷狄, 素患難, 行**乎**患難。君子, **無**入**而不**自得**焉**。
>
> **직역** ▶ 부(富)와 귀(貴)에 처하여(素), 부(富)와 귀(貴)에(乎) (맞게) 행동하고(行), 빈(貧)과 천(賤)에 처하여(素) 빈(貧)과 천(賤)에(乎) (맞게) 행동한다(行). 이적(夷狄)에 처하여(素) 이적(夷狄)에(乎) (맞게) 행동하며(行), 환난(患難)에 처하여(素) 환난(患難)에(乎) (맞게) 행동한다(行). 군자(君子)는 들어가서(入) 스스로(自) 거기(焉, 그곳)에서 얻지(得) 못하는(不) 것이 없다(無).

(1) '술어를 찾는 단서' 또는 '기본 의미가 동사(형용사)인 단어'를 찾아 술어의 역할(-다)을 부여한다.

(2) 한문은 유사한 구조를 반복해 문장이 배열된다. 따라서 단어의 품사와 역할은 그 단어가

놓인 위치로 파악된다.

(3) '於', '于', '乎' 등은 문장 중간에서 명사(명사구) 앞에 쓰일 때, 그 앞에 주로 술어가 위치하므로 술어를 찾는 단서이다. 이때 '於', '于', '乎'는 '~에(게)', '~을/를', '~와/과' 등의 의미이다.

(4) '而'는 2인칭(너, 그대, 당신) 대명사로도 사용되는데, 기본적으로는 접속사로서 술어인 동사(형용사)와 동사(형용사)를 연결하거나 문장을 연결한다.

(5) '不', '未', '莫', '末', '勿'은 술어 앞에서 술어를 부정하는 보조사이므로 술어를 찾는 단서이다.

(6) '焉'은 의문대명사, 의문부사, 접속사로도 쓰이고, '也', '矣'와 같이 종결사로도 쓰인다. 그러나 종결사로 쓰일 때, '也', '矣'와 달리 '於是', '於此', '於之'의 준말로 '거기에, 여기에서, 이것에, 그것을' 등의 의미이다.

3절

> 표점 ▶ 在上位, 不陵下, 在下位, 不援上。正己而不求於人, 則無怨, 上不怨天, 下不尤人。

> 단서 ▶ **在**上位, 不陵下, **在**下位, **不**援上。正己**而不**求**於**人, 則**無**怨, 上**不**怨天, 下**不**尤人。

> 직역 ▶ 윗(上)자리(位)에 있으면(在) 아래 사람(下)을 능멸하지(陵) 않으며(不), 아래(下) 자리(位)에 있으면(在) 윗사람(上)을 당기지(援) 않는다(不). 자기(己)를 바르게 하고(正~而), 남(人)에게(於) 구하지(求) 않으면(不~則), 원망(怨)이 없으니(無) 위(上)로는 하늘(天)을 원망하지(怨) 않고(不), 아래(下)로는 남(人)을 탓하지(尤) 않는다(不).

(1) '술어를 찾는 단서' 또는 '기본 의미가 동사(형용사)인 단어'를 찾아 술어의 역할(-다)을 부여한다.

(2) '有(無)'는 장소가 앞에 나오고, '在'는 장소가 뒤에 나온다. 즉, '장소+有(無)+A'로 쓰이고, 'A+在+장소'로 쓰이고, '장소에 A가 있다'라고 해석한다.

(3) '不', '未', '莫', '末', '勿'은 술어 앞에서 술어를 부정하는 보조사이므로 술어를 찾는 단서이다.

(4) '而'는 2인칭(너, 그대, 당신) 대명사로도 사용되는데, 기본적으로는 접속사로서 술어인 동사(형용사)와 동사(형용사)를 연결하거나 문장을 연결한다.

(5) '於', '于', '乎' 등은 문장 중간에서 명사(명사구) 앞에 쓰일 때, 그 앞에 주로 술어가 위치하므로 술어를 찾는 단서이다. 이때 '於', '于', '乎'는 '~에(게)', '~을/를', '~와/과' 등의 의미이다.

▶ 援(원): 돕다. 이 문장에서는 '당기다'는 의미이다. / 尤(우): 더욱. 이 문장에서는 허물의 뜻에서 '탓하다'는 의미이다.

4절

> 표점 ▶ 故, 君子, 居易以俟命, 小人, 行險以徼幸。
>
> 단서 ▶ 故, **君子**, 居易**以**俟命, **小人**, 行險**以**徼幸。
>
> 직역 ▶ 그러므로(故) 군자(君子)는 쉬운 곳(易)에 거하면서(居), 그것으로써(以)
> 명(命)을 기다리고(俟), 소인(小人)은 험한 것(險)에 행하면서(行), 그것으로써(以)
> 요행(幸)을 바란다(徼).

(1) '술어를 찾는 단서' 또는 '기본 의미가 동사(형용사)인 단어'를 찾아 술어의 역할(-다)을 부여한다.

(2) 한문은 유사한 구조를 반복해 문장이 배열된다. 따라서 단어의 품사와 역할은 그 단어가 놓인 위치로 파악된다.

(3) '以+동사(형용사)', 즉 '以' 뒤에 동사나 형용사가 나오면, 대명사 之를 넣어 '以+之+동사(형용사)'로 보고, '그것으로서(써)'의 의미로 해석한다.

▶ 俟(사): 기다리다. / 徼(요): 바라다, 구하다. / 易: 바꾸다(역). 쉽다(이). 다스리다(이).

5절

> 표점 子曰: "射有似乎君子, 失諸正鵠, 反求諸其身." 右, 第十四章。

> 단서 子曰: "射**有似乎**君子, 失**諸**正鵠, 反求**諸**其身."

> 직역 공자(子)가 말하길(曰), "활쏘기(射)는 군자(君子)와(乎) 비슷함(似)이 있으니(有), 정곡(正鵠)에 그것을(諸) 잃으면(失) 돌이켜(反) 그(其) 자신(身)에게 그것을(諸) 구한다(求)."라고 했다. 우(右)는 제14장(第十四章)이다.

(1) '술어를 찾는 단서' 또는 '기본 의미가 동사(형용사)인 단어'를 찾아 술어의 역할(-다)을 부여한다.

(2) '有(無)'는 장소가 앞에 나오고, '在'는 장소가 뒤에 나온다. 즉, '장소+有(無)+A'로 쓰이고, 'A+在+장소'로 쓰이고, '장소에 A가 있다'라고 해석한다. 특히, '有(無)'는 소유 관계를 나타내어 뒤에 명사인 보어가 있다. 따라서 '有(無)' 뒤에 술어가 오더라도 명사로 해석한다.

(3) '於', '于', '乎' 등은 문장 중간에서 명사(명사구) 앞에 쓰일 때, 그 앞에 주로 술어가 위치하므로 술어를 찾는 단서이다. 이때 '於', '于', '乎'는 '~에(게)', '~을/를', '~와/과' 등의 의미이다.

(4) '諸'는 기본적으로 '모두'의 의미이다. 그러나 문장 중간에 쓰인 '諸'는 '之於'은 준말로도 쓰이며, '저'로 독음한다. 문장에서 '諸'는 '모두' 또는 '여럿'으로 해석하고, 그 해석이 어색하면 '之於'로 바꿔서 해석한다. 이 문장에서 '失諸正鵠'은 '失之於正鵠'으로, '反求諸其身'은 '反求之於其身'으로 해석한다.

▶ 子曰: "~"(공자(子)가 말하길(曰), "~"라고 했다.) / A曰: "B"(A가 말하길, "B"라고 했다. A가 "B"라고 말했다.) / 反求諸其身(반구저기신)=反求諸己(반구저기). 일의 원인을 자신에게서 찾는 것을 의미한다.

15장.
君子之道

표점 ▶ 君子之道, 辟如行遠必自邇, 辟如登高必自卑。

단서 ▶ 君子<u>之</u>道, **辟如**行遠**必**自邇, **辟如**登高**必**自卑。

직역 ▶ 군자(君子)의(之) 도(道)는 비유하자면(辟) 먼 곳(遠)을 가는데(行), 반드시
(必) 가까운(邇) 곳에서부터(自) 하는 것과 같고(如), 비유하자면(辟) 높은 곳(高)
을 오르는데(登) 반드시(必) 낮은 곳(卑)에서부터(自) 하는 것과 같다(如).

  (1) '술어를 찾는 단서' 또는 '기본 의미가 동사(형용사)인 단어'를 찾아 술어의 역할(-다)을 부여한다.

  (2) 한문은 유사한 구조를 반복해 문장이 배열된다. 따라서 단어의 품사와 역할은 그 단어가 놓인 위치로 파악된다.

  (3) 술어가 생략된 문장은 명사에 '~(이)다'를 붙여 보어의 술어를 만들거나, 명사 앞에 '爲'를 넣어 목적어(보어)의 술어로 만들어서 해석한다.

  (4) '必', '敢', '欲' 등이 우리말 부사나 보조사로 쓰일 때, 술어 앞에 위치하므로 술어를 찾는 단서이다. '必自邇'와 '必自卑'는 '必' 뒤에 술어가 나와야 한다. 술어 '爲'가 생략된 형태로 각각 '必爲自邇', '必爲自卑'로 해석한다.

  ▶ 辟(비): '물리칠 벽'이나 '譬(비)'와 같은 뜻으로 쓰였다. '辟如'는 '譬如'와 같이 '비유하자면 ~과 같다'라고 해석한다.

표점 ▶ 《詩》曰: "妻子好合, 如鼓瑟琴, 兄弟旣翕, 和樂且耽。宜爾室家, 樂爾妻帑。"

단서 《詩》曰: "妻子**好合**, **如**鼓瑟琴, 兄弟**旣翕**, 和樂**且**耽。宜**爾**室家, 樂**爾**妻帑。"

직역 『시경(詩)』에 이르길(曰), "처(妻)와 자식(子)이 잘(好) 합하는(合) 것이 마치 비파(瑟)와 거문고(琴)를 두드리는(鼓, 타는) 것과 같고(如), 형(兄)과 아우(弟)가 이미(旣) 화합하여(翕) 화락하고(和樂) 또한(且) 즐겁다(耽). 너(爾)의 집(室)을 마땅하게 하며(宜), 너(爾)의 처(妻)와 자식(帑)을 즐겁게 한다(樂)."라고 했다.

(1) '술어를 찾는 단서' 또는 '기본 의미가 동사(형용사)인 단어'를 찾아 술어의 역할(-다)을 부여한다.

(2) 한문은 유사한 구조를 반복해 문장이 배열된다. 따라서 단어의 품사와 역할은 그 단어가 놓인 위치로 파악된다.

(3) '而'는 2인칭(너, 그대, 당신) 대명사로도 사용되는데, 기본적으로는 접속사로서 술어인 동사(형용사)와 동사(형용사)를 연결하거나 문장을 연결한다. 반면, 명사와 명사를 연결하는 접속사는 '與'와 '及'이다. '而'의 이러한 특성은 '與'와 '及'과 구분되어 문장 해석에서 중요하게 활용된다. '而'와 같은 접속사로는 '且', '又' 등이 있다.

(4) 대명사 그중에서도 인칭대명사는 때로는 해석을 어렵게 한다. 익숙한 '我', '吾' 등의 대명사도 있는데, 문장에서 '若', '爾', '而', '伊', '厥' 등도 대명사로도 사용된다. '宜爾室家, 樂爾妻帑'에서 '爾'는 2인칭 대명사로 쓰였다. 2인칭 대명사로는 '子, 若, 女(汝), 爾, 而, 君, 乃, 公' 등이 있다.

▶ 詩曰: "~"(『시경(詩)』에 이르길(曰), "~"라고 했다.) / A曰: "B"(A에(가) 이르길, "B"라고 했다.) / 翕(흡): 모으다. 이 문장에서는 '화합하다'의 의미이다. / 帑(노): 국고, 재물, 처자.

3절

표점 子曰: "父母, 其順矣乎!" 右, 第十五章。

단서 子**曰**: "父母, **其**順**矣乎**!"

직역 공자(子)가 말하길(曰), "부모(父母)는 아마도(其) 순하실(順, 편안하실) 것이로다(矣乎)!"라고 했다. 우(右)는 제15장(第十五章)이다.

(1) '술어를 찾는 단서' 또는 '기본 의미가 동사(형용사)인 단어'를 찾아 술어의 역할(-다)을 부여한다.

(2) '其'는 기본적으로 사람이나 사물을 받는 대명사 '그'의 의미이다. '其'는 대명사 '之'와 달리 문장 앞에 위치하기도 한다. 그러나 문장에서 대명사 외에도 '아마도', '혹'이라는 추측의 의미로도 쓰인다. '其'가 추측의 의미로 쓰일 때, 대부분 문장 끝에 '乎', '與'와 함께 쓰인다. '其 ~ 乎', '其 ~ 與'는 '아마도 ~일 것이다'라는 유형의 문장이다.

(3) 감탄 종결사로는 '乎, 矣, 哉, 兮, 與, 夫, 也哉, 也與, 也夫, 矣夫, 矣乎' 등이 있다.

▶ 子曰: "~"(공자(子)가 말하길(曰), "~"라고 했다.) / A曰: "B"(A가 말하길, "B"라고 했다. A가 "B"라고 말했다.)

16장.
子曰鬼神之爲德

1절

> **표점** ▶ 子曰: "鬼神之爲德, 其盛矣乎!"
>
> **단서** ▶ 子曰: "鬼神之爲德, 其盛矣乎!"
>
> **직역** ▶ 공자(子)가 말하길(曰), "귀신(鬼神)의(之) 덕됨(爲德)이 아마도(其, 그렇게) 성하구나(盛~矣乎)!"라고 했다.
>
> **다른 직역** ▶ 공자(子)가 말하길(曰), "귀신(鬼神)이(之) 덕(德)을 하는(爲) 것이 아마도(其) 성하구나(盛~矣乎)!"라고 했다.

(1) '술어를 찾는 단서' 또는 '기본 의미가 동사(형용사)인 단어'를 찾아 술어의 역할(-다)을 부여한다.

(2) '之' 뒤에 명사가 나오는 경우, '之'는 우리말의 관형격 조사(~의, ~하는, 한, ~ㄴ)로 쓰인다.

(3) '之' 뒤에 동사나 형용사가 나오는 경우, '之'는 우리말의 주격 조사(~은/는, 이/가)로 쓰인다. '爲德'은 '덕을 하다'로 해석하면 '之'는 주격 조사이고, '덕됨'으로 해석하면, 관형격 조사이다.

▶ 子曰: "~"(공자(子)가 말하길(曰), "~"라고 했다.) / A曰: "B"(A가 말하길, "B"라고 했다. A가 "B"라고 말했다.)

2절

표점 ▶ 視之而弗見, 聽之而弗聞, 體物而不可遺。

단서 ▶ 視<u>之而弗</u>見, 聽<u>之而弗</u>聞, 體物<u>而不可</u>遺。

직역 ▶ 그것(之)을 보아도(視~而) 보이지(見) 않고(弗), 그것(之)을 들으려 해도(聽~而) 들리지(聞) 않지만(弗), 체물(體物, 만물)이 되어서(而) 버릴(遺) 수(可) 없다(不).

(1) '술어를 찾는 단서' 또는 '기본 의미가 동사(형용사)인 단어'를 찾아 술어의 역할(-다)을 부여한다.

(2) '而'는 2인칭(너, 그대, 당신) 대명사로도 사용되는데, 기본적으로는 접속사로서 술어인 동사(형용사)와 동사(형용사)를 연결하거나 문장을 연결한다. '而'를 중심으로 '視之, 弗見, 聽之, 弗聞, 體物, 不可遺' 모두 술어를 포함해야 한다. 특히, '體物'도 '만물이 되다'라고 해석해야 한다.

(3) '不', '未', '莫', '末', '勿'은 술어 앞에서 술어를 부정하는 보조사이므로 술어를 찾는 단서이다.

(4) 한문은 능동과 피동의 구분이 명확하지 않아 문맥에 따라 적절하게 능동과 피동을 구분해야 한다. '視, 聽'은 능동으로, '見, 聞'은 피동으로 해석되었다.

(5) '之' 뒤에 단어가 없거나 단어가 있더라도 그 품사를 명사나 동사(형용사)로 보기 어려운 경우, '之'는 앞에 나온 명사(명사구)를 받는 대명사로 쓰인다. '之' 뒤에 '而'가 왔으므로 그 앞과 뒤를 끊어서 해석하기 때문에 '之'는 대명사이다.

> **표점** 使天下之人, 齊明盛服, 以承祭祀, 洋洋乎! 如在其上, 如在其左右。

> **단서** **使**天下**之**人, 齊明盛服, **以**承祭祀, **洋洋乎**! **如在**其上, **如在**其左右。

> **직역** 천하(天下)의(之) 사람(人)으로 하여금(使) 재계하여(齊) 밝게(明) 의복(服)을 성대히(盛) 하여, 그것으로써(以) 제사(祭祀)를 잇게 하고(承), 양양함이여(洋洋乎)! 마치 그(其) 위(上)에 있는(在) 듯하며(如), 마치 그(其) 좌우(左右)에 있는(在) 듯하다(如).

(1) '술어를 찾는 단서' 또는 '기본 의미가 동사(형용사)인 단어'를 찾아 술어의 역할(-다)을 부여한다.

(2) 한문은 유사한 구조를 반복해 문장이 배열된다. 따라서 단어의 품사와 역할은 그 단어가 놓인 위치로 파악된다.

(3) 사동형: '使AB', '敎AB', '令AB', '俾AB'로 'A로 하여금 B하게 하다'라는 의미를 지닌다. 그 외에 사동의 의미를 지닌 동사로는 '遣', '命', '說', '勸' 등이 있다. 사동의 의미로 쓰인 '使' 다음에 바로 술어가 놓이면, '使'와 술어 사이에 '之'를 넣어서 해석한다. 한편, '敎'는 특히 시(詩)에 쓰이는 때 '가르치다'의 의미보다는 주로 사동으로 쓰인다.

(4) '以+동사(형용사)', 즉 '以' 뒤에 동사나 형용사가 나오면, 대명사 之를 넣어 '以+之+동사(형용사)'로 보고, '그것으로서(써)'의 의미로 해석한다.

(5) 일반적으로 '有(無)'는 장소가 앞에 나오고, '在'는 장소가 뒤에 나온다. 즉, '장소+有(無)+A'로 쓰이고, 'A+在+장소'로 쓰이고, '장소에 A가 있다'라고 해석한다.

▶ 如: 같다. 마치 ~와 같다.

4절

> **표점** 《詩》曰: "神之格思, 不可度思, 矧可射思?"

단서 》《詩》曰: "神之格思, 不可度思, 矧可射思?"

직역 》『시경(詩)』에 이르길(曰), "신(神)이 이르는(格) 것도(思), 헤아릴(度) 수(可)

없는데(不~思), 하물며(矧) 싫어할(射) 수(可) 있겠는가(思)?"라고 했다.

(1) '술어를 찾는 단서' 또는 '기본 의미가 동사(형용사)인 단어'를 찾아 술어의 역할(-다)을 부

여한다.

(2) 한문은 유사한 구조를 반복해 문장이 배열된다. 따라서 단어의 품사와 역할은 그 단어가

놓인 위치로 파악된다.

(3) '不', '未', '莫', '末', '勿'은 술어 앞에서 술어를 부정하는 보조사이므로 술어를 찾는 단서이다.

(4) '可(以)', '能(以)', '得(以)', '足(以)'은 서로 의미와 문법적 기능이 통용된다. 이들은 단독 품사

(형용사나 명사)로 쓰이지 않을 때, 술어 앞에서 술어의 의미를 보조하므로 술어를 찾는 단서이다.

(5) '之' 뒤에 동사나 형용사가 나오는 경우, '之'는 우리말의 주격 조사(~은/는, 이/가)로 쓰인다.

▶ 詩曰: "~"(『시경(詩)』에 이르길(曰), "~"라고 했다.) / A曰: "B"(A에(가) 이르길, "B"라고 했

다.) / 格(격): 격식. 이르다. 궁구하다. / 度: 법도(도). 헤아리다(탁) / 矧: 하물며(신). / 射: 쏘다

(사). 싫어하다(역) / 思: 이 글에서는 어조사로 쓰였다.

5절

표점 》夫微之顯, 誠之不可揜, 如此夫。右, 第十六章。

단서 》夫微之顯, 誠之不可揜, 如此夫。

직역 》대저(夫) 은미한 것(微)은(之) 드러나니(顯), 성(誠, 진실)이(之) 가려질(揜)

수(可) 없으니(不), 마치 이(此)와 같을(如) 진데(夫)! 우(右)는 제16장(第十六章)

이다.

(1) '술어를 찾는 단서' 또는 '기본 의미가 동사(형용사)인 단어'를 찾아 술어의 역할(-다)을 부

여한다.

(2) '不', '未', '莫', '末', '勿'은 술어 앞에서 술어를 부정하는 보조사이므로 술어를 찾는 단서이다.

(3) '可(以)', '能(以)', '得(以)', '足(以)'은 서로 의미와 문법적 기능이 통용된다. 이들은 단독 품사(형용사나 명사)로 쓰이지 않을 때, 술어 앞에서 술어의 의미를 보조하므로 술어를 찾는 단서이다.

(4) '지아비'를 의미하는 '夫'는 문장 앞에서는 '무릇', '대저'의 뜻이고, 문장 끝에서는 감탄 종결사로 쓰인다.

(5) '之' 뒤에 동사나 형용사가 나오는 경우, '之'는 우리말의 주격 조사(~은/는, 이/가)로 쓰인다. 그런데 우리말의 주격 조사로 그 의미가 어색하면, 목적격 조사 '~을/를' 넣어서 해석한다. '之'의 목적격 조사는 목적어가 술어 앞으로 도치된 단서이다. '誠之不可揜'의 원래 형태는 '不可揜誠'인데, '誠'을 강조하고자 앞으로 도치했다. 이 경우 '之'는 목적격 조사(을/를)로 해석해야 한다. 다만, 주격 조사를 사용하려면 문장을 피동으로 해석한다. 목적격 조사는 '성을 가릴 수 없다'라고 해석하고, 주격 조사는 '성이 가려질 수 없다'라고 해석한다.

▶ 揜: 가리다(엄)

17장.
子曰舜其大孝也與

1절

표점 ▶ 子曰: "舜, 其大孝也與! 德爲聖人, 尊爲天子, 富有四海之內, 宗廟饗之, 子孫保之."

단서 ▶ 子曰: "舜, **其**大孝**也與**! 德**爲**聖人, 尊**爲**天子, 富**有**四海**之**內, 宗廟饗**之**, 子孫保**之**."

직역 ▶ 공자(子)가 말하길(曰), "순(舜)은 아마도(其) 큰(大) 효(孝)일 것이라(也與)! 덕(德)으로 성인(聖人)이 되었고(爲), 존(尊, 존귀함)으로 천자(天子)가 되었

고(爲), 부(富)로는 사해(四海)의(之) 안(內)을 가졌으니(有), 종묘(宗廟)는 그를
(之) 흠향하고(饗), 자손(子孫)은 그를(之) 보전한다(保)."라고 했다.

(1) '술어를 찾는 단서' 또는 '기본 의미가 동사(형용사)인 단어'를 찾아 술어의 역할(-다)을 부여한다.

(2) 한문은 유사한 구조를 반복해 문장이 배열된다. 따라서 단어의 품사와 역할은 그 단어가 놓인 위치로 파악된다.

(3) 술어가 생략된 문장은 명사에 '~(이)다'를 붙여 보어의 술어를 만들거나, 명사 앞에 '爲'를 넣어 목적어(보어)의 술어로 만들어서 해석한다.

(4) '其'는 기본적으로 사람이나 사물을 받는 대명사 '그'의 의미이다. '其'는 대명사 '之'와 달리 문장 앞에 위치하기도 한다. 그러나 문장에서 대명사 외에도 '아마도', '혹'이라는 추측의 의미로도 쓰인다. '其'가 추측의 의미로 쓰일 때, 대부분 문장 끝에 '乎', '與'와 함께 쓰인다. '其 ~ 乎', '其 ~ 與'는 '아마도 ~일 것이다'라는 유형의 문장이다.

(5) '有(無)'는 소유 관계를 나타내어 뒤에 명사인 보어가 있다. 따라서 '有(無)' 뒤에 술어가 오더라도 명사로 해석한다.

(6) '之' 뒤에 단어가 없거나 단어가 있더라도 그 품사를 명사나 동사(형용사)로 보기 어려운 경우, '之'는 앞에 나온 명사(명사구)를 받는 대명사로 쓰인다.

(추가) '宗廟饗之, 子孫保之'를 '종묘제사를 흠향하시고, 자손을 보전한다'라고 '之'를 목적격 조사로 해석하기도 한다. 그러나 '之'를 목적격 조사로 보려면, '宗廟之饗, 子孫之保'라고 작문해야 한다.

▶ 子曰: "~"(공자(子)가 말하길(曰), "~"라고 했다.) / A曰: "B"(A가 말하길, "B"라고 했다. A가 "B"라고 말했다.) / 감탄종결사: 乎, 矣, 哉, 兮, 與, 夫, 也哉, 也與, 也夫, 矣夫, 矣乎.

2절

표점 ▶ 故, 大德, 必得其位, 必得其祿, 必得其名, 必得其壽。

> **단서** ▶ 故, 大德, **必得其位**, **必得其祿**, **必得其名**, **必得其壽**。

> **직역** ▶ 그러므로(故) 큰(大) 덕(德)은 반드시(必) 그(其) 자리(位)를 얻고(得), 반드시(必) 그(其) 녹(祿)을 얻으며(得), 반드시(必) 그(其) 이름(名)을 얻으며(得), 반드시(必) 그(其) 수명(壽)을 얻는다(得).

(1) '술어를 찾는 단서' 또는 '기본 의미가 동사(형용사)인 단어'를 찾아 술어의 역할(-다)을 부여한다.

(2) 한문은 유사한 구조를 반복해 문장이 배열된다. 따라서 단어의 품사와 역할은 그 단어가 놓인 위치로 파악된다.

(3) '必', '敢', '欲' 등이 우리말 부사나 보조사로 쓰일 때, 술어 앞에 위치하므로 술어를 찾는 단서이다.

(4) 술어를 중심으로 그 앞에 오는 명사(명사구)는 '은/는, 이/가'를 붙여 주어의 역할을 부여하고, 그 뒤에 오는 명사(명사구)는 '을/를'을 붙여 목적어의 역할을 부여하거나 '에/에서, 와/과'를 붙여 보어의 역할을 부여한다. 예외인 경우는 그 단서가 있다.

3절

> **표점** ▶ 故, 天之生物, 必因其材而篤焉。故, 栽者, 培之, 傾者, 覆之。

> **단서** ▶ 故, 天**之**生物, **必因其材而篤焉**。故, 栽**者**, 培**之**, 傾**者**, 覆**之**。

> **직역** ▶ 그러므로(故) 하늘(天)이(之) 물(物, 만물)을 낳는데(生, 생산하다), 반드시(必) 그(其) 재질(材)에 따라(因, 인하다)서(而) 그것을(焉) 돈독히 한다(篤). 그러므로(故) 심는 자(栽者)는 그것(之)을 북돋우며(培), 기운 자(傾者)는 그것(之)을 덮어버린다(覆).

(1) '술어를 찾는 단서' 또는 '기본 의미가 동사(형용사)인 단어'를 찾아 술어의 역할(-다)을 부여한다.

(2) 한문은 유사한 구조를 반복해 문장이 배열된다. 따라서 단어의 품사와 역할은 그 단어가 놓인 위치로 파악된다.

(3) '必', '敢', '欲' 등이 우리말 부사나 보조사로 쓰일 때, 술어 앞에 위치하므로 술어를 찾는 단서이다.

(4) '而'는 2인칭(너, 그대, 당신) 대명사로도 사용되는데, 기본적으로는 접속사로서 술어인 동사(형용사)와 동사(형용사)를 연결하거나 문장을 연결한다.

(5) '之' 뒤에 동사나 형용사가 나오는 경우, '之'는 우리말의 주격 조사(~은/는, 이/가)로 쓰인다.

(6) '者'는 문장 끝에 위치해 목적어로도 쓰이지만, 기본적으로 주어로서 술어 앞에 위치하므로 술어를 찾는 단서이다. '者'는 우리말로 '~것, ~사람' 등으로 해석되며, '주어+술어' 문장구조의 주어이다.

(7) '之' 뒤에 단어가 없거나 단어가 있더라도 그 품사를 명사나 동사(형용사)로 보기 어려운 경우, '之'는 앞에 나온 명사(명사구)를 받는 대명사로 쓰인다.

4절

표점 《詩》曰: "嘉樂君子! 憲憲令德! 宜民宜人, 受祿于天, 保佑命之, 自天申之."

단서 《詩》曰: "嘉樂君子! 憲憲令德! **宜**民**宜**人, 受祿**于**天, 保佑命**之**, 自天申**之**."

직역 『시경(詩)』에 이르길(曰), "아름답고(嘉) 즐거운(樂) 군자여(君子)! 드러나고(憲) 드러난(憲) 아름다운(令) 덕(德)이로다! 백성(民)에 마땅하고(宜) 사람(人)에 마땅하여(宜) 하늘(天)에서(于) 녹(祿)을 받아(受) 보우하여(保佑) 그에게(之) 명하시고(命), 하늘(天)로부터(自) 그에게(之) 거듭했다(申)."라고 했다.

(1) '술어를 찾는 단서' 또는 '기본 의미가 동사(형용사)인 단어'를 찾아 술어의 역할(-다)을 부여한다.

(2) 한문은 유사한 구조를 반복해 문장이 배열된다. 따라서 단어의 품사와 역할은 그 단어가 놓인 위치로 파악된다.

(3) '於', '于', '乎' 등은 문장 중간에서 명사(명사구) 앞에 쓰일 때, 그 앞에 주로 술어가 위치하므로 술어를 찾는 단서이다. 이때 '於', '于', '乎'는 '~에(게)', '~을/를', '~와/과' 등의 의미이다. '술어+목적어+보어'의 구조에 따라 '於' 앞에 목적어가 있고, 그 목적어 앞에 술어가 있을 때도 있다.

(4) '之' 뒤에 단어가 없거나 단어가 있더라도 그 품사를 명사나 동사(형용사)로 보기 어려운 경우, '之'는 앞에 나온 명사(명사구)를 받는 대명사로 쓰인다. '之'가 대명사로 쓰이면 대부분 그 앞에 술어가 놓이고, '之'에 목적격 조사를 붙여 '그것을', '그를' 등으로 해석한다.

▶ 詩曰: "~"(『시경(詩)』에 이르길(曰), "~"라고 했다.) / A曰: "B"(A에(가) 이르길, "B"라고 했다.) / 憲: 드러나다(헌) / 令: 명령. 아름답다. 곱다. 예) 교언영색(巧言令色)

5절

> **표점** ▶ 故, 大德者, 必受命。右, 第十七章。
>
> **단서** ▶ 故, 大德**者**, **必**受命。
>
> **직역** ▶ 그러므로(故) 대덕자(大德者)는 반드시(必) 명(命)을 받는다(受). 우(右)는 제17장(第十七章)이다.

(1) '술어를 찾는 단서' 또는 '기본 의미가 동사(형용사)인 단어'를 찾아 술어의 역할(-다)을 부여한다.

(2) '者'는 문장 끝에 위치해 목적어로도 쓰이지만, 기본적으로 주어로서 술어 앞에 위치하므로 술어를 찾는 단서이다. '者'는 우리말로 '~것, ~사람' 등으로 해석되며, '주어+술어' 문장구조의 주어이다.

(3) '必', '敢', '欲' 등이 우리말 부사나 보조사로 쓰일 때, 술어 앞에 위치하므로 술어를 찾는 단서이다.

18장.
子曰無憂者

1절

> **표점** 子曰: "無憂者, 其惟文王乎! 以王季爲父, 以武王爲子, 父作之, 子述之."

> **단서** 子曰: "**無憂者, 其**惟文王**乎! 以**王季**爲**父, **以**武王**爲**子, 父作**之**, 子述**之**."

> **직역** 공자(子)가 말하길(曰), "근심(憂)이 없는(無) 자(者)는 아마도(其) 오직(惟) 문왕(文王)일 것이다(乎)! 왕계(王季)를 아버지(父)로 삼고(爲), 무왕(武王)을 자식(子)으로 삼으시니(爲), 아버지(父)가 그것(之)을 만들고(作, 일으키다), 자식(子)이 그것(之)을 폈다(述, 잇다)."라고 했다.

  (1) '술어를 찾는 단서' 또는 '기본 의미가 동사(형용사)인 단어'를 찾아 술어의 역할(-다)을 부여한다.

  (2) 한문은 유사한 구조를 반복해 문장이 배열된다. 따라서 단어의 품사와 역할은 그 단어가 놓인 위치로 파악된다.

  (3) '者'는 문장 끝에 위치해 목적어로도 쓰이지만, 기본적으로 주어로서 술어 앞에 위치하므로 술어를 찾는 단서이다. '者'는 우리말로 '~것, ~사람' 등으로 해석되며, '주어+술어' 문장구조의 주어이다.

  (4) '其'는 기본적으로 사람이나 사물을 받는 대명사 '그'의 의미이다. '其'는 대명사 '之'와 달리 문장 앞에 위치하기도 한다. 그러나 문장에서 대명사 외에도 '아마도', '혹'이라는 추측의 의미로도 쓰인다. '其'가 추측의 의미로 쓰일 때, 대부분 문장 끝에 '乎', '與'와 함께 쓰인다. '其 ~ 乎', '其 ~ 與'는 '아마도 ~일 것이다'라는 유형의 문장이다.

  (5) '之' 뒤에 단어가 없거나 단어가 있더라도 그 품사를 명사나 동사(형용사)로 보기 어려운 경우, '之'는 앞에 나온 명사(명사구)를 받는 대명사로 쓰인다.

  ▶ 子曰: "~"(공자(子)가 말하길(曰), "~"라고 했다.) / A曰: "B"(A가 말하길, "B"라고 했다. A가

"B"라고 말했다.) / 'A以爲B', '以A爲B': 'A를 B로 여기다', 'A를 B로 삼다', 'A를 B로 생각하다'

2절

> **표점** 武王, 纘大王·王季·文王之緒, 壹戎衣而有天下。身不失天下之顯名, 尊爲天子, 富有四海之內, 宗廟饗之, 子孫保之。

> **단서** 武王, **纘**大王·王季·文王**之**緒, 壹戎衣**而有**天下。身**不**失天下**之**顯名, 尊**爲**天子, 富**有**四海之內, 宗廟饗**之**, 子孫保**之**。

> **직역** 무왕(武王)이 대왕(大王)·왕계(王季)·문왕(文王)의(之) 실마리(緒)를 이어(纘), 한 번(壹) 융의(戎衣, 갑옷)를 입고서(而), 천하(天下)를 소유했다(有). 몸(身)은 천하(天下)의(之) 드러난(顯) 이름(名)을 잃지(失) 않고(不), 존(尊)으로 천자(天子)가 되고(爲), 부(富)로는 사해(四海)의(之) 안(內)을 가졌으니(有), 종묘(宗廟)는 그를(之) 흠향하고(饗), 자손(子孫)이 그를(之) 보호했다(保).

(1) '술어를 찾는 단서' 또는 '기본 의미가 동사(형용사)인 단어'를 찾아 술어의 역할(-다)을 부여한다.

(2) 한문은 유사한 구조를 반복해 문장이 배열된다. 따라서 단어의 품사와 역할은 그 단어가 놓인 위치로 파악된다.

(3) '之' 뒤에 명사가 나오는 경우, '之'는 우리말의 관형격 조사(~의, ~하는, 한, ~ㄴ)로 쓰인다.

(4) '而'는 2인칭(너, 그대, 당신) 대명사로도 사용되는데, 기본적으로는 접속사로서 술어인 동사(형용사)와 동사(형용사)를 연결하거나 문장을 연결한다. '而'를 중심으로 그 앞과 뒤에 술어가 위치해야 한다.

(5) '有(無)'는 소유 관계를 나타내어 뒤에 명사인 보어가 있다.

(6) '不', '未', '莫', '末', '勿'은 술어 앞에서 술어를 부정하는 보조사이므로 술어를 찾는 단서이다.

(7) '之' 뒤에 단어가 없거나 단어가 있더라도 그 품사를 명사나 동사(형용사)로 보기 어려운 경우, '之'는 앞에 나온 명사(명사구)를 받는 대명사로 쓰인다.

> 표점 ▶ 武王, 末受命, 周公, 成文武之德, 追王大王·王季, 上祀先公以天子之禮, 斯禮也達乎諸侯·大夫及士·庶人。父爲大夫, 子爲士, 葬以大夫, 祭以士。父爲士, 子爲大夫, 葬以士, 祭以大夫。期之喪, 達乎大夫, 三年之喪, 達乎天子。父母之喪, 無貴賤一也。右, 第十八章。

> 단서 ▶ 武王, 末受命, 周公, 成文武**之**德, **追**王大王·王季, 上祀先公**以**天子**之**禮, 斯禮**也**達**乎**諸侯·大夫及士·庶人。父**爲**大夫, 子**爲**士, 葬**以**大夫, 祭**以**士。父**爲**士, 子**爲**大夫, 葬**以**士, 祭**以**大夫。期**之**喪, 達乎大夫, 三年**之**喪, 達**乎**天子。父母**之**喪, **無**貴賤一也。

> 직역 ▶ 무왕(武王)이 말기(末)에 명(命)을 받자(受), 주공(周公)이 문무(文武)의(之) 덕(德)을 이루어서(成), 대왕(大王)과 왕계(王季)를 왕(王)으로 추존하고(追), 위(上)로는 선공(先公)을 제사 지내되(祀) 천자(天子)의(之) 예(禮)로서(以) 하니, 이(斯) 예(禮)가(也) 제후(諸侯), 대부(大夫) 및(及) 사(士), 서인(庶人)에게(乎) 통용되었다(達). 아비(父)가 대부(大夫)가 되고(爲), 아들(子)이 사(士)가 되면(爲), 대부(大夫)로서(以) 장사 지내고(葬), 사(士)로서(以) 제사 지낸다(祭). 아비(父)가 사(士)가 되고(爲), 자식(子)이 대부(大夫)가 되면(爲), 사(士)로서(以) 장사 지내고(葬), 대부(大夫)로서(以) 제사 지낸다(祭). 기년(期)의(之) 상(喪)은 대부(大夫)에게(乎) 통용되고(達), 삼 년(三年)의(之) 상(喪)은 천자(天子)에게(乎) 통용되었다(達). 부모(父母)의(之) 상(喪)은 귀천(貴賤)이 없이(無) 한 가지(一)이다(也). 우(右)는 제18장(第十八章)이다.

(1) '술어를 찾는 단서' 또는 '기본 의미가 동사(형용사)인 단어'를 찾아 술어의 역할(-다)을 부여한다.

(2) 한문은 유사한 구조를 반복해 문장이 배열된다. 따라서 단어의 품사와 역할은 그 단어가 놓인 위치로 파악된다.

(3) '於', '于', '乎' 등은 문장 중간에서 명사(명사구) 앞에 쓰일 때, 그 앞에 주로 술어가 위치하므로 술어를 찾는 단서이다. 이때 '於', '于', '乎'는 '~에(게)', '~을/를', '~와/과' 등의 의미이다.

(4) '之' 뒤에 명사가 나오는 경우, '之'는 우리말의 관형격 조사(~의, ~하는, 한, ~ㄴ)로 쓰인다.

(5) '以+명사', 즉 '以' 뒤에 명사가 나오면, '명사를 가지고' 혹은 '명사로서(써)'의 의미이며, '以'는 우리말의 부사격 조사이다.

(6) '也'는 기본적으로 문장 끝에서 단정의 종결사로 쓰이며, 의문 또는 반어의 종결사로도 쓰인다. 그러나 문장 중간에서 주어와 부사를 강조할 때도 쓰인다. 따라서 문장 중간에서 '也'는 주어나 부사를 강조하는 적절한 표현으로 대치된다. 또한, '也者'는 '焉者'와 같이 '~라는 것은'이라는 뜻이다.

(7) '有(無)'는 소유 관계를 나타내어 뒤에 명사인 보어가 있다. 따라서 '有(無)' 뒤에 술어가 오더라도 명사로 해석한다.

19장.
子曰武王周公

1절

> **표점** 子曰: "武王周公, 其達孝矣乎!"
>
> **단서** 子曰: "武王周公, **其**達孝**矣乎**!"
>
> **직역** 공자(子)가 말하길(曰), "무왕(武王)·주공(周公)은 아마도(其) 효(孝)를 통달했을(達) 것이로다(矣乎)!"라고 했다.

(1) '술어를 찾는 단서' 또는 '기본 의미가 동사(형용사)인 단어'를 찾아 술어의 역할(-다)을 부여한다.

(2) '其'는 기본적으로 사람이나 사물을 받는 대명사 '그'의 의미이다. '其'는 대명사 '之'와 달리 문장 앞에 위치하기도 한다. 그러나 문장에서 대명사 외에도 '아마도', '혹'이라는 추측의 의미로도 쓰인다. '其'가 추측의 의미로 쓰일 때, 대부분 문장 끝에 '乎', '與'와 함께 쓰인다. '其 ~ 乎', '其 ~ 與'는 '아마도 ~일 것이다'라는 유형의 문장이다.

▶ 子曰: "~"(공자(子)가 말하길(曰), "~"라고 했다.) / A曰: "B"(A가 말하길, "B"라고 했다. A가 "B"라고 말했다.)

2절

표점 ▶ 夫孝者, 善繼人之志, 善述人之事者也。

단서 ▶ **夫孝者**, 善繼人**之**志, 善述人**之**事**者**也。

직역 ▶ 무릇(夫) 효(孝)라는 것(者)은 사람(人)의(之) 뜻(志)을 잘(善) 계승하고 (繼) 사람(人)의(之) 일(事)을 잘(善) 펴는(述) 것(者)이다(也).

(1) '술어를 찾는 단서' 또는 '기본 의미가 동사(형용사)인 단어'를 찾아 술어의 역할(-다)을 부여한다.

(2) 한문은 유사한 구조를 반복해 문장이 배열된다. 따라서 단어의 품사와 역할은 그 단어가 놓인 위치로 파악된다.

(3) '者'는 문장 끝에 위치해 목적어로도 쓰이지만, 기본적으로 주어로서 술어 앞에 위치하므로 술어를 찾는 단서이다. '者'는 우리말로 '~것, ~사람' 등으로 해석되며, '주어+술어' 문장구조의 주어이다.

(4) '지아비'를 의미하는 '夫'는 문장 앞에서는 '무릇', '대저'의 뜻이고, 문장 끝에서는 감탄 종결사로 쓰인다.

(5) '者'는 앞에 나온 단어의 수식을 받아 명사화하고, '所'는 뒤에 나오는 동사, 형용사의 수식을 받아 명사화한다.

(6) '之' 뒤에 명사가 나오는 경우, '之'는 우리말의 관형격 조사(~의, ~하는, 한, ~ㄴ)로 쓰인다.

3절

> **표점** 春秋, 修其祖廟, 陳其宗器, 設其裳衣, 薦其時食。

> **단서** 春秋, **修其**祖廟, **陳其**宗器, **設其**裳衣, **薦其**時食。

> **직역** 봄(春)과 가을(秋)에 그(其) 조상(祖)의 사당(廟)을 수선하며(修), 그(其) 종묘(宗)의 그릇(器)을 진열하며(陳), 그(其) 상의(裳衣, 의상)를 베풀며(設, 펴놓고), 그(其) 시절(時)의 음식(食)을 바친다(薦).

　(1) '술어를 찾는 단서' 또는 '기본 의미가 동사(형용사)인 단어'를 찾아 술어의 역할(-다)을 부여한다.

　(2) 한문은 유사한 구조를 반복해 문장이 배열된다. 따라서 단어의 품사와 역할은 그 단어가 놓인 위치로 파악된다. '其' 앞에 '修, 陳, 設, 薦'이 술어이며, '其' 이하의 어구는 각각 목적어이다.

　▶ 薦: 바치다(천).

4절

> **표점** 宗廟之禮, 所以序昭穆也。序爵, 所以辨貴賤也。序事, 所以辨賢也。旅酬, 下爲上, 所以逮賤也。燕毛, 所以序齒也。

> **단서** 宗廟**之**禮, **所以**序昭穆也。序爵, **所以**辨貴賤也。序事, **所以**辨賢也。旅酬, 下爲上, **所以**逮賤也。燕毛, **所以**序齒也。

> **직역** 종묘(宗廟)의(之) 예(禮)는 소목(昭穆, 사당의 차례)을 차례 짓는(序) 방법(所以)이오(也). 관작(爵)을 차례 짓는(序) 것은 귀천(貴賤)을 변별하는(辨) 방법(所以)이오(也). 일(事)을 차례 짓는(序) 것은 어진 것(賢)을 변별하는(辨) 방법(所以)이오(也). 무리(旅, 여럿)가 술을 주고받음(酬)에 아래 사람(下)이 윗사람(上)을 위하는 것(爲)은 천한 사람(賤)에게도 미치는(逮) 방법(所以)이오(也). 잔치(燕)에 머리털(毛)은 나이(齒)를 차례 짓는(序) 방법(所以)이오(也).

(1) '술어를 찾는 단서' 또는 '기본 의미가 동사(형용사)인 단어'를 찾아 술어의 역할(-다)을 부여한다.

(2) 한문은 유사한 구조를 반복해 문장이 배열된다. 따라서 단어의 품사와 역할은 그 단어가 놓인 위치로 파악된다.

(3) '之' 뒤에 명사가 나오는 경우, '之'는 우리말의 관형격 조사(~의, ~하는, 한, ~ㄴ)로 쓰인다.

▶ 所以: 방법, 까닭, 것. 일반적으로 '所以' 앞에는 주어가 위치한다. / 昭穆: 사당의 차례. / 旅: 나그네, 군대, 무리. / 酬: 갚다, 술을 주고받다. / 燕: 제비, 잔치.

5절

표점 ▶ 踐其位, 行其禮, 奏其樂, 敬其所尊, 愛其所親, 事死如事生, 事亡如事存, 孝之至也。郊社之禮, 所以事上帝也。宗廟之禮, 所以祀乎其先也。明乎郊社之禮, 禘嘗之義, 治國, 其如示諸掌乎。右, 第十九章。

단서 ▶ 踐**其**位, 行**其**禮, 奏**其**樂, 敬**其所**尊, 愛**其所**親, **事死如**事生, **事亡如**事存, 孝**之**至也。郊社**之**禮, **所以**事上帝也。宗廟**之**禮, **所以**祀**乎**其先也。明**乎**郊社**之**禮, 禘嘗**之**義, 治國, **其如**示**諸掌乎**。

직역 ▶ 그(其) 자리(位)에 밟아(踐, 올라) 그(其) 예(禮)를 행하며(行), 그(其) 음악(樂)을 연주하며(奏), 그(其)가 존경하는(尊) 바(所)를 공경하며(敬), 그(其)가 친애하는(親) 바(所)를 사랑하며(愛), 죽은 자(死)를 섬기기를(事) 마치(如) 산 사람(生)을 섬기듯(事) 하며, 없는 자(亡)를 섬기기를(事) 마치(如) 있는 자(存)를 섬기듯(事) 하는 것이 효(孝)의(之) 지극함(至)이다. 교제(郊)와 사직제(社)의(之) 예(禮)는 상제(上帝)를 섬기는(事) 방법(所以)이오(也). 종묘(宗廟)의(之) 예(禮)는 그(其) 선조(先)를(乎) 제사하는(祀) 방법(所以)이다(也). 교제(郊)와 사직제(社)의(之) 예(禮)와 체제(禘)와 상제(嘗, 가을제사)의(之) 뜻(義)을(乎) 밝게 하면(明), 나라(國)를 다스리는(治) 것은 아마도(其) 마치(如) 손바닥(掌)에 그것을(諸) 보이는(示) 것과 같을(如) 것이다(乎). 우(右)는 제19장(第十九章)이다.

(1) '술어를 찾는 단서' 또는 '기본 의미가 동사(형용사)인 단어'를 찾아 술어의 역할(-다)을 부여한다.

(2) 한문은 유사한 구조를 반복해 문장이 배열된다. 따라서 단어의 품사와 역할은 그 단어가 놓인 위치로 파악된다.

(3) '之' 뒤에 명사가 나오는 경우, '之'는 우리말의 관형격 조사(~의, ~하는, 한, ~ㄴ)로 쓰인다.

(4) '於', '于', '乎' 등은 문장 중간에서 명사(명사구) 앞에 쓰일 때, 그 앞에 주로 술어가 위치하므로 술어를 찾는 단서이다. 이때 '於', '于', '乎'는 '~에(게)', '~을/를', '~와/과' 등의 의미이다.

(5) '其'는 기본적으로 사람이나 사물을 받는 대명사 '그'의 의미이다. '其'는 대명사 '之'와 달리 문장 앞에 위치하기도 한다. 그러나 문장에서 대명사 외에도 '아마도', '혹'이라는 추측의 의미로도 쓰인다. '其'가 추측의 의미로 쓰일 때, 대부분 문장 끝에 '乎', '與'와 함께 쓰인다. '其 ~ 乎', '其 ~ 與'는 '아마도 ~일 것이다'라는 유형의 문장이다.

(6) '諸'는 기본적으로 '모두'의 의미이다. 그러나 문장 중간에 쓰인 '諸'는 '之於'은 준말로도 쓰이며, '저'로 독음한다. 문장에서 '諸'는 '모두' 또는 '여럿'으로 해석하고, 그 해석이 어색하면 '之於'로 바꿔서 해석한다. '其如示諸掌乎'은 '其如示之於掌乎'으로 '아마도 마치 그것을 손바닥에 보이는 것과 같을 것이다'라고 해석한다.

▶ 所以: 방법, 까닭, 것. 일반적으로 '所以' 앞에는 주어가 위치한다.

20장.
哀公問政

1절

표점 ▶ 哀公, 問政。

단서 ▶ 哀公, **問**政。

　　　　　　　　　　　　학예연구사가 알려 주는 **한문 해석의 비밀**

직역 ▶ 애공(哀公)이 정치(政)를 물었다(問).

(1) '술어를 찾는 단서' 또는 '기본 의미가 동사(형용사)인 단어'를 찾아 술어의 역할(-다)을 부여한다.

(2) 술어를 중심으로 그 앞에 오는 명사(명사구)는 '은/는, 이/가'를 붙여 주어의 역할을 부여하고, 그 뒤에 오는 명사(명사구)는 '을/를'을 붙여 목적어의 역할을 부여하거나 '에/에서, 와/과'를 붙여 보어의 역할을 부여한다. 예외인 경우는 그 단서가 있다. 한편, 술어 앞에 나온 단어가 명사인데도 주어의 역할을 하지 않으면, 술어를 수식하는 부사 혹은 문장 전체를 수식하는 부사로 해석한다.

2절

표점 ▶ 子曰: "文武之政, 布在方策, 其人存, 則其政擧, 其人亡, 則其政息."

단서 ▶ 子曰: "文武**之**政, 布**在**方策, 其人**存**, **則**其政擧, 其人**亡**, **則**其政息."

직역 ▶ 공자(子)가 말하길(曰), "문무(文武, 문왕과 무왕)의(之) 정치(政)가 방책(方策)에 펼쳐져(布) 있으니(在), 그(其) 사람(人)이 있으면(存~則) 그(其) 정치(政)가 거행되고(擧), 그(其) 사람(人)이 없으면(亡~則) 그(其) 정치(政)가 사라진다(息)."라고 했다.

(1) '술어를 찾는 단서' 또는 '기본 의미가 동사(형용사)인 단어'를 찾아 술어의 역할(-다)을 부여한다.

(2) 한문은 유사한 구조를 반복해 문장이 배열된다. 따라서 단어의 품사와 역할은 그 단어가 놓인 위치로 파악된다.

(3) '之' 뒤에 명사가 나오는 경우, '之'는 우리말의 관형격 조사(~의, ~하는, 한, ~ㄴ)로 쓰인다.

▶ 子曰: "~"(공자(子)가 말하길(曰), "~"라고 했다.) / A曰: "B"(A가 말하길, "B"라고 했다. A가 "B"라고 말했다.) / '布在'에서 '在'가 술어 역할을 하면, '布'는 술어 '在'를 수식하는 부사이다. '其

政擧'와 '其政息'은 '주어+술어' 구조이다.

3절

<blockquote>
표점 人道敏政, 地道敏樹, 夫政也者, 蒲盧也。

단서 <u>人道</u>敏政, <u>地道</u>敏樹, <u>夫政也者</u>, 蒲盧也。

직역 사람(人)의 도(道)는 정치(政)에 민감하고(敏), 땅(地)의 도(道)는 나무(樹)에

민감하니(敏), 무릇(夫) 정치(政)라는 것은(也者) 부들(蒲)과 갈대(盧)와 같다(也).
</blockquote>

(1) '술어를 찾는 단서' 또는 '기본 의미가 동사(형용사)인 단어'를 찾아 술어의 역할(-다)을 부여한다.

(2) 한문은 유사한 구조를 반복해 문장이 배열된다. 따라서 단어의 품사와 역할은 그 단어가 놓인 위치로 파악된다.

(3) 술어가 생략된 문장은 명사에 '~(이)다'를 붙여 보어의 술어를 만들거나, 명사 앞에 '爲'를 넣어 목적어(보어)의 술어로 만들어서 해석한다.

(4) '지아비'를 의미하는 '夫'는 문장 앞에서는 '무릇', '대저'의 뜻이고, 문장 끝에서는 감탄 종결사로 쓰인다.

(5) '也'는 기본적으로 문장 끝에서 단정의 종결사로 쓰이며, 의문 또는 반어의 종결사로도 쓰인다. 그러나 문장 중간에서 주어와 부사를 강조할 때도 쓰인다. 따라서 문장 중간에서 '也'는 주어나 부사를 강조하는 적절한 표현으로 대치된다. 또한, '也者'는 '焉者'와 같이 '~라는 것은'이라는 뜻이다.

4절

<blockquote>
표점 故, 爲政在人, 取人以身, 修身以道, 修道以仁。

단서 故, <u>爲政在人</u>, <u>取人以身</u>, <u>修身以道</u>, <u>修道以仁</u>。
</blockquote>

직역 ▶ 그러므로(故) 정치(政)를 하는(爲) 것은 사람(人)에게 있으니(在), 사람(人)을 취하되(取) 몸(身)으로써(以) 하고, 몸(身)을 닦되(修) 도(道)로써(以) 하며, 도(道)를 닦되(修) 인(仁)으로써(以) 한다.

(1) '술어를 찾는 단서' 또는 '기본 의미가 동사(형용사)인 단어'를 찾아 술어의 역할(-다)을 부여한다.

(2) 한문은 유사한 구조를 반복해 문장이 배열된다. 따라서 단어의 품사와 역할은 그 단어가 놓인 위치로 파악된다.

(3) '以+명사', 즉 '以' 뒤에 명사가 나오면, '명사를 가지고' 혹은 '명사로서(써)'의 의미이며, '以'는 우리말의 부사격 조사이다.

5절

표점 ▶ 仁者人也, 親親爲大。義者宜也, 尊賢爲大。親親之殺, 尊賢之等, 禮所生也。在下位, 不獲乎上, 民不可得而治矣。

단서 ▶ 仁**者**人**也**, **親親爲**大。義**者**宜**也**, **尊賢爲**大。**親親之**殺, **尊賢之**等, 禮**所**生也。**在**下位, **不獲乎**上, 民**不可得而**治矣。

직역 ▶ 인(仁)은(者) 사람(人)이니(也), 어버이(親)를 친하게(親) 하는 것이 큰 것(大)이 된다(爲). 의(義)는(者) 마땅함(宜)이니(也), 어진 사람(賢)을 존하는(尊) 것이 큰 것(大)이 된다(爲). 친친(親親)의(之) 줄어듦(殺)과 존현(尊賢)의(之) 등급(等)이 예(禮)가 생겨난(生) 바(所, 까닭)이다. 아래(下) 자리(位)에 있으면서(在) 윗사람(上)에게(乎) (신임을) 얻지(獲) 못하면(不), 백성(民)을 얻어서(得, 얻고) 다스릴(治) 수(可) 없다(不矣).

(1) '술어를 찾는 단서' 또는 '기본 의미가 동사(형용사)인 단어'를 찾아 술어의 역할(-다)을 부여한다.

(2) 한문은 유사한 구조를 반복해 문장이 배열된다. 따라서 단어의 품사와 역할은 그 단어가 놓인 위치로 파악된다.

(3) 술어가 생략된 문장은 명사에 '~(이)다'를 붙여 보어의 술어를 만들거나, 명사 앞에 '爲'를 넣어 목적어(보어)의 술어로 만들어서 해석한다.

(4) '者'는 문장 끝에 위치해 목적어로도 쓰이지만, 기본적으로 주어로서 술어 앞에 위치하므로 술어를 찾는 단서이다. '者'는 우리말로 '~것, ~사람' 등으로 해석되며, '주어+술어' 문장구조의 주어이다.

(5) '爲'는 '되다'라는 술어인데, '하다'라는 뜻으로 영어의 'do'와 같이 모든 술어를 대신한다. 자주 사용되는 표현은 '~을 위하다', '~ 때문에'로 쓰이고 'A以爲B', '以A爲B'의 숙어로 'A를 B로 여기다(삼는다)'로 쓰인다. 다만, '爲'가 평서문에서 '때문에'로 쓰일 때, 종결사 '也'와 함께 쓰인다(爲~也).

(6) '之+명사'(뒤에 명사가 나오는 경우): '之'는 우리말의 관형격 조사(~의, ~하는, 한, ~ㄴ)로 쓰인다.

(7) '者'는 앞에 나온 단어의 수식을 받아 명사화하고, '所'는 뒤에 나오는 동사, 형용사의 수식을 받아 명사화한다.

(8) '不', '未', '莫', '末', '勿'은 술어 앞에서 술어를 부정하는 보조사이므로 술어를 찾는 단서이다.

(9) '於', '于', '乎' 등은 문장 중간에서 명사(명사구) 앞에 쓰일 때, 그 앞에 주로 술어가 위치하므로 술어를 찾는 단서이다. 이때 '於', '于', '乎'는 '~에(게)', '~을/를', '~와/과' 등의 의미이다.

(10) '可(以)', '能(以)', '得(以)', '足(以)'은 서로 의미와 문법적 기능이 통용된다. 이들은 단독 품사(형용사나 명사)로 쓰이지 않을 때, 술어 앞에서 술어의 의미를 보조하므로 술어를 찾는 단서이다. 그런데 '以'가 붙으면 '주어+可以+술어' 구조로만 해석되고, '以'가 붙지 않으면 '목적어+可+술어' 구조로도 해석될 수 있다. 이는 목적어를 술어 앞으로 도치해 강조한 것이다. 한문은 '술어+목적어' 구조인데, '목적어+술어' 구조로 쓰이는 예외이다. 그래서 '以'가 없이 '可, 能, 得, 足'이 술어와 연결되면 '목적어+술어' 구조로 쓰였을 가능성을 두고 해석한다.

▶ 親(1)親(2): 어버이(親(2), 친족, 친척)를 친애하다(親(1)). / 殺: 줄어들다(쇄), 빠르다(쇄), 죽이다(살) / 等: 무리, 등급.

표점 ▶ 故, 君子不可以不修身。思修身, 不可以不事親。思事親, 不可以不知人。思 知人, 不可以不知天。

단서 ▶ 故, 君子**不可以不**修身, **思修身, 不可以不**事親。**思事親, 不可以不**知人。**思 知人, 不可以不**知天。

직역 ▶ 그러므로(故) 군자(君子)는 몸(身)을 닦지(修) 않을(不) 수(可以) 없다(不). 몸(身)을 닦는 것(修)을 생각한다면(思), 어버이(親)를 섬기지(事) 않을(不) 수(可 以) 없다(不). 어버이(親)를 섬기는 것(事)을 생각한다면(思), 사람(人)을 알지(知) 않을(不) 수(可以) 없다(不). 사람(人)을 안다는 것(知)을 생각한다면(思), 하늘 (天)을 알지(知) 않을(不) 수(可以) 없다(不).

(1) '술어를 찾는 단서' 또는 '기본 의미가 동사(형용사)인 단어'를 찾아 술어의 역할(-다)을 부여한다.

(2) 한문은 유사한 구조를 반복해 문장이 배열된다. 따라서 단어의 품사와 역할은 그 단어가 놓인 위치로 파악된다.

(3) '不', '未', '莫', '末', '勿'은 술어 앞에서 술어를 부정하는 보조사이므로 술어를 찾는 단서이다.

(4) '可(以)', '能(以)', '得(以)', '足(以)'은 서로 의미와 문법적 기능이 통용된다. 이들은 단독 품사(형용사나 명사)로 쓰이지 않을 때, 술어 앞에서 술어의 의미를 보조하므로 술어를 찾는 단서이다. 그런데 '以'가 붙으면 '주어+可以+술어' 구조로만 해석되고, '以'가 붙지 않으면 '목적어+可+술어' 구조로도 해석될 수 있다.

7절

표점 ▶ 天下之達道, 五, 所以行之者, 三。曰, 君臣也・父子也・夫婦也・昆弟也・朋 友之交也五者, 天下之達道也, 知仁勇三者, 天下之達德也, 所以行之者, 一也。

단서 ▶ 天下之達道, 五, **所以行**之者, 三。曰, 君臣也·父子也·夫婦也·昆弟也·朋友之交也五者, 天下之達道也, 知仁勇三者, 天下之達德也, **所以行**之者, 一也。

직역 ▶ 천하(天下)의(之) 달도(達道)는 다섯(五)인데, 그것(之)을 행하는(行) 것(所以)은(者) 셋(三)이다. 말하자면(曰), 군신(君臣也), 부자(父子也), 부부(夫婦也), 곤제(昆弟也), 벗(朋友)의(之) 사귐(交也), 다섯 가지(五)는(者) 천하(天下)의(之) 달도(達道)이니(也). 지(知), 인(仁), 용(勇), 세 가지(三)는(者) 천하(天下)의(之) 달덕(達德)이니(也) 그것(之)을 행하는(行) 것(所以)은(者) 하나(一)이다(也).

(1) '술어를 찾는 단서' 또는 '기본 의미가 동사(형용사)인 단어'를 찾아 술어의 역할(-다)을 부여한다.

(2) 한문은 유사한 구조를 반복해 문장이 배열된다. 따라서 단어의 품사와 역할은 그 단어가 놓인 위치로 파악된다.

(3) 술어가 생략된 문장은 명사에 '~(이)다'를 붙여 보어의 술어를 만들거나, 명사 앞에 '爲'를 넣어 목적어(보어)의 술어로 만들어서 해석한다.

(4) '之' 뒤에 명사가 나오는 경우, '之'는 우리말의 관형격 조사(~의, ~하는, 한, ~ㄴ)로 쓰인다.

(5) '之' 뒤에 단어가 없거나 단어가 있더라도 그 품사를 명사나 동사(형용사)로 보기 어려운 경우, '之'는 앞에 나온 명사(명사구)를 받는 대명사로 쓰인다. '之'가 대명사로 쓰이면 대부분 그 앞에 술어가 놓이고, '之'에 목적격 조사를 붙여 '그것을', '그를' 등으로 해석한다.

(6) '者'는 문장 끝에 위치해 목적어로도 쓰이지만, 기본적으로 주어로서 술어 앞에 위치하므로 술어를 찾는 단서이다. '者'는 우리말로 '~것, ~사람' 등으로 해석되며, '주어+술어' 문장구조의 주어이다.

(7) '也'는 기본적으로 문장 끝에서 단정의 종결사로 쓰이며, 의문 또는 반어의 종결사로도 쓰인다. 그러나 문장 중간에서 주어와 부사를 강조할 때도 쓰인다. 따라서 문장 중간에서 '也'는 주어나 부사를 강조하는 적절한 표현으로 대치된다. 또한, '也者'는 '爲者'와 같이 '~라는 것은'이라는 뜻이다.

▶ 所以: 방법, 까닭, 것. 일반적으로 '所以' 앞에는 주어가 위치한다.

> **표점** 或生而知之, 或學而知之, 或困而知之, 及其知之, 一也。或安而行之, 或利而行之, 或勉强而行之, 及其成功, 一也。

> **단서** <u>或</u>生<u>而</u>知<u>之</u>, <u>或</u>學<u>而</u>知<u>之</u>, <u>或</u>困<u>而</u>知<u>之</u>, <u>及</u>其知<u>之</u>, 一也。<u>或</u>安<u>而</u>行<u>之</u>, <u>或</u>利<u>而</u>行<u>之</u>, <u>或</u>勉强<u>而</u>行<u>之</u>, <u>及</u>其成功, 一也。

> **직역** 어떤 이(或)는 나면서(生而) 그것(之)을 알고(知), 어떤 이(或)는 배워서(學而) 그것(之)을 알고(知), 어떤 이(或)는 애를 써서(困而) 그것(之)을 아는데(知), 그(其)가 그것(之)을 안다는(知) 것에 미쳐서(及)는 한 가지(一)이다(也). 어떤 이(或)는 편안하게(安而) 그것(之)을 행하고(行), 어떤 이(或)는 이롭게(利而) 그것(之)을 행하며(行), 어떤 이(或)는 힘써서(勉强而) 그것(之)을 행하지만(行), 그(其)가 성공(成功)에 이르러서(及)는 한 가지(一)이다(也).

(1) '술어를 찾는 단서' 또는 '기본 의미가 동사(형용사)인 단어'를 찾아 술어의 역할(-다)을 부여한다.

(2) 한문은 유사한 구조를 반복해 문장이 배열된다. 따라서 단어의 품사와 역할은 그 단어가 놓인 위치로 파악된다.

(3) '而'는 2인칭(너, 그대, 당신) 대명사로도 사용되는데, 기본적으로는 접속사로서 술어인 동사(형용사)와 동사(형용사)를 연결하거나 문장을 연결한다.

(4) '之' 뒤에 단어가 없거나 단어가 있더라도 그 품사를 명사나 동사(형용사)로 보기 어려운 경우, '之'는 앞에 나온 명사(명사구)를 받는 대명사로 쓰인다. '之'가 대명사로 쓰이면 대부분 그 앞에 술어가 놓이고, '之'에 목적격 조사를 붙여 '그것을', '그를' 등으로 해석한다.

▶ 或: 어떤 사람은, 어떤 경우는

> **표점** 子曰: "好學近乎知, 力行近乎仁, 知恥近乎勇."

> **단서** 子曰: "好學**近乎**知, 力行**近乎**仁, 知恥**近乎**勇."

> **직역** 공자(子)가 말하길(曰), "배우기(學)를 좋아한다는(好) 것은 지혜(知=智)에 (乎) 가깝고(近), 힘써(力) 행하는(行) 것은 인(仁)에(乎) 가깝고(近), 부끄러움(恥) 을 아는(知) 것은 용기(勇)에(乎) 가깝다(近)."라고 했다.

(1) '술어를 찾는 단서' 또는 '기본 의미가 동사(형용사)인 단어'를 찾아 술어의 역할(-다)을 부 여한다.

(2) 한문은 유사한 구조를 반복해 문장이 배열된다. 따라서 단어의 품사와 역할은 그 단어가 놓인 위치로 파악된다.

(3) '於', '于', '乎' 등은 문장 중간에서 명사(명사구) 앞에 쓰일 때, 그 앞에 주로 술어가 위치하 므로 술어를 찾는 단서이다. 이때 '於', '于', '乎'는 '~에(게)', '~을/를', '~와/과' 등의 의미이다.

▶ 子曰: "~"(공자(子)가 말하길(曰), "~"라고 했다.) / A曰: "B"(A가 말하길, "B"라고 했다. A가 "B"라고 말했다.)

> **표점** 知斯三者, 則知所以修身, 知所以修身, 則知所以治人, 知所以治人, 則知所 以治天下國家矣。

> **단서** **知**斯三**者**, **則知所以**修身, 知**所以**修身, **則知所以**治人, 知**所以**治人, **則知所 以**治天下國家矣。

> **직역** 이(斯) 셋(三)을 안다는(知) 것(者)은 즉(則), 몸(身)을 닦는(修) 것(所以)을 아는(知) 것이고, 몸(身)을 닦는(修) 것(所以)을 안다면(知則) 사람(人)을 다스리는 (治) 것(所以)을 아는(知) 것이며, 사람(人)을 다스리는(治) 것(所以)을 안다면(知

則), 천하(天下)와 국가(國家)를 다스리는(治) 것(所以)을 아는(知) 것이다(矣).

(1) '술어를 찾는 단서' 또는 '기본 의미가 동사(형용사)인 단어'를 찾아 술어의 역할(-다)을 부여한다.

(2) 한문은 유사한 구조를 반복해 문장이 배열된다. 따라서 단어의 품사와 역할은 그 단어가 놓인 위치로 파악된다.

(3) '者'는 문장 끝에 위치해 목적어로도 쓰이지만, 기본적으로 주어로서 술어 앞에 위치하므로 술어를 찾는 단서이다. '者'는 우리말로 '~것, ~사람' 등으로 해석되며, '주어+술어' 문장구조의 주어이다.

(추가) '知斯三者'의 두 가지 해석 ① 이(斯) 세(三) 가지(者)를 알다(知), ② 이(斯) 셋(三)을 안다(知)는 것(者)

▶ 所以: 방법, 까닭, 것. 일반적으로 '所以' 앞에는 주어가 위치한다.

11절

표점 ▶ 凡爲天下國家, 有九經。曰, 修身也・尊賢也・親親也・敬大臣也・體群臣也・子庶民也・來百工也・柔遠人也・懷諸侯也。

단서 ▶ 凡**爲**天下國家, **有**九經。**曰**, 修身**也**・尊賢**也**・親親**也**・敬大臣**也**・體群臣**也**・子庶民**也**・來百工**也**・柔遠人**也**・懷諸侯**也**。

직역 ▶ 무릇(凡) 천하(天下)와 국가(國家)를 다스리는데(爲) 아홉 가지(九) 경(經, 법)이 있다(有). 말하자면(曰), 몸(身)을 닦는(修) 것과(也) 어진 사람(賢)을 존경하는(尊) 것과(也) 친족(親)을 친하게(親) 여기는 것과(也) 대신(大臣)을 공경하는(敬) 것과(也) 여러 신하(群臣)를 체득하는(體, 체찰하다) 것과(也) 서민(庶民)을 자식으로(子) 여기는 것과(也) 백공(百工)을 (불러) 오는(來) 것과(也) 먼 곳(遠)의 사람(人)을 회유하는(柔) 것과(也) 제후(諸侯)를 품는(懷) 것이다(也).

(1) '술어를 찾는 단서' 또는 '기본 의미가 동사(형용사)인 단어'를 찾아 술어의 역할(-다)을 부여한다.

(2) 한문은 유사한 구조를 반복해 문장이 배열된다. 따라서 단어의 품사와 역할은 그 단어가 놓인 위치로 파악된다.

(3) '爲'는 '되다'라는 술어인데, '하다'라는 뜻으로 영어의 'do'와 같이 모든 술어를 대신한다.

(4) '有(無)'는 장소가 앞에 나오고, '在'는 장소가 뒤에 나온다. 즉, '장소+有(無)+A'로 쓰이고, 'A+在+장소'로 쓰이고, '장소에 A가 있다'라고 해석한다. 특히, '有(無)'는 소유 관계를 나타내어 뒤에 명사인 보어가 있다.

(5) '也'는 기본적으로 문장 끝에서 단정의 종결사로 쓰이며, 의문 또는 반어의 종결사로도 쓰인다. 그러나 문장 중간에서 주어와 부사를 강조할 때도 쓰인다. 따라서 문장 중간에서 '也'는 주어나 부사를 강조하는 적절한 표현으로 대치된다. 또한, '也者'는 '焉者'와 같이 '~라는 것'이라는 뜻이다.

(6) 百(백), 千(천), 萬(만)은 기본적으로 숫자를 의미한다. 그러나 문장에서 쓰인 百(백), 千(천), 萬(만)은 숫자가 아니라 '모두' 또는 '여럿'의 의미로도 쓰인다.

12절

표점 修身則道立, 尊賢則不惑, 親親則諸父昆弟不怨, 敬大臣則不眩, 體群臣則士之報禮重, 子庶民則百姓勸, 來百工則財用足, 柔遠人則四方歸之, 懷諸侯則天下畏之。

단서 **修**身**則**道立, **尊**賢**則不**惑, **親親則**諸父昆弟**不**怨, **敬**大臣**則不**眩, **體**群臣**則**士**之**報禮重, **子**庶民**則**百姓勸, **來**百工**則**財用足, **柔**遠人**則**四方歸**之**, **懷**諸侯**則**天下畏**之**。

직역 수신(修身) 하면(則) 도(道)가 서고(立), 존현(尊賢) 하면(則) 미혹되지(惑) 않고(不), 친친(親親) 하면(則) 백숙부(諸父)와 형(昆), 아우들(弟)이 원망하지(怨) 않고(不), 경대신(敬大臣) 하면(則) 혼란하지(眩) 않고(不), 체군신(體群臣) 하면(則) 선비(士)의 보답하는(報) 예(禮)가 중하고(重), 자서민(子庶民) 하면(則) 백성(百姓)이 권면하고(勸), 내백공(來百工) 하면(則) 재용(財用)이 족하고(足), 유원인

(柔遠人) 하면(則) 사방(四方)이 그(之)에게 돌아오고(歸, 귀의하고), 회제후(懷諸
侯) 하면(則) 천하(天下)가 그(之)를 두려워한다(畏).

(1) '술어를 찾는 단서' 또는 '기본 의미가 동사(형용사)인 단어'를 찾아 술어의 역할(-다)을 부
여한다.

(2) 한문은 유사한 구조를 반복해 문장이 배열된다. 따라서 단어의 품사와 역할은 그 단어가
놓인 위치로 파악된다.

(3) '不', '末', '莫', '未', '勿'은 술어 앞에서 술어를 부정하는 보조사이므로 술어를 찾는 단서이다.

(4) '之' 뒤에 단어가 없거나 단어가 있더라도 그 품사를 명사나 동사(형용사)로 보기 어려운
경우, '之'는 앞에 나온 명사(명사구)를 받는 대명사로 쓰인다. '之'가 대명사로 쓰이면 대부분 그
앞에 술어가 놓이고, '之'에 목적격 조사를 붙여 '그것을', '그를' 등으로 해석한다.

13절

표점 ▶ 齊明盛服, 非禮不動, 所以修身也。去讒遠色, 賤貨而貴德, 所以勸賢也。尊其
位, 重其祿, 同其好惡, 所以勸親親也。官盛任使, 所以勸大臣也。忠信重祿, 所以勸
士也。時使薄斂, 所以勸百姓也。日省月試, 旣廩稱事, 所以勸百工也。送往迎來, 嘉
善而矜不能, 所以柔遠人也。繼絶世, 擧廢國, 治亂持危, 朝聘以時, 厚往而薄來, 所
以懷諸侯也。

단서 ▶ 齊明盛服, **非**禮**不動**, **所以**修身也。去讒遠色, 賤貨**而**貴德, **所以**勸賢也。**尊**其
位, 重其祿, **同**其好惡, **所以**勸親親也。官盛任使, **所以**勸大臣也。忠信重祿, **所以**勸
士也。時**使**薄斂, **所以**勸百姓也。**日**省月試, 旣廩稱事, **所以**勸百工也。**送往迎來**, 嘉
善而矜**不能**, **所以**柔遠人也。**繼**絶世, **擧**廢國, **治**亂持危, 朝聘**以時**, 厚往**而**薄來, **所
以**懷諸侯也。

직역 ▶ 재계(齊)하여 밝고(明) 성하게(盛) 옷을 입어(服) 예(禮)가 아니면(非) 행
동하지(動) 않는(不) 것은 몸(身)을 닦는(修) 방법(所以)이오(也). 참소(讒)를 버

리고(去), 색(色)을 멀리하며(遠) 재화(貨)를 천하게 여기고(賤~而) 덕(德)을 귀하게 여기는(貴) 것은 어진 사람(賢)을 권면하는(勸) 방법(所以)이오(也). 그(其) 자리(位)를 높여 주고(尊) 그(其) 녹(祿)을 무겁게 해 주며(重) 그(其) 좋아하고(好) 싫어하는(惡) 것을 함께하는(同) 것은 친친(親親)을 권면하는(勸) 방법(所以)이오(也). 관(官)이 성해서(盛) 임무(任)로 부리는(使) 것은 대신(大臣)을 권면하는(勸) 방법(所以)이오(也). 충(忠)과 신(信)으로 녹(祿)을 무겁게 하는(重) 것은 사(士)를 권면하는(勸) 방법(所以)이오(也). 때(時)에 맞게 부리고(使) 걷는 것(斂)을 박하게 하는(薄) 것은 백성(百姓)을 권면하는(勸) 방법(所以)이오(也). 날로(日) 살피고(省) 월로(月) 시험하여(試) 녹봉(餼)이 주어져서(稟) 일(事)에 맞도록(稱) 하는 것은 백공(百工)을 권면하는(勸) 방법(所以)이오(也). 가는 사람(往)을 전송하고(送), 오는 사람(來)을 맞으며(迎) 잘하는 것(善)을 아름답게(嘉) 여기고 잘하지(能) 못하는(不) 자를 불쌍히(矜) 여김은 원인(遠人)을 부드럽게(柔) 하는 방법(所以)이오(也). 끊어진(絶) 대(世)를 이으며(繼) 망한(廢) 나라(國)를 들어내고(擧), 어지러운 것(亂)을 다스리고(治) 위태로움(危)을 붙잡으며(持) 조(朝)와 빙(聘)을 때(時)로써(以, 맞게) 하고, 가는 것(往)을 두텁게(厚) 하고(而), 오는 것(來)을 박하게(薄) 하는 것은 제후(諸侯)를 품어 주는(懷) 방법(所以)이다(也).

(1) '술어를 찾는 단서' 또는 '기본 의미가 동사(형용사)인 단어'를 찾아 술어의 역할(-다)을 부여한다.

(2) 한문은 유사한 구조를 반복해 문장이 배열된다. 따라서 단어의 품사와 역할은 그 단어가 놓인 위치로 파악된다.

(3) '不', '未', '莫', '末', '勿'은 술어 앞에서 술어를 부정하는 보조사이므로 술어를 찾는 단서이다.

(4) '而'는 2인칭(너, 그대, 당신) 대명사로도 사용되는데, 기본적으로는 접속사로서 술어인 동사(형용사)와 동사(형용사)를 연결하거나 문장을 연결한다.

(5) '不'는 뒤에 있는 동사나 형용사를 부정하고, '非'는 뒤에 있는 명사를 부정한다. 즉, '不' 뒤에 명사가 있어도 반드시 동사나 형용사로 만들어서 부정해야 한다. '非禮不動'에서 '禮'는 명사,

학예연구사가 알려 주는 **한문 해석의 비밀**

'動'은 동사이다.

(6) '以+명사', 즉 '以' 뒤에 명사가 나오면, '명사를 가지고' 혹은 '명사로서(써)'의 의미이며, '以'는 우리말의 부사격 조사이다.

(7) 술어를 중심으로 그 앞에 오는 명사(명사구)는 '은/는, 이/가'를 붙여 주어의 역할을 부여하고, 그 뒤에 오는 명사(명사구)는 '을/를'을 붙여 목적어의 역할을 부여하거나 '에/에서, 와/과'를 붙여 보어의 역할을 부여한다. 예외인 경우는 그 단서가 있다. 한편, 술어 앞에 나온 단어가 명사인데도 주어의 역할을 하지 않으면, 술어를 수식하는 부사 혹은 문장 전체를 수식하는 부사로 해석한다.

▶ 所以: 방법, 까닭, 것. 일반적으로 '所以' 앞에는 주어가 위치한다. / 旣: 이미(기), 녹봉(희) / 稟: 여쭈다(품) / 품을 받다(름).

14절

표점 ▶ 凡爲天下國家有九經, 所以行之者, 一也。

단서 ▶ 凡<u>爲</u>天下國家<u>有</u>九經, **所以行之者**, 一也。

직역 ▶ 무릇(凡) 천하(天下)와 국가(國家)를 다스리는데(爲)에 구경(九經)이 있으니(有), 그것(之)을 행하는(行) 것(所以)은 하나(一)이다(也).

(1) '술어를 찾는 단서' 또는 '기본 의미가 동사(형용사)인 단어'를 찾아 술어의 역할(-다)을 부여한다.

(2) '爲'는 '되다'라는 술어인데, '하다'라는 뜻으로 영어의 'do'와 같이 모든 술어를 대신한다.

(3) '有(無)'는 장소가 앞에 나오고, '在'는 장소가 뒤에 나온다. 즉, '장소+有(無)+A'로 쓰이고, 'A+在+장소'로 쓰이고, '장소에 A가 있다'라고 해석한다. 특히, '有(無)'는 소유 관계를 나타내어 뒤에 명사인 보어가 있다.

(4) '者'는 문장 끝에 위치해 목적어로도 쓰이지만, 기본적으로 주어로서 술어 앞에 위치하므로 술어를 찾는 단서이다. '者'는 우리말로 '~것, ~사람' 등으로 해석되며, '주어+술어' 문장구조의 주

어이다.

(5) 술어가 생략된 문장은 명사에 '~(이)다'를 붙여 보어의 술어를 만들거나, 명사 앞에 '爲'를 넣어 목적어(보어)의 술어로 만들어서 해석한다.

▶ 所以: 방법, 까닭, 것. 일반적으로 '所以' 앞에는 주어가 위치한다.

15절

> 표점 ▶ 凡事豫則立, 不豫則廢。言前定則不跲, 事前定則不困, 行前定則不疚, 道前
> 定則不窮。
>
> 단서 ▶ 凡事豫<u>則</u>立, <u>不</u>豫<u>則</u>廢。言前定<u>則不</u>跲, 事前定<u>則不</u>困, 行前定<u>則不</u>疚, 道前
> 定<u>則不</u>窮。
>
> 직역 ▶ 무릇(凡) 일(事)이란 미리 하면(豫則) 서고(立), 미리 하지(豫) 않으면(不) 폐한다(廢). 말(言)이란 앞에서(前, 먼저) 정해지면(定) 엎어지지(跲) 않고(不), 일(事)이란 먼저(前) 정해지면(定則) 곤궁하지(困) 않고(不), 행동(行)이란 먼저(前) 정해지면(定則) 병폐되지(疚) 않고(不), 도(道)란 먼저(前) 정해지면(定則) 궁하지(窮) 않다(不).

(1) '술어를 찾는 단서' 또는 '기본 의미가 동사(형용사)인 단어'를 찾아 술어의 역할(-다)을 부여한다.

(2) 한문은 유사한 구조를 반복해 문장이 배열된다. 따라서 단어의 품사와 역할은 그 단어가 놓인 위치로 파악된다.

(3) '不', '未', '莫', '末', '勿'은 술어 앞에서 술어를 부정하는 보조사이므로 술어를 찾는 단서이다.

(4) '不'는 뒤에 있는 동사나 형용사를 부정하고, '非'는 뒤에 있는 명사를 부정한다. 즉, '不' 뒤에 명사가 있어도 반드시 동사나 형용사로 만들어서 부정해야 한다.

▶ 跲: 엎드러지다(겁) / 疚: 오랜병(구)

학예연구사가 알려 주는 **한문 해석의 비밀**

> **표점** 在下位, 不獲乎上, 民不可得而治矣。獲乎上有道, 不信乎朋友, 不獲乎上矣。信乎朋友有道, 不順乎親, 不信乎朋友矣。順乎親有道, 反諸身不誠, 不順乎親矣。誠身有道, 不明乎善, 不誠乎身矣。

> **단서** 在下位, **不獲乎**上, 民**不可得而**治矣。**獲乎**上**有**道, **不信乎**朋友, **不獲乎**上矣。信**乎**朋友**有**道, **不順乎**親, **不信乎**朋友矣。順**乎**親**有**道, 反**諸**身**不**誠, **不順乎**親矣。誠身**有**道, **不明乎**善, **不誠乎**身矣。

> **직역** 아래(下)의 자리(位)에 있으면서(在) 윗사람(上)에게(乎) (신임을) 얻지(獲) 못하면(不) 백성(民)을 얻어서(得) 다스릴(治) 수(可) 없다(不~矣). 윗사람(上)에게(乎) (신임을) 얻는(獲) 것에 도(道)가 있으니(有), 벗(朋友)에게(乎) 믿어지지(信) 못하면(不) 윗사람(上)에게(乎) (신임을) 얻지(獲) 못한다(不~矣). 벗(朋友)에게(乎) 믿어지는데도(信) 도(道)가 있으니(有), 어버이(親)에게(乎) 순종하지(順) 않으면(不) 벗(朋友)에게(乎) 믿어지지(信) 못한다(不~矣). 어버이(親)에게(乎) 순종하는데도(順) 도(道)가 있으니(有), 그것을(諸) 자신에게(身) 돌이켜(反) 성실하지(誠) 못하면(不) 어버이(親)에게(乎) 순종하지(順) 못한다(不~矣). 자신(身)을 성실히 하는데도(誠) 도(道)가 있으니(有), 선(善)에(乎) 밝지(明) 못하면(不) 자신(身)에게(乎) 성실하지(誠) 못한다(不~矣).

(1) '술어를 찾는 단서' 또는 '기본 의미가 동사(형용사)인 단어'를 찾아 술어의 역할(-다)을 부여한다.

(2) 한문은 유사한 구조를 반복해 문장이 배열된다. 따라서 단어의 품사와 역할은 그 단어가 놓인 위치로 파악된다.

(3) '有(無)'는 장소가 앞에 나오고, '在'는 장소가 뒤에 나온다. 즉, '장소+有(無)+A'로 쓰이고, 'A+在+장소'로 쓰이고, '장소에 A가 있다'라고 해석한다.

(4) '不', '未', '莫', '末', '勿'은 술어 앞에서 술어를 부정하는 보조사이므로 술어를 찾는 단서이다.

(5) '不', '未', '莫', '末', '勿'은 술어 앞에서 술어를 부정하는 보조사이므로 술어를 찾는 단서이다.

(6) '於', '于', '乎' 등은 문장 중간에서 명사(명사구) 앞에 쓰일 때, 그 앞에 주로 술어가 위치하므로 술어를 찾는 단서이다. 이때 '於', '于', '乎'는 '~에(게)', '~을/를', '~와/과' 등의 의미이다.

(7) '可(以)', '能(以)', '得(以)', '足(以)'은 서로 의미와 문법적 기능이 통용된다. 이들은 단독 품사(형용사나 명사)로 쓰이지 않을 때, 술어 앞에서 술어의 의미를 보조하므로 술어를 찾는 단서이다.

(8) 술어의 의미를 보조하는 '가능(~할 수 있다 / ~할 만하다)'의 보조사 '可, 能, 得, 足'은 서로 기능과 의미가 통한다. 즉, '可' 대신 그 자리에 '能', '得', '足'을 써도 된다. 그리고 이들은 '以'가 붙어서 '可以, 能以, 得以, 足以'로도 쓰인다. 그런데 '以'가 붙으면 '주어+可以+술어' 구조로만 해석되고, '以'가 붙지 않으면 '목적어+可+술어' 구조로도 해석될 수 있다. 이는 목적어를 술어 앞으로 도치해 강조한 것이다.

(9) '而'는 2인칭(너, 그대, 당신) 대명사로도 사용되는데, 기본적으로는 접속사로서 술어인 동사(형용사)와 동사(형용사)를 연결하거나 문장을 연결한다.

(10) '諸'는 기본적으로 '모두'의 의미이다. 그러나 문장 중간에 쓰인 '諸'는 '之於'은 준말로도 쓰이며, '저'로 독음한다. 문장에서 '諸'는 '모두' 또는 '여럿'으로 해석하고, 그 해석이 어색하면 '之於'로 바꿔서 해석한다.

17절

> **표점** 誠者, 天之道也, 誠之者, 人之道也。誠者, 不勉而中, 不思而得, 從容中道, 聖人也, 誠之者, 擇善而固執之者也。

> **단서** 誠者, 天之道也, 誠之者, 人之道也。誠者, 不勉而中, 不思而得, 從容中道, 聖人也, 誠之者, 擇善而固執之者也。

> **직역** 성(誠)이란 것(者)은 하늘(天)의(之) 도(道)요, 그것(之)을 성실히 하는(誠) 것(者)은 사람(人)의(之) 도(道)이다(也). 성(誠)이란 것(者)은 힘쓰지(勉) 않아도(不) 중하고(中而, 들어맞고), 생각하지(思) 않아도(不~而) 얻어져서(得) 종용히(從容) 도(道)에 중하니(中) 성인(聖人)이요(也), 그것(之)을 성실히 하려는(誠) 자

(者)은 선(善)을 택해서(擇~而) 굳게(固) 그것(之)을 잡는(執) 자(者)이다(也).

(1) '술어를 찾는 단서' 또는 '기본 의미가 동사(형용사)인 단어'를 찾아 술어의 역할(-다)을 부여한다.

(2) 한문은 유사한 구조를 반복해 문장이 배열된다. 따라서 단어의 품사와 역할은 그 단어가 놓인 위치로 파악된다.

(3) '者'는 문장 끝에 위치해 목적어로도 쓰이지만, 기본적으로 주어로서 술어 앞에 위치하므로 술어를 찾는 단서이다. '者'는 우리말로 '~것, ~사람' 등으로 해석되며, '주어+술어' 문장구조의 주어이다.

(4) 술어를 중심으로 그 앞에 오는 명사(명사구)는 '은/는, 이/가'를 붙여 주어의 역할을 부여하고, 그 뒤에 오는 명사(명사구)는 '을/를'을 붙여 목적어의 역할을 부여하거나 '에/에서, 와/과'를 붙여 보어의 역할을 부여한다.

(5) '之' 뒤에 명사가 나오는 경우, '之'는 우리말의 관형격 조사(~의, ~하는, 한, ~ㄴ)로 쓰인다.

(6) '之' 뒤에 단어가 없거나 단어가 있더라도 그 품사를 명사나 동사(형용사)로 보기 어려운 경우, '之'는 앞에 나온 명사(명사구)를 받는 대명사로 쓰인다. '之'가 대명사로 쓰이면 대부분 그 앞에 술어가 놓이고, '之'에 목적격 조사를 붙여 '그것을', '그를' 등으로 해석한다.

(7) '不', '未', '莫', '末', '勿'은 술어 앞에서 술어를 부정하는 보조사이므로 술어를 찾는 단서이다.

(8) '而'는 2인칭(너, 그대, 당신) 대명사로도 사용되는데, 기본적으로는 접속사로서 술어인 동사(형용사)와 동사(형용사)를 연결하거나 문장을 연결한다.

▶ 從容: 조용의 원말

18절

표점 ▶ 博學之, 審問之, 愼思之, 明辨之, 篤行之。

단서 ▶ 博學<u>之</u>, 審問<u>之</u>, 愼思<u>之</u>, 明辨<u>之</u>, 篤行<u>之</u>。

직역 ▶ 널리(博) 그것(之)을 배우며(學), 자세히(審) 그것(之)을 묻고(問), 신중히

(愼) 그것(之)을 생각하고(思), 밝게(明) 그것(之)을 분별하고(辨), 돈독히(篤) 그것(之)을 행한다(行).

(1) '술어를 찾는 단서' 또는 '기본 의미가 동사(형용사)인 단어'를 찾아 술어의 역할(-다)을 부여한다.

(2) 한문은 유사한 구조를 반복해 문장이 배열된다. 따라서 단어의 품사와 역할은 그 단어가 놓인 위치로 파악된다.

(3) 술어를 중심으로 그 앞에 오는 명사(명사구)는 '은/는, 이/가'를 붙여 주어의 역할을 부여하고, 그 뒤에 오는 명사(명사구)는 '을/를'을 붙여 목적어의 역할을 부여하거나 '에/에서, 와/과'를 붙여 보어의 역할을 부여한다. 예외인 경우는 그 단서가 있다. 한편, 술어 앞에 나온 단어가 명사임에도 주어의 역할이 아니면 술어를 수식하는 부사 혹은 문장 전체를 수식하는 부사로 해석한다.

(4) '之' 뒤에 단어가 없거나 단어가 있더라도 그 품사를 명사나 동사(형용사)로 보기 어려운 경우, '之'는 앞에 나온 명사(명사구)를 받는 대명사로 쓰인다. '之'가 대명사로 쓰이면 대부분 그 앞에 술어가 놓이고, '之'에 목적격 조사를 붙여 '그것을', '그를' 등으로 해석한다.

19절

> **표점** ▷ 有弗學, 學之, 弗能, 弗措也。有弗問, 問之, 弗知, 弗措也。有弗思, 思之, 弗得, 弗措也。有弗辨, 辨之, 弗明, 弗措也。有弗行, 行之, 弗篤, 弗措也。人一能之, 己百之, 人十能之, 己千之。

> **단서** ▷ **有弗**學, 學**之**, **弗能**, **弗**措也。**有弗**問, 問**之**, **弗知**, **弗**措也。**有弗思**, 思**之**, **弗得**, **弗**措也。**有弗辨**, 辨**之**, **弗明**, **弗**措也。**有弗行**, 行**之**, **弗篤**, **弗**措也。人一**能之**, 己百**之**, **人**十**能之**, 己千**之**。

> **직역** ▷ 배우지(學) 않는(弗) 것이 있을지언정(有) 그것(之)을 배운다면(學) 능하지(能) 못한(弗) 것을 두지(措, 버려두다) 않는다(弗). 묻지(問) 않는(弗) 것이 있을지

언정(有) 그것(之)을 묻는다면(問) 알지(知) 못하는(弗) 것을 버려두지(措) 않는다
(弗). 생각하지(思) 않는(弗) 것이 있을지언정(有) 그것(之)을 생각한다면(思) 얻
지(得) 못하는(弗) 것을 버려두지(措) 않는다(弗). 분별하지(辨) 않는(弗) 것이 있
을지언정(有) 그것(之)을 분별한다면(辨) 분명하지(明) 못한(弗) 것을 버려두지
(措) 않는다(弗). 행하지(行) 않는(弗) 것이 있을지언정(有) 그것(之)을 행한다면
(行) 돈독하지(篤) 않은(弗) 것을 버려두지(措) 않는다(弗). 남들(人)이 한 번(一)
으로 그것에(之) 능하거든(能) 자기(己)는 그것(之)을 백번하고(百), 남들(人)이 열
번(十)으로 그것에(之) 능하거든(能) 자기(己)는 그것(之)을 천 번한다(千).

　(1) '술어를 찾는 단서' 또는 '기본 의미가 동사(형용사)인 단어'를 찾아 술어의 역할(-다)을 부
여한다.
　(2) '有(無)'는 장소가 앞에 나오고, '在'는 장소가 뒤에 나온다. 즉, '장소+有(無)+A'로 쓰이고,
'A+在+장소'로 쓰이고, '장소에 A가 있다'라고 해석한다. 특히, '有(無)'는 소유 관계를 나타내어
뒤에 명사인 보어가 있다. 따라서 '有(無)' 뒤에 술어가 오더라도 명사로 해석한다.
　(3) '之' 뒤에 단어가 없거나 단어가 있더라도 그 품사를 명사나 동사(형용사)로 보기 어려운
경우, '之'는 앞에 나온 명사(명사구)를 받는 대명사로 쓰인다. '之'가 대명사로 쓰이면 대부분 그
앞에 술어가 놓이고, '之'에 목적격 조사를 붙여 '그것을', '그를' 등으로 해석한다.
　▶ 人: 한문에서 '人'은 90% 이상 타인, 즉 남을 의미한다.

20절

　표점 ▶ 果能此道矣, 雖愚必明, 雖柔必强。右, 第二十章。

　단서 ▶ **果能**此道矣, **雖**愚**必**明, **雖**柔**必**强。

　직역 ▶ 정말로(果) 이(此) 도(道, 방법)에 능하니(能~矣) 비록(雖) 어리석더라도
(愚) 반드시(必) 밝아지며(明), 비록(雖) 부드럽더라도(柔) 반드시(必) 강해진다
(强). 우(右)는 제20장(第二十章)이다.

(1) '술어를 찾는 단서' 또는 '기본 의미가 동사(형용사)인 단어'를 찾아 술어의 역할(-다)을 부여한다.

(2) 한문은 유사한 구조를 반복해 문장이 배열된다. 따라서 단어의 품사와 역할은 그 단어가 놓인 위치로 파악된다.

(3) '必', '敢', '欲' 등이 우리말 부사나 보조사로 쓰일 때, 술어 앞에 위치하므로 술어를 찾는 단서이다. 이 문장에서 '能'은 술어이다.

▶ 果: 열매, 결과, 과연, 정말로, 끝내, 만약, 가령, 과감하다. 실현하다.

21장.
自誠明謂之性

1절

표점 ▶ 自誠明, 謂之性, 自明誠, 謂之教。誠則明矣, 明則誠矣。右, 第二十一章。

단서 ▶ 自誠**明**, **謂之**性, 自明**誠**, **謂之**教。誠**則**明矣, 明**則**誠矣。

직역 ▶ 성(誠)으로부터(自) 밝아지니(明), 그것(之)을 일러(謂, 말하길) '성(性)'이라 하고, 밝아지는(明) 것으로부터 성해지니(誠), 그것(之)을 일러(謂) '교(教)'라 한다. 성하면(誠則) 밝아지며(明矣), 밝아지면(明則) 성해진다(誠矣). 우(右)는 제21장(第二十一章)이다.

(1) '술어를 찾는 단서' 또는 '기본 의미가 동사(형용사)인 단어'를 찾아 술어의 역할(-다)을 부여한다.

(2) 한문은 유사한 구조를 반복해 문장이 배열된다. 따라서 단어의 품사와 역할은 그 단어가 놓인 위치로 파악된다.

(3) 뒤에 단어가 없거나 단어가 있더라도 그 품사를 명사나 동사(형용사)로 보기 어려운 경우, '之'는 앞에 나온 명사(명사구)를 받는 대명사로 쓰인다. '之'가 대명사로 쓰이면 대부분 그 앞에 술어가 놓이고, '之'에 목적격 조사를 붙여 '그것을', '그를' 등으로 해석한다.

(추가) 한문에서 '목적어+술어'의 구조는 없으나 '謂'를 예외로 보기도 한다. 그러나 도치의 형태로 예외라고 할 수 없다.

▶ 自~ (至)~: ~으로부터, ~(까지)

22장.
惟天下至誠

1절

표점 ▶ 惟天下至誠, 爲能盡其性, 能盡其性, 則能盡人之性。能盡人之性, 則能盡物之性, 能盡物之性, 則可以贊天地之化育。可以贊天地之化育, 則可以與天地參矣。右, 第二十二章。

단서 ▶ 惟天下至誠, 爲能盡其性, 能盡其性, 則能盡人之性。能盡人之性, 則能盡物之性, 能盡物之性, 則可以贊天地之化育。可以贊天地之化育, 則可以與天地參矣。

직역 ▶ 오직(惟) 천하(天下)의 지극한(至) 성(誠)이라야 그(其) 성(性)을 다할(盡) 수(能) 있다 하니(爲), 그(其) 성(性)을 다할(盡) 수(能) 있다면(則) 사람(人)의(之) 성(性)을 다할(盡) 수(能) 있다. 사람(人)의(之) 성(性)을 다할(盡) 수(能) 있다면(則) 물(物)의(之) 성(性)을 다할(盡) 수(能) 있고, 물(物)의(之) 성(性)을 다할(盡) 수(能) 있다면(則) 천지(天地)의(之) 화육(化育)을 도울(贊) 수 있다(可以). 천지(天地)의(之) 화육(化育)을 도울(贊) 수(可以) 있다면(則) 천지(天地)와 더불어(與) 참여할(參) 수(可以) 있다(矣). 우(右)는 제22장(第二十二章)이다.

(1) '술어를 찾는 단서' 또는 '기본 의미가 동사(형용사)인 단어'를 찾아 술어의 역할(-다)을 부여한다.

(2) 한문은 유사한 구조를 반복해 문장이 배열된다. 따라서 단어의 품사와 역할은 그 단어가 놓인 위치로 파악된다.

(3) '可(以)', '能(以)', '得(以)', '足(以)'은 서로 의미와 문법적 기능이 통용된다. 이들은 단독 품사(형용사나 명사)로 쓰이지 않을 때, 술어 앞에서 술어의 의미를 보조하므로 술어를 찾는 단서이다.

(4) '之' 뒤에 명사가 나오는 경우, '之'는 우리말의 관형격 조사(~의, ~하는, 한, ~ㄴ)로 쓰인다.

▶ 惟=唯

23장.
其次致曲

1절

표점 ▶ 其次致曲, 曲能有誠。誠則形, 形則著, 著則明, 明則動, 動則變, 變則化。唯天下至誠, 爲能化。右, 第二十三章。

단서 ▶ **其次**致曲, 曲**能**有誠。誠**則**形, 形**則**著, 著**則**明, 明**則**動, 動**則**變, 變**則**化。**唯**天下至誠, **爲能**化。

직역 ▶ 그(其)다음(次)은 곡(曲)에 이르니(致), 곡(曲)도 성실함(誠)이 있을(有) 수(能) 있다. 성실하면(誠則) 형하고(形, 나타나고), 형하면(形則) 드러나고(著), 드러나면(著則) 밝아지고(明), 밝아지면(明則) 움직이고(動), 움직이면(動則) 변하고(變), 변하면(變則) 화한다(化). 오직(唯) 천하(天下)의 지극한(至) 성(誠)이라야만 화할(化) 수(能) 있다(爲). 우(右)는 제23장(第二十三章)이다.

(1) '술어를 찾는 단서' 또는 '기본 의미가 동사(형용사)인 단어'를 찾아 술어의 역할(-다)을 부여한다.

(2) 한문은 유사한 구조를 반복해 문장이 배열된다. 따라서 단어의 품사와 역할은 그 단어가 놓인 위치로 파악된다.

(3) '可(以)', '能(以)', '得(以)', '足(以)'은 서로 의미와 문법적 기능이 통용된다. 이들은 단독 품사(형용사나 명사)로 쓰이지 않을 때, 술어 앞에서 술어의 의미를 보조하므로 술어를 찾는 단서이다.

24장.
至誠之道

1절

> **표점** ▶ 至誠之道, 可以前知, 國家將興, 必有禎祥, 國家將亡, 必有妖孼, 見乎蓍龜, 動乎四體。禍福將至, 善必先知之, 不善必先知之。故, 至誠如神。右, 第二十四章。

> **단서** ▶ 至誠**之**道, **可以**前知, 國家**將**興, **必有**禎祥, 國家**將**亡, **必有**妖孼, **見乎**蓍龜, **動乎**四體。禍福**將**至, 善**必**先知**之**, **不**善**必**先知**之**。故, 至誠**如**神。

> **직역** ▶ 지극히(至) 성실(誠)한(之) 도(道)는 앞서(前) 알(知) 수 있으니(可以), 국가(國家)가 장차(將) 흥하려면(興) 반드시(必) 상서로움(禎祥)이 있고(有), 국가(國家)가 장차(將) 망하려면(亡) 반드시(必) 요사스러운 일(妖孼, 요얼)이 있으니(有), 시초점과 거북점(蓍龜, 시귀)에(乎) 드러나며(見) 사체(四體)에(乎) 움직인다(動). 화(禍)와 복(福)이 장차(福) 이르는데(至) 선(善)이 반드시(必) 먼저(先) 그것(之)을 알며(知), 선하지(善) 않은(不) 것이 먼저(必) 그것(之)을 안다(知). 그러므로(故) 지극한(至) 성(誠)은 마치 귀신(神)과 같다(如). 우(右)는 제24장(第二十四章)이다.

(1) '술어를 찾는 단서' 또는 '기본 의미가 동사(형용사)인 단어'를 찾아 술어의 역할(-다)을 부여한다.

(2) 한문은 유사한 구조를 반복해 문장이 배열된다. 따라서 단어의 품사와 역할은 그 단어가 놓인 위치로 파악된다.

(3) '可(以)', '能(以)', '得(以)', '足(以)'은 서로 의미와 문법적 기능이 통용된다. 이들은 단독 품사(형용사나 명사)로 쓰이지 않을 때, 술어 앞에서 술어의 의미를 보조하므로 술어를 찾는 단서이다. 다만, 술어와의 사이에 부사가 위치하기도 한다.

(4) '必', '敢', '欲' 등이 우리말 부사나 보조사로 쓰일 때, 술어 앞에 위치하므로 술어를 찾는 단서이다.

(5) '於', '于', '乎' 등은 문장 중간에서 명사(명사구) 앞에 쓰일 때, 그 앞에 주로 술어가 위치하므로 술어를 찾는 단서이다. 이때 '於', '于', '乎'는 '~에(게)', '~을/를', '~와/과' 등의 의미이다.

(6) '之' 뒤에 명사가 나오는 경우, '之'는 우리말의 관형격 조사(~의, ~하는, 한, ~ㄴ)로 쓰인다.

(7) '不'는 뒤에 있는 동사나 형용사를 부정하고, '非'는 뒤에 있는 명사를 부정한다. 즉, '不' 뒤에 명사가 있어도 반드시 동사나 형용사로 만들어서 부정해야 한다. '不善'이 '선하지 않은 것이'라 해석되어 '善'을 명사로 오해할 수도 있다. 이는 '不善'이 '선하지 않다'라는 뜻인데, 문장에서 주어의 역할을 하기 때문이다. 다만, '不善'은 '선이 아니다'가 아니라, '선하지 않다'라고 해석해야 한다.

(8) '之' 뒤에 단어가 없거나 단어가 있더라도 그 품사를 명사나 동사(형용사)로 보기 어려운 경우, '之'는 앞에 나온 명사(명사구)를 받는 대명사로 쓰인다. '之'가 대명사로 쓰이면 대부분 그 앞에 술어가 놓이고, '之'에 목적격 조사를 붙여 '그것을', '그를' 등으로 해석한다.

25장.
誠者自成也

1절

> **표점** 誠者自成也, 而道自道也。

> **단서** 誠**者**自成也, **而**道自道也。

> **직역** 성(誠)이라는 것(者)은 스스로(自) 이루는(成) 것이요(也), 그리고(而) 도
(道)는 스스로(自) 가는(道) 것이라(也).

(1) '술어를 찾는 단서' 또는 '기본 의미가 동사(형용사)인 단어'를 찾아 술어의 역할(-다)을 부
여한다.

(2) 한문은 유사한 구조를 반복해 문장이 배열된다. 따라서 단어의 품사와 역할은 그 단어가
놓인 위치로 파악된다. 앞의 '道'는 성(誠)과 대를 이루고, 뒤의 '道'는 '성(成)'과 대를 이룬다.

(3) '者'는 문장 끝에 위치해 목적어로도 쓰이지만, 기본적으로 주어로서 술어 앞에 위치하므로
술어를 찾는 단서이다. '者'는 우리말로 '~것, ~사람' 등으로 해석되며, '주어+술어' 문장구조의 주
어이다.

2절

> **표점** 誠者, 物之終始, 不誠無物。是故, 君子, 誠之爲貴。

> **단서** 誠**者**, 物**之**終始, **不**誠**無**物。是故, 君子, 誠**之**爲貴。

> **직역** 성(誠)이라는 것(者)은 물(物)의(之) 끝(終)과 시작(始)이니, 성하지(誠) 않
으면(不) 물(物)이 없다(無). 이(是) 때문(故)에 군자(君子)는 성(誠)을(之) 귀한 것
으로(貴) 여긴다(爲).

(1) '술어를 찾는 단서' 또는 '기본 의미가 동사(형용사)인 단어'를 찾아 술어의 역할(-다)을 부여한다.

(2) '者'는 문장 끝에 위치해 목적어로도 쓰이지만, 기본적으로 주어로서 술어 앞에 위치하므로 술어를 찾는 단서이다. '者'는 우리말로 '~것, ~사람' 등으로 해석되며, '주어+술어' 문장구조의 주어이다.

(3) 술어가 생략된 문장은 명사에 '~(이)다'를 붙여 보어의 술어를 만들거나, 명사 앞에 '爲'를 넣어 목적어(보어)의 술어로 만들어서 해석한다.

(4) '之' 뒤에 명사가 나오는 경우, '之'는 우리말의 관형격 조사(~의, ~하는, 한, ~ㄴ)로 쓰인다.

(5) '之' 뒤에 동사나 형용사가 나오는 경우, '之'는 우리말의 주격 조사(~은/는, 이/가)로 쓰인다. 단, 주격 조사로 쓰이면 문장 속에 구(句, 주어+술어)이다. 그런데 우리말의 주격 조사로 그 의미가 어색하면, 목적격 조사 '~을/를' 넣어서 해석한다. '之'의 목적격 조사는 목적어가 술어 앞으로 도치된 단서이다.

3절

> **표점** ▶ 誠者, 非自成己而已也, 所以成物也。成己仁也, 成物知也, 性之德也, 合內外之道也。故, 時措之宜也。右, 第二十五章。

> **단서** ▶ 誠者, 非自成己而已也, 所以成物也。成己仁也, 成物知也, 性之德也, 合內外之道也。故, 時措之宜也。

> **직역** ▶ 성(誠)이라는 것(者)은 스스로(自) 자기(己)를 이룰(成) 뿐(而已) 아니라(非~也), 만물(物)을 이루는(成) 것(所以)이다(也). 자기(己)를 이루는(成) 것은 인(仁)이요, 만물(成)을 이루는(成) 것은 지(知)이니, 성(性)의(之) 덕(德)은 안(內)과 밖(外)을 합(合)한(之) 도(之)이다(也). 그러므로(故) 때(時)에 맞게 두는(措) 것이(之) 마땅하다(宜). 우(右)는 제25장(第二十五章)이다.

(1) '술어를 찾는 단서' 또는 '기본 의미가 동사(형용사)인 단어'를 찾아 술어의 역할(-다)을 부

여한다.

(2) 한문은 유사한 구조를 반복해 문장이 배열된다. 따라서 단어의 품사와 역할은 그 단어가 놓인 위치로 파악된다. 앞의 '道'는 성(誠)과 대를 이루고, 뒤의 '道'는 '성(成)'과 대를 이룬다.

(3) '者'는 문장 끝에 위치해 목적어로도 쓰이지만, 기본적으로 주어로서 술어 앞에 위치하므로 술어를 찾는 단서이다. '者'는 우리말로 '~것, ~사람' 등으로 해석되며, '주어+술어' 문장구조의 주어이다.

(4) '不'는 뒤에 있는 동사나 형용사를 부정하고, '非'는 뒤에 있는 명사를 부정한다. 즉, '不' 뒤에 명사가 있어도 반드시 동사나 형용사로 만들어서 부정해야 한다.

(5) '之' 뒤에 명사가 나오는 경우, '之'는 우리말의 관형격 조사(~의, ~하는, 한, ~ㄴ)로 쓰인다.

(6) '之' 뒤에 동사나 형용사가 나오는 경우, '之'는 우리말의 주격 조사(~은/는, 이/가)로 쓰인다.

▶ 所以: 방법, 까닭, 것. 일반적으로 '所以' 앞에는 주어가 위치한다. / 한정 종결사: '而已', '而已矣', '已', '也已', '耳', '爾' 등 '~일 뿐이다' 혹은 '~일 따름이다'

26장.
故至誠無息

1절

> **표점** ▶ 故, 至誠無息。
>
> **단서** ▶ 故, 至誠**無**息。
>
> **직역** ▶ 그러므로(故) 지극한(至) 성(誠)은 쉼(息)이 없다(無).

(1) '술어를 찾는 단서' 또는 '기본 의미가 동사(형용사)인 단어'를 찾아 술어의 역할(-다)을 부여한다.

(2) 有(無)'는 소유 관계를 나타내어 뒤에 명사인 보어가 있다. 따라서 '有(無)' 뒤에 술어가 오더라도 명사로 해석한다.

2절

> **표점** 不息則久, 久則徵。
>
> **단서** **不**息**則**久, 久**則**徵。
>
> **직역** 쉬지(息) 않으면(不~則) 오래 하고(久), 오래 하면(久則) 조짐(徵, 징조)이
> 나타난다.

(1) '술어를 찾는 단서' 또는 '기본 의미가 동사(형용사)인 단어'를 찾아 술어의 역할(-다)을 부여한다.

(2) 한문은 유사한 구조를 반복해 문장이 배열된다. 따라서 단어의 품사와 역할은 그 단어가 놓인 위치로 파악된다.

(3) '不', '未', '莫', '末', '勿'은 술어 앞에서 술어를 부정하는 보조사이므로 술어를 찾는 단서이다.

3절

> **표점** 徵則悠遠, 悠遠則博厚, 博厚則高明。
>
> **단서** 徵**則**悠遠, 悠遠**則**博厚, 博厚**則**高明。
>
> **직역** 조짐(徵)이 있으면(則) 아득히(悠) 멀고(遠), 아득히(悠) 멀면(遠則) 넓고
> (博) 두터우며(厚), 넓고(博) 두터우면(厚則) 높고(高) 밝다(明).

(1) '술어를 찾는 단서' 또는 '기본 의미가 동사(형용사)인 단어'를 찾아 술어의 역할(-다)을 부여한다.

(2) 한문은 유사한 구조를 반복해 문장이 배열된다. 따라서 단어의 품사와 역할은 그 단어가

놓인 위치로 파악된다.

4절

> **표점** 博厚, 所以載物也, 高明, 所以覆物也, 悠久, 所以成物也。
>
> **단서** 博厚, **所以**載物也, 高明, **所以**覆物也, 悠久, **所以**成物也。
>
> **직역** 넓고(博) 두터움(厚)은 만물(物)을 싣는(載) 것(所以)이고(也), 높고(高) 밝음(明)은 만물(物)을 덮어 주는(覆) 것(所以)이고(也), 멀고(悠) 오래됨(久)은 만물(物)을 이루는(成) 것(所以)이다(也).

(1) '술어를 찾는 단서' 또는 '기본 의미가 동사(형용사)인 단어'를 찾아 술어의 역할(-다)을 부여한다.

(2) 한문은 유사한 구조를 반복해 문장이 배열된다. 따라서 단어의 품사와 역할은 그 단어가 놓인 위치로 파악된다.

▶ 所以: 방법, 까닭, 것. 일반적으로 '所以' 앞에는 주어가 위치한다.

5절

> **표점** 博厚配地, 高明配天, 悠久無疆。
>
> **단서** 博厚**配**地, 高明**配**天, 悠久**無**疆。
>
> **직역** 넓고(博) 두터움(厚)은 땅(地)과 짝하고(配), 높고(高) 밝음(明)은 하늘(天)과 짝하며(配), 멀고(悠) 오래됨(久)은 끝(疆)이 없다(無).

(1) '술어를 찾는 단서' 또는 '기본 의미가 동사(형용사)인 단어'를 찾아 술어의 역할(-다)을 부여한다.

(2) 한문은 유사한 구조를 반복해 문장이 배열된다. 따라서 단어의 품사와 역할은 그 단어가

놓인 위치로 파악된다.

(3) 술어를 중심으로 그 앞에 오는 명사(명사구)는 '은/는, 이/가'를 붙여 주어의 역할을 부여하고, 그 뒤에 오는 명사(명사구)는 '을/를'을 붙여 목적어의 역할을 부여하거나 '에/에서, 와/과'를 붙여 보어의 역할을 부여한다.

6절

> **표점** 如此者, 不見而章, 不動而變, 無爲而成。
>
> **단서** <u>如</u>此<u>者</u>, <u>不</u>見<u>而</u>章, <u>不</u>動<u>而</u>變, <u>無</u>爲<u>而</u>成。
>
> **직역** 이(此)와 같은(如) 것(者, 사람)은 드러나지(見) 않아도(不) 드러나고(章), 움직이지(動) 않아도(不~而) 변하고(變), 행하는(爲) 것이 없어도(無而) 이루어진다(成).

(1) '술어를 찾는 단서' 또는 '기본 의미가 동사(형용사)인 단어'를 찾아 술어의 역할(-다)을 부여한다.

(2) 한문은 유사한 구조를 반복해 문장이 배열된다. 따라서 단어의 품사와 역할은 그 단어가 놓인 위치로 파악된다.

(3) '者'는 문장 끝에 위치해 목적어로도 쓰이지만, 기본적으로 주어로서 술어 앞에 위치하므로 술어를 찾는 단서이다. '者'는 우리말로 '~것, ~사람' 등으로 해석되며, '주어+술어' 문장구조의 주어이다.

(4) '不', '未', '莫', '末', '勿'은 술어 앞에서 술어를 부정하는 보조사이므로 술어를 찾는 단서이다.

(5) '而'는 2인칭(너, 그대, 당신) 대명사로도 사용되는데, 기본적으로는 접속사로서 술어인 동사(형용사)와 동사(형용사)를 연결하거나 문장을 연결한다.

7절

> **표점** 天地之道, 可一言而盡也, 其爲物不貳, 則其生物不測。

단서 ▶ 天地**之**道, **可**一言**而**盡也, 其爲物**不**貳, **則**其生物**不**測。

직역 ▶ 천지(天地)의(之) 도(道)는 한마디(一) 말(言)로(而) 다(盡) 할 수 있으니(可 ~也), 그(其) 물건(物) 되는(爲) 것이 둘이 되지(貳, 변하지) 않으니(不), 곧(則) 그 (其) 물건(物)을 낳는(生, 만들다) 것이 헤아려지지(測) 않는다(不).

(1) '술어를 찾는 단서' 또는 '기본 의미가 동사(형용사)인 단어'를 찾아 술어의 역할(-다)을 부여한다.

(2) 한문은 유사한 구조를 반복해 문장이 배열된다. 따라서 단어의 품사와 역할은 그 단어가 놓인 위치로 파악된다.

(3) '而'는 2인칭(너, 그대, 당신) 대명사로도 사용되는데, 기본적으로는 접속사로서 술어인 동사(형용사)와 동사(형용사)를 연결하거나 문장을 연결한다.

(4) '不', '未', '莫', '末', '勿'은 술어 앞에서 술어를 부정하는 보조사이므로 술어를 찾는 단서이다.

(5) '不'는 뒤에 있는 동사나 형용사를 부정하고, '非'는 뒤에 있는 명사를 부정한다. 즉, '不' 뒤에 명사가 있어도 반드시 동사나 형용사로 만들어서 부정해야 한다. '不貳'는 '둘이 아니다'가 아니라 '둘이 되지 않다'로 해석해야 한다.

8절

표점 ▶ 天地之道, 博也厚也高也明也悠也久也。今夫天, 斯昭昭之多, 及其無窮也, 日月星辰繫焉, 萬物覆焉。今夫地, 一撮土之多, 及其廣厚, 載華嶽而不重, 振河海而不洩, 萬物載焉。今夫山, 一卷石之多, 及其廣大, 草木生之, 禽獸居之, 寶藏興焉。今夫水, 一勺之多, 及其不測, 黿鼉蛟龍魚鼈生焉, 貨財殖焉。

단서 ▶ 天地**之**道, 博**也**厚**也**高**也**明**也**悠**也**久**也**。今夫天, 斯昭昭**之**多, **及**其**無**窮也, 日月星辰繫**焉**, 萬物覆**焉**。今夫地, 一撮土**之**多, **及**其廣厚, 載華嶽**而不**重, 振河海**而 不**洩, 萬物載**焉**。今夫山, 一卷石**之**多, **及**其廣大, 草木生**之**, 禽獸居**之**, 寶藏興**焉**。今 夫水, 一勺**之**多, **及**其**不**測, 黿鼉蛟龍魚鼈生**焉**, 貨財殖**焉**。

직역 천지(天地)의(之) 도(道)는 넓고(博也), 후하고(厚也), 높고(高也), 밝고(明也), 멀고(悠也), 오래다(久也). 지금(今) 무릇(夫) 하늘(天)에 이처럼(斯) 빛나는(昭昭) 것이(之) 많으니(多) 그(其) 무궁함(無窮)에 이르러(及) 해(日)와 달(月)과 별들(星辰)이 거기에(焉) 매여 있고(繫), 만물(萬物)이 거기에(焉) 덮여 있다(覆). 지금(今) 무릇(夫) 땅(地)에 한(一) 움큼(撮)의 흙(土)이(之) 많으니(多) 그(其) 넓고(廣) 두터움(厚)에 이르러(及) 화악산(華嶽)을 싣고(載) 있으면서도(而) 무겁지(重) 않게(不) 여기며, 하해(河海)를 거두어도(振而) 새지(洩) 않으며(不), 만물(萬物)이 거기에(焉) 실려 있다(載). 지금(今) 무릇(夫) 산(山)에 한(一) 주먹(卷)의 돌(石)이(之) 많으니(多) 그(其) 넓고(廣) 큼(大)에 이르러(及) 초목(草木)이 거기에서(之) 자라고(生), 짐승(禽獸)이 거기에(之) 거하며(居), 보물(寶藏)이 거기에서(焉) 흥한다(興). 지금(今) 무릇(夫) 물(水)에 한(一) 잔(勺)이(之) 많으니(多) 그(其) 예측하지(測) 못하는(不) 것에 이르러(及) 원타(黿鼉)와 교룡(蛟龍), 물고기(魚)와 자라(鼈)가 거기에서(焉) 자라며(生) 재화(貨財)가 거기에서(焉) 불어난다(殖).

(1) '술어를 찾는 단서' 또는 '기본 의미가 동사(형용사)인 단어'를 찾아 술어의 역할(-다)을 부여한다.

(2) 한문은 유사한 구조를 반복해 문장이 배열된다. 따라서 단어의 품사와 역할은 그 단어가 놓인 위치로 파악된다.

(3) '之' 뒤에 명사가 나오는 경우, '之'는 우리말의 관형격 조사(~의, ~하는, 한, ~ㄴ)로 쓰인다.

(4) '而'는 2인칭(너, 그대, 당신) 대명사로도 사용되는데, 기본적으로는 접속사로서 술어인 동사(형용사)와 동사(형용사)를 연결하거나 문장을 연결한다.

(5) '不', '未', '莫', '末', '勿'은 술어 앞에서 술어를 부정하는 보조사이므로 술어를 찾는 단서이다.

(6) '之' 뒤에 동사나 형용사가 나오는 경우, '之'는 우리말의 주격 조사(~은/는, 이/가)로 쓰인다.

(7) '焉'은 의문대명사, 의문부사, 접속사로도 쓰이고, '也', '矣'와 같이 종결사로도 쓰인다. 그러나 종결사로 쓰일 때, '也', '矣'와 달리 '於是', '於此', '於之'의 준말로 '거기에, 여기에서, 이것에, 그것을' 등의 의미이다.

학예연구사가 알려 주는 **한문 해석의 비밀**

> **표점** 《詩》云: "維天之命, 於! 穆不已." 蓋曰, 天之所以爲天也. "於乎! 不顯? 文王之德之純." 蓋曰, 文王之所以爲文也, 純亦不已. 右, 第二十六章.

> **단서** 《詩》云: "維天<u>之</u>命, **於**! 穆<u>不</u>已." 蓋曰, 天<u>之所以</u>爲天也. "**於乎**! <u>不</u>顯? 文王<u>之</u>德<u>之</u>純." 蓋曰, 文王<u>之所以</u>爲文也, 純亦<u>不</u>已.

> **직역** 『시경(詩)』에 이르길(云), "오직(維) 하늘(天)의(之) 명(命), 아(於)! 깊어서(穆) 그치지(已) 않는다(不)."라고 했으니, 대개(蓋) 말하자면(曰) 하늘(天)이(之) 하늘(天)이 된(爲) 까닭(所以)이다(也). "아(於乎)! 드러나지(顯) 않겠는가(不)? 문왕(文王)의(之) 덕(德)이(之) 순수하다(純)."라고 했으니, 대개(蓋) 말하자면(曰) 문왕(文王)이(之) 문(文)이 된(爲) 까닭(所以)이니(也), 순수함(純)이 또한(亦) 그치지(已) 않는다(不). 우(右)는 제26장(第二十六章)이다.

(1) '술어를 찾는 단서' 또는 '기본 의미가 동사(형용사)인 단어'를 찾아 술어의 역할(-다)을 부여한다.

(2) 한문은 유사한 구조를 반복해 문장이 배열된다. 따라서 단어의 품사와 역할은 그 단어가 놓인 위치로 파악된다.

(3) '不', '末', '莫', '末', '勿'은 술어 앞에서 술어를 부정하는 보조사이므로 술어를 찾는 단서이다.

(4) '之' 뒤에 명사가 나오는 경우, '之'는 우리말의 관형격 조사(~의, ~하는, 한, ~ㄴ)로 쓰인다.

(5) '之' 뒤에 동사나 형용사가 나오는 경우, '之'는 우리말의 주격 조사(~은/는, 이/가)로 쓰인다. 단, 주격 조사는 주로 문장에서 구(句, 주어+술어)인 경우이다. 문장에서 '之+所'인 경우도 '之'는 주격 조사로 해석한다.

▶ 詩云: 『시경(詩)』에 이르길(云), "~"라고 했다. / A云: "B"(A에(가) 이르길, "B"라고 했다.) / 所以: 방법, 까닭, 것. 일반적으로 '所以' 앞에는 주어가 위치한다. / 감탄사: 惡(오), 於(오), 於乎(오호), 於呼(오호), 嗚呼(오호), 噫(희), 嗟乎(차호)

27장.
大哉聖人之道

1절

> 표점 ▶ 大哉! 聖人之道。

> 단서 ▶ **大哉!** 聖人**之**道。

> 직역 ▶ 크도다(大哉)! 성인(聖人)의(之) 도(道)여!

(1) '之' 뒤에 명사가 나오는 경우, '之'는 우리말의 관형격 조사(~의, ~하는, 한, ~ㄴ)로 쓰인다.

▶ 감탄 종결사: 乎, 矣, 哉, 兮, 與, 夫, 也哉, 也與, 也夫, 矣夫, 矣乎.

2절

> 표점 ▶ 洋洋乎! 發育萬物, 峻極于天。

> 단서 ▶ **洋洋乎!** **發育**萬物, 峻極**于**天。

> 직역 ▶ 넓고(洋) 넓구나(洋乎)! 만물(萬物)을 발육시켜(發育) 높음(峻)이 하늘(天)에(于) 다했다(極, 이르다).

(1) '술어를 찾는 단서' 또는 '기본 의미가 동사(형용사)인 단어'를 찾아 술어의 역할(-다)을 부여한다.

(2) '於', '于', '乎' 등은 문장 중간에서 명사(명사구) 앞에 쓰일 때, 그 앞에 주로 술어가 위치하므로 술어를 찾는 단서이다. 이때 '於', '于', '乎'는 '~에(게)', '~을/를', '~와/과' 등의 의미이다.

3절

> **표점** 優優大哉! 禮儀三百, 威儀三千。

> **단서** 優優**大哉!** 禮儀三百, 威儀三千。

> **직역** 넉넉하게(優優) 크도다(大哉)! 예의(禮儀)가 삼 백(三百)이고, 위의(威儀)가 삼 천(三千)이다.

  (1) 술어가 생략된 문장은 명사에 '~(이)다'를 붙여 보어의 술어를 만들거나, 명사 앞에 '爲'를 넣어 목적어(보어)의 술어로 만들어서 해석한다.

▶ 감탄 종결사: 乎, 矣, 哉, 兮, 與, 夫, 也哉, 也與, 也夫, 矣夫, 矣乎.

4절

> **표점** 待其人而後行。

> **단서** **待**其人**而後**行。

> **직역** 그(其) 사람(人)을 기다린(待) 이후에(而後) 행해진다(行).

  (1) '술어를 찾는 단서' 또는 '기본 의미가 동사(형용사)인 단어'를 찾아 술어의 역할(-다)을 부여한다.

  (2) '而'는 2인칭(너, 그대, 당신) 대명사로도 사용되는데, 기본적으로는 접속사로서 술어인 동사(형용사)와 동사(형용사)를 연결하거나 문장을 연결한다.

  (3) 술어를 중심으로 그 앞에 오는 명사(명사구)는 '은/는, 이/가'를 붙여 주어의 역할을 부여하고, 그 뒤에 오는 명사(명사구)는 '을/를'을 붙여 목적어의 역할을 부여하거나 '에/에서, 와/과'를 붙여 보어의 역할을 부여한다.

> **표점** 故曰: "苟不至德, 至道不凝焉."

> **단서** 故曰: "**苟不**至德, 至道**不凝焉**."

> **직역** 그러므로(故) 말하길(曰), "만약(苟) 지극한(至) 덕(德)이 되지 않는다면
> (不), 지극한(至) 도(道)는 거기에(焉) 응집되지(凝) 않는다(不)."라고 했다.

(1) '술어를 찾는 단서' 또는 '기본 의미가 동사(형용사)인 단어'를 찾아 술어의 역할(-다)을 부여한다.

(2) 술어를 중심으로 그 앞에 오는 명사(명사구)는 '은/는, 이/가'를 붙여 주어의 역할을 부여하고, 그 뒤에 오는 명사(명사구)는 '을/를'을 붙여 목적어의 역할을 부여하거나 '에/에서, 와/과'를 붙여 보어의 역할을 부여한다.

(3) '不', '未', '莫', '末', '勿'은 술어 앞에서 술어를 부정하는 보조사이므로 술어를 찾는 단서이다.

(4) '焉'은 의문대명사, 의문부사, 접속사로도 쓰이고, '也', '矣'와 같이 종결사로도 쓰인다. 그러나 종결사로 쓰일 때, '也', '矣'와 달리 '於是', '於此', '於之'의 준말로 '거기에, 여기에서, 이것에, 그것을' 등의 의미이다.

'不至德'은 '덕을 지극히 하지 못하다'라고 먼저 해석하고, 뒤에 이어지는 문맥에 따라 수정되었다.

▶ 가정 부사: 若·如(만약), 雖·縱(비록 ~일지라도), 誠·苟(진실로(만약)~일지라도), 假令·假使(가령~이라면), 設使(설사~일지라도), 苟爲·如使(만일~라면)

> **표점** 故, 君子, 尊德性而道問學, 致廣大而盡精微, 極高明而道中庸, 溫故而知新,
> 敦厚以崇禮.

> **단서** 故, 君子, **尊**德性**而**道**問學**, 致廣大**而**盡精微, 極高明**而**道中庸, 溫故**而**知新,

敦厚**以**崇禮。

> **직역** 그러므로(故) 군자(君子)는 덕성(德性)을 높이고(尊~而), 학문(問學)을 말하니(道, 따르니), 넓고(廣) 큼(大)을 이르러서도(致~而) 정미(精微)함을 다하여(盡), 높고(高) 밝음(明)을 지극히 하고(極~而), 중용(中庸)을 말하니(道), 옛것(故)을 익혀서(溫~而) 새것(新)을 알며(知), 두텁고(敦) 후하게(厚) 함, 그것으로써(以) 예(禮)를 높인다(崇).

(1) '술어를 찾는 단서' 또는 '기본 의미가 동사(형용사)인 단어'를 찾아 술어의 역할(-다)을 부여한다.

(2) 한문은 유사한 구조를 반복해 문장이 배열된다. 따라서 단어의 품사와 역할은 그 단어가 놓인 위치로 파악된다.

(3) '而'는 2인칭(너, 그대, 당신) 대명사로도 사용되는데, 기본적으로는 접속사로서 술어인 동사(형용사)와 동사(형용사)를 연결하거나 문장을 연결한다.

(4) '以+동사(형용사)', 즉 '以' 뒤에 동사나 형용사가 나오면, 대명사 之를 넣어 '以+之+동사(형용사)'로 보고, '그것으로서(써)'의 의미로 해석한다.

▶ 道: ~에서, ~부터. 가르치다. 말하다. 의존하다. 이끌다. 인도하다. 통하다.

7절

> **표점** 是故, 居上不驕, 爲下不倍。國有道, 其言足以興, 國無道, 其黙足以容。《詩》曰: "旣明且哲, 以保其身。其此之謂與。右, 第二十七章。

> **단서** 是故, 居上**不**驕, **爲**下**不**倍。國**有**道, 其言**足以**興, 國**無**道, 其黙**足以**容。《詩》曰 "旣明**且**哲, **以保其**身。"**其此之謂與**。

> **직역** 이(是) 때문(故)에 윗자리(上)에 거해도(居) 교만하지(驕) 않으며(不), 아랫사람(下)이 되어서(爲) 배반하지(倍) 않는다(不). 나라(國)에 도(道)가 있다면(有) 그(其) 말(言)이 흥할(興) 수 있고(足以), 나라(國)에 도(道)가 없다면(無) 그

(其) 침묵(黙)이 용납될(容) 수 있다(足以). 『시경(詩)』에 이르길(曰), "이미(旣) 밝고(明) 또(且) 밝아서(哲) 그것으로써(以) 그(其) 몸(身)을 보존한다(保)."라고 했다. 아마도(其) 이것(此)을(之) 이르는(謂) 것이다(與). 우(右)는 제27장(第二十七章)이다.

(1) '술어를 찾는 단서' 또는 '기본 의미가 동사(형용사)인 단어'를 찾아 술어의 역할(-다)을 부여한다.

(2) '不', '未', '莫', '末', '勿'은 술어 앞에서 술어를 부정하는 보조사이므로 술어를 찾는 단서이다.

(3) '可(以)', '能(以)', '得(以)', '足(以)'은 서로 의미와 문법적 기능이 통용된다. 이들은 단독 품사(형용사나 명사)로 쓰이지 않을 때, 술어 앞에서 술어의 의미를 보조하므로 술어를 찾는 단서이다.

(4) '有(無)'는 장소가 앞에 나오고, '在'는 장소가 뒤에 나온다. 즉, '장소+有(無)+A'로 쓰이고, 'A+在+장소'로 쓰이고, '장소에 A가 있다'라고 해석한다. '有(無)'는 소유 관계를 나타내어 뒤에 명사인 보어가 있다.

(5) '以+동사(형용사)', 즉 '以' 뒤에 동사나 형용사가 나오면, 대명사 之를 넣어 '以+之+동사(형용사)'로 보고, '그것으로서(써)'의 의미로 해석한다.

(6) '之' 뒤에 동사나 형용사가 나오는 경우, '之'는 우리말의 주격 조사(~은/는, 이/가)로 쓰인다. 그런데 우리말의 주격 조사로 그 의미가 어색하면, 목적격 조사 '~을/를' 넣어서 해석한다. '之'의 목적격 조사는 목적어가 술어 앞으로 도치된 단서이다.

(7) '其'는 기본적으로 사람이나 사물을 받는 대명사 '그'의 의미이다. '其'는 대명사 '之'와 달리 문장 앞에 위치하기도 한다. 그러나 문장에서 대명사 외에도 '아마도', '혹'이라는 추측의 의미로도 쓰인다. '其'가 추측의 의미로 쓰일 때, 대부분 문장 끝에 '乎', '與'와 함께 쓰인다. '其 ~ 乎', '其 ~ 與'는 '아마도 ~일 것이다'라는 유형의 문장이다.

28장.
子曰愚而好自用

> **표점** 子曰: "愚而好自用, 賤而好自專, 生乎今之世, 反古之道, 如此者, 裁及其身者也。"

> **단서** 子曰: "愚而好自用, 賤而好自專, 生乎今之世, 反古之道, 如此者, 裁及其身者也。"

> **직역** 공자(子)가 말하길(曰), "어리석어도(愚而) 스스로(自) 쓰이기(用)를 좋아하고(好), 천한데도(賤而) 스스로(自) 마음대로 하기(專)를 좋아하고(好), 지금에(今之) 세상(世)에(乎) 태어나(生) 옛(古之) 도(道)를 반복하면(反), 이(此) 같은(如) 자(者)는 재앙(裁)이 그(其) 몸(身)에 이르는(及) 것(者)이다(也)."라고 했다.

(1) '술어를 찾는 단서' 또는 '기본 의미가 동사(형용사)인 단어'를 찾아 술어의 역할(-다)을 부여한다.

(2) '而'는 2인칭(너, 그대, 당신) 대명사로도 사용되는데, 기본적으로는 접속사로서 술어인 동사(형용사)와 동사(형용사)를 연결하거나 문장을 연결한다.

(3) '於', '于', '乎' 등은 문장 중간에서 명사(명사구) 앞에 쓰일 때, 그 앞에 주로 술어가 위치하므로 술어를 찾는 단서이다. 이때 '於', '于', '乎'는 '~에(게)', '~을/를', '~와/과' 등의 의미이다.

(4) '之'는 시간을 의미하는 명사와 함께 사용되어 시간을 나타내는 부사로 쓰이기도 한다. 다만, 이를 관형격 조사로 보기도 한다. 古之(옛날에), 今之孝者(지금에 효는)

(5) '者'는 문장 끝에 위치해 목적어로도 쓰이지만, 기본적으로 주어로서 술어 앞에 위치하므로 술어를 찾는 단서이다. '者'는 우리말로 '~것, ~사람' 등으로 해석되며, '주어+술어' 문장구조의 주어이다.

▶ 子曰: "~"(공자(子)가 말하길(曰), "~"라고 했다.) / A曰: "B"(A가 말하길, "B"라고 했다. A가

"B"라고 말했다.)

2절

> **표점** 非天子, 不議禮, 不制度, 不考文。
>
> **단서** <u>非</u>天子, **不**議禮, **不**制度, **不**考文。
>
> **직역** 천자(天子)가 아니면(非) 예(禮)를 의논하지(議) 않고(不), 법도(度)를 제정
> 하지(制) 않으며(不), 문(文)을 상고하지(考) 않는다(不).

(1) '술어를 찾는 단서' 또는 '기본 의미가 동사(형용사)인 단어'를 찾아 술어의 역할(-다)을 부여한다.

(2) '不'는 뒤에 있는 동사나 형용사를 부정하고, '非'는 뒤에 있는 명사를 부정한다. 즉, '不' 뒤에 명사가 있어도 반드시 동사나 형용사로 만들어서 부정해야 한다.

(3) '不', '未', '莫', '末', '勿'은 술어 앞에서 술어를 부정하는 보조사이므로 술어를 찾는 단서이다.

3절

> **표점** 今天下, 車同軌, 書同文, 行同倫。
>
> **단서** 今天下, 車<u>同</u>軌, 書<u>同</u>文, 行<u>同</u>倫。
>
> **직역** 지금(今) 천하(天下)에 수레(車)는 바퀴(軌)가 같으며(同), 글(書)은 문자
> (文)가 같으며(同), 행동(行)은 인륜(倫, 차례)이 같다(同).

(1) '술어를 찾는 단서' 또는 '기본 의미가 동사(형용사)인 단어'를 찾아 술어의 역할(-다)을 부여한다.

(2) 한문은 유사한 구조를 반복해 문장이 배열된다. 따라서 단어의 품사와 역할은 그 단어가 놓인 위치로 파악된다.

학예연구사가 알려 주는 **한문 해석의 비밀**

4절

표점 ▶ 雖有其位, 苟無其德, 不敢作禮樂焉。雖有其德, 苟無其位, 亦不敢作禮樂焉。

단서 ▶ **雖有**其位, **苟無**其德, **不敢作**禮樂**焉**。**雖有**其德, **苟無**其位, 亦**不敢作**禮樂**焉**。

직역 ▶ 비록(雖) 그(其) 자리(位)에 있더라도(有) 만약(苟) 그(其) 덕(德)이 없다면 (無), 감히(敢) 거기에서(焉) 예(禮)와 악(樂)을 만들지(作) 못한다(不). 비록(雖) 그(其) 덕(德)이 있더라도(有) 만약(苟) 그(其) 자리(位)가 없다면(無), 또한(亦) 감히(敢) 거기에서(焉) 예(禮)와 악(樂)을 만들지(作) 못한다(不).

(1) '술어를 찾는 단서' 또는 '기본 의미가 동사(형용사)인 단어'를 찾아 술어의 역할(-다)을 부여한다.

(2) 한문은 유사한 구조를 반복해 문장이 배열된다. 따라서 단어의 품사와 역할은 그 단어가 놓인 위치로 파악된다.

(3) '必', '敢', '欲' 등이 우리말 부사나 보조사로 쓰일 때, 술어 앞에 위치하므로 술어를 찾는 단서이다.

(4) '焉'은 의문대명사, 의문부사, 접속사로도 쓰이고, '也', '矣'와 같이 종결사로도 쓰인다. 그러나 종결사로 쓰일 때, '也', '矣'와 달리 '於是', '於此', '於之'의 준말로 '거기에, 여기에서, 이것에, 그것을' 등의 의미이다.

▶ 가정 부사: 若·如(만약), 雖·縱(비록 ~일지라도), 誠·苟(진실로(만약)~일지라도), 假令·假使(가령~이라면), 設使(설사~일지라도), 苟爲·如使(만일~라면)

5절

표점 ▶ 子曰: "吾說夏禮, 杞不足徵也。吾學殷禮, 有宋存焉。吾學周禮, 今用之, 吾從周。" 右, 第二十八章。

단서 ▶ 子**曰**: "吾**說**夏禮, 杞**不足**徵也。吾**學**殷禮, **有**宋**存焉**。吾**學**周禮, 今用**之**, 吾

從周."

> **직역** 공자(子)가 말하길(曰), "나(吾)는 하나라(夏)의 예(禮)를 말하지만(說) 기나라(杞)가 충분히(足) 증명하지(徵) 못했다(不). 내(吾)가 은나라(殷)의 예(禮)를 배웠지만(學), 송나라(有宋)가 거기에(焉) 존재했다(存). 나(吾)는 주나라(周)의 예(禮)를 배웠고(學), 지금(今) 그것(之)을 사용하니(用), 나(吾)는 주나라(周)를 따르겠다(從)."라고 했다. 우(右)는 제28장(第二十八章)이다.

  (1) '술어를 찾는 단서' 또는 '기본 의미가 동사(형용사)인 단어'를 찾아 술어의 역할(-다)을 부여한다.

  (2) 한문은 유사한 구조를 반복해 문장이 배열된다. 따라서 단어의 품사와 역할은 그 단어가 놓인 위치로 파악된다.

  (3) '不', '未', '莫', '末', '勿'은 술어 앞에서 술어를 부정하는 보조사이므로 술어를 찾는 단서이다.

  (4) '焉'은 의문대명사, 의문부사, 접속사로도 쓰이고, '也', '矣'와 같이 종결사로도 쓰인다. 그러나 종결사로 쓰일 때, '也', '矣'와 달리 '於是', '於此', '於之'의 준말로 '거기에, 여기에서, 이것에, 그것을' 등의 의미이다.

  (5) '之' 뒤에 단어가 없거나 단어가 있더라도 그 품사를 명사나 동사(형용사)로 보기 어려운 경우, '之'는 앞에 나온 명사(명사구)를 받는 대명사로 쓰인다. '之'가 대명사로 쓰이면 대부분 그 앞에 술어가 놓이고, '之'에 목적격 조사를 붙여 '그것을', '그를' 등으로 해석한다.

  ▶ 子曰: "~"(공자(子)가 말하길(曰), "~"라고 했다.) / A曰: "B"(A가 말하길, "B"라고 했다. A가 "B"라고 말했다.) / 有 ▶ 한 단어로 된 나라의 이름 앞에 붙이는 표현으로 '有明(명나라)', '有宋(송나라)' 등과 같이 쓰인다. 다만, '有宋存焉'을 '송나라(有宋)가 거기에(焉) 존재했다(存)'라고 해석하지 않고, '송나라(宋)가 거기에(焉) 존재함(存)이 있었다(有)'라고 해석하기도 한다.

29장.
王天下有三重焉

1절

> 표점 ▶ 王天下, 有三重焉, 其寡過矣乎!
>
> 단서 ▶ 王天下, **有**三重**焉**, **其**寡過矣**乎**!
>
> 직역 ▶ 천하(天下)에 왕 노릇을 하는데(王), 3가지(三) 중한(重) 것이 거기에(焉) 있으니(有), 아마도(其) 허물(過)을 적게(寡)할 것이리라(矣乎)!

(1) '술어를 찾는 단서' 또는 '기본 의미가 동사(형용사)인 단어'를 찾아 술어의 역할(-다)을 부여한다.

(2) '焉'은 의문대명사, 의문부사, 접속사로도 쓰이고, '也', '矣'와 같이 종결사로도 쓰인다. 그러나 종결사로 쓰일 때, '也', '矣'와 달리 '於是', '於此', '於之'의 준말로 '거기에, 여기에서, 이것에, 그것을' 등의 의미이다.

(3) '其'는 기본적으로 사람이나 사물을 받는 대명사 '그'의 의미이다. '其'는 대명사 '之'와 달리 문장 앞에 위치하기도 한다. 그러나 문장에서 대명사 외에도 '아마도', '혹'이라는 추측의 의미로도 쓰인다. '其'가 추측의 의미로 쓰일 때, 대부분 문장 끝에 '乎', '與'와 함께 쓰인다. '其 ~ 乎', '其 ~ 與'는 '아마도 ~일 것이다'라는 유형의 문장이다. '其'는 때로는 '곧'이란 의미로도 쓰인다.

2절

> 표점 ▶ 上焉者, 雖善無徵, 無徵不信, 不信民弗從。下焉者, 雖善不尊, 不尊不信, 不信民弗從。
>
> 단서 ▶ 上**焉**者, **雖**善無徵, 無徵不信, 不信民弗從。下**焉**者, **雖**善不尊, 不尊不信, 不信民弗從。

직역 ▶ 위(上)에 있는 것은(焉者) 비록(雖) 좋으나(善) 증거(徵)가 없고(無), 증거(徵)가 없으면(無) 믿지(信) 않고(不), 믿지(信) 않으면(不) 백성들(民)은 따르지(從) 않는다(弗). 아래(下)에 있는 것(焉者)은 비록(雖) 선하나(善) 존귀하지(尊) 않고(不), 존귀하지(尊) 않으면(不) 믿지(信) 않고(不), 믿지(信) 않으면(不) 백성들(民)이 따르지(從) 않는다(不).

(1) '술어를 찾는 단서' 또는 '기본 의미가 동사(형용사)인 단어'를 찾아 술어의 역할(-다)을 부여한다.

(2) 한문은 유사한 구조를 반복해 문장이 배열된다. 따라서 단어의 품사와 역할은 그 단어가 놓인 위치로 파악된다.

(3) '不', '未', '莫', '末', '勿'은 술어 앞에서 술어를 부정하는 보조사이므로 술어를 찾는 단서이다.

▶ 焉者=也者 / 가정 부사: 若·如(만약), 雖·縱(비록 ~일지라도), 誠·苟(진실로(만약)~일지라도), 假令·假使(가령~이라면), 設使(설사~일지라도), 苟爲·如使(만일~라면)

3절

표점 ▶ 故, 君子之道, 本諸身, 徵諸庶民, 考諸三王而不謬, 建諸天地而不悖, 質諸鬼神而無疑, 百世以俟聖人而不惑。

단서 ▶ 故, 君子<u>之</u>道, 本<u>諸</u>身, 徵<u>諸</u>庶民, 考<u>諸</u>三王<u>而不</u>謬, 建<u>諸</u>天地<u>而不</u>悖, 質<u>諸</u>鬼神<u>而無</u>疑, 百世<u>以</u>俟聖人<u>而不</u>惑。

직역 ▶ 그러므로(故) 군자(君子)의(之) 도(道)는 그것을(諸) 몸(身)에 근본으로(本) 해서, 그것을(諸) 서민(庶民)에게 증명하고(徵), 그것을(諸) 삼왕(三王)에 상고해도(考~而) 어긋나지(謬) 않고(不), 그것을(諸) 천지(天地)에 세워도(建~而) 어그러지지(悖) 않고(不), 그것을(諸) 귀신에게(鬼神) 질문해도(質而) 의심하지(疑) 않으며(不), 백세(百世) 그것으로써(以) 성인(聖人)을 기다려도(俟~而) 미혹되지(惑) 않으리라(不).

(1) '술어를 찾는 단서' 또는 '기본 의미가 동사(형용사)인 단어'를 찾아 술어의 역할(-다)을 부여한다.

(2) 한문은 유사한 구조를 반복해 문장이 배열된다. 따라서 단어의 품사와 역할은 그 단어가 놓인 위치로 파악된다.

(3) '之' 뒤에 명사가 나오는 경우, '之'는 우리말의 관형격 조사(~의, ~하는, 한, ~ㄴ)로 쓰인다.

(4) '諸'는 기본적으로 '모두'의 의미이다. 그러나 문장 중간에 쓰인 '諸'는 '之於'은 준말로도 쓰이며, '저'로 독음한다. 문장에서 '諸'는 '모두' 또는 '여럿'으로 해석하고, 그 해석이 어색하면 '之於'로 바꿔서 해석한다. 적용: 本諸身=本之於身 / 徵諸庶民=徵之於庶民 / 建諸天地=建之於天地.

(5) '而'는 2인칭(너, 그대, 당신) 대명사로도 사용되는데, 기본적으로는 접속사로서 술어인 동사(형용사)와 동사(형용사)를 연결하거나 문장을 연결한다.

(6) '不', '未', '莫', '末', '勿'은 술어 앞에서 술어를 부정하는 보조사이므로 술어를 찾는 단서이다.

(7) '以+동사(형용사)', 즉 '以' 뒤에 동사나 형용사가 나오면, 대명사 之를 넣어 '以+之+동사(형용사)'로 보고, '그것으로서(써)'의 의미로 해석한다.

4절

> **표점** 質諸鬼神而無疑, 知天也, 百世以俟聖人而不惑, 知人也。
>
> **단서** 質<u>諸</u>鬼神<u>而</u><u>無</u>疑, <u>知</u>天也, 百世<u>以</u>俟聖人<u>而</u><u>不</u>惑, <u>知</u>人也。
>
> **직역** 그것을(諸) 귀신(鬼神)에게 질문해도(質~而) 의심(疑)이 없다는(無) 것은 하늘(天)을 아는(知) 것이요(也). 백세(百世) 그것으로써(以) 성인(聖人)을 기다려도(俟~而) 미혹되지(惑) 않는다는(不) 것은 사람(人)을 아는(知) 것이다(也).

(1) '술어를 찾는 단서' 또는 '기본 의미가 동사(형용사)인 단어'를 찾아 술어의 역할(-다)을 부여한다.

(2) 한문은 유사한 구조를 반복해 문장이 배열된다. 따라서 단어의 품사와 역할은 그 단어가 놓인 위치로 파악된다.

(3) '諸'는 기본적으로 '모두'의 의미이다. 그러나 문장 중간에 쓰인 '諸'는 '之於'은 준말로도 쓰이며, '저'로 독음한다. 문장에서 '諸'는 '모두' 또는 '여럿'으로 해석하고, 그 해석이 어색하면 '之於'로 바꿔서 해석한다. 적용: 質諸鬼神=質之於鬼神

(4) '而'는 2인칭(너, 그대, 당신) 대명사로도 사용되는데, 기본적으로는 접속사로서 술어인 동사(형용사)와 동사(형용사)를 연결하거나 문장을 연결한다.

(5) '不', '未', '莫', '末', '勿'은 술어 앞에서 술어를 부정하는 보조사이므로 술어를 찾는 단서이다.

(6) '以+동사(형용사)', 즉 '以' 뒤에 동사나 형용사가 나오면, 대명사 之를 넣어 '以+之+동사(형용사)'로 보고, '그것으로서(써)'의 의미로 해석한다.

5절

> **표점** 是故, 君子動而世爲天下道, 行而世爲天下法, 言而世爲天下則。遠之則有望, 近之則不厭。
>
> **단서** 是故, 君子動而世爲天下道, 行而世爲天下法, 言而世爲天下則。遠之則有望, 近之則不厭。
>
> **직역** 이(是) 때문(故)에 군자(君子)가 움직이면(動而) 대대로(世) 천하(天下)의 도(道)가 되고(爲), 행하면(行而) 대대로(世) 천하(天下)의 법(法)이 되며(爲), 말하면(言而) 대대로(世) 천하(天下)의 법칙(則)이 된다(爲). 그것(之)을 멀리하면(遠~則), 바라봄(望, 우러러보다)이 있고(有), 그것(之)을 가까이하면(近~則) 싫어하지(厭) 않는다(不).

(1) '술어를 찾는 단서' 또는 '기본 의미가 동사(형용사)인 단어'를 찾아 술어의 역할(-다)을 부여한다.

(2) 한문은 유사한 구조를 반복해 문장이 배열된다. 따라서 단어의 품사와 역할은 그 단어가 놓인 위치로 파악된다.

(3) '而'는 2인칭(너, 그대, 당신) 대명사로도 사용되는데, 기본적으로는 접속사로서 술어인 동

사(형용사)와 동사(형용사)를 연결하거나 문장을 연결한다.

(4) '之' 뒤에 단어가 없거나 단어가 있더라도 그 품사를 명사나 동사(형용사)로 보기 어려운 경우, '之'는 앞에 나온 명사(명사구)를 받는 대명사로 쓰인다. '之'가 대명사로 쓰이면 대부분 그 앞에 술어가 놓이고, '之'에 목적격 조사를 붙여 '그것을', '그를' 등으로 해석한다.

(5) '不', '未', '莫', '末', '勿'은 술어 앞에서 술어를 부정하는 보조사이므로 술어를 찾는 단서이다.

▶ 則: 법칙(칙), 본받다(칙), 곧(즉)

6절

표점 ▶《詩》曰: "在彼無惡, 在此無射。庶幾夙夜以永終譽。"君子未有不如此而蚤有
譽於天下者也。右, 第二十九章。

단서 ▶《詩》曰: "**在**彼**無**惡, **在**此**無**射。**庶幾**夙夜**以**永終譽。"君子**未有不**如此**而**蚤**有**
譽**於**天下者也。

직역 ▶ 『시경(詩)』에 이르길(曰), "저기에(彼) 있어도(在) 미워함(惡)이 없고(無), 여기에(此) 있어도(在) 싫어함(射)이 없다(無). 이른 아침(夙)부터 밤(夜)까지, 그것으로써(以) 영원히(永) 명예(譽)로 마치기를(終) 바란다(庶幾)."라고 했다. 군자(君子)는 이(此)처럼(如) 하지 않고서(不) 일찍이(蚤) 천하(天下)에(於) 명예(譽)가 있는(有) 사람(者)은 아직 있지 않다(未~也). 우(右)는 제29장(第二十九章)이다.

(1) '술어를 찾는 단서' 또는 '기본 의미가 동사(형용사)인 단어'를 찾아 술어의 역할(-다)을 부여한다.

(2) 한문은 유사한 구조를 반복해 문장이 배열된다. 따라서 단어의 품사와 역할은 그 단어가 놓인 위치로 파악된다.

(3) '有(無)'는 장소가 앞에 나오고, '在'는 장소가 뒤에 나온다. 즉, '장소+有(無)+A'로 쓰이고, 'A+在+장소'로 쓰이고, '장소에 A가 있다'라고 해석한다. '有(無)'는 소유 관계를 나타내어 뒤에 명사인 보어가 있다.

(4) '不', '未', '莫', '末', '勿'은 술어 앞에서 술어를 부정하는 보조사이므로 술어를 찾는 단서이다.

(5) '以+동사(형용사)', 즉 '以' 뒤에 동사나 형용사가 나오면, 대명사 之를 넣어 '以+之+동사(형용사)'로 보고, '그것으로서(써)'의 의미로 해석한다.

(6) '而'는 2인칭(너, 그대, 당신) 대명사로도 사용되는데, 기본적으로는 접속사로서 술어인 동사(형용사)와 동사(형용사)를 연결하거나 문장을 연결한다.

(7) '於', '于', '乎' 등은 문장 중간에서 명사(명사구) 앞에 쓰일 때, 그 앞에 주로 술어가 위치하므로 술어를 찾는 단서이다. 단, '술어+목적어+보어'의 구조에 따라 '於' 앞에 목적어가 있고, 그 목적어 앞에 술어가 있을 때도 있다.

▶ 詩曰: "~"(『시경(詩)』에 이르길(曰), "~"라고 했다.) / A曰: "B"(A에(가) 이르길, "B"라고 했다.) / (未)有~者: '~사람이 있다', '~경우가(적이) 있다' 만약 '有'와 '者' 사이에 술어를 연결하는 '而'가 있더라도 '而' 앞에서 끊지 않는다. / 庶幾: 바람, ~를 바라다. / 夙夜(숙야): 이른 아침과 늦은 밤, 밤낮. / 終譽(종예): 끝까지 명예를 잃지 않다. / 惡: 악하다(악). 미워하다(오). 어찌(오) / 射: 쏘다(사). 싫어하다(역).

30장.
仲尼祖述堯舜

1절

> **표점** ▶ 仲尼, 祖述堯舜, 憲章文武, 上律天時, 下襲水土。
>
> **단서** ▶ 仲尼, 祖**述堯舜**, 憲章**文武**, **上律**天時, **下襲**水土。
>
> **직역** ▶ 중니(仲尼)는 요(堯)와 순(舜)을 조(祖, 祖宗)로 펼치시고(述), 문왕(文)과 무왕(武)을 법(憲)으로 준수했으며(章), 위(上)로는 하늘(天)의 때(時)를 따르시고(律), 아래(下)로는 수토(水土)를 인습하셨다(襲, 그대로 따르다).

(1) '술어를 찾는 단서' 또는 '기본 의미가 동사(형용사)인 단어'를 찾아 술어의 역할(-다)을 부여한다.

(2) 한문은 유사한 구조를 반복해 문장이 배열된다. 따라서 단어의 품사와 역할은 그 단어가 놓인 위치로 파악된다.

▶ 憲章(헌장): 법을 준수하다. / 律: 법, 규칙, 정도, 한도, 음률, 피리, 본뜨다, 따르다.

2절

표점 ▶ 辟如天地之無不持載, 無不覆幬。辟如四時之錯行, 如日月之代明。

단서 ▶ **辟如**天地**之無不**持載, **無不**覆幬。**辟如**四時**之**錯行, **如**日月**之**代明。

직역 ▶ 비유하자면(辟) 천지(天地)가(之) 받쳐주고(持) 실어주지(載) 않는(不) 것이 없고(無), 덮어주고(覆) 가려주지(幬) 않는(不) 것이 없는(無) 것과 같다(如). 비유하자면(辟) 사시(四時)가(之) 번갈아(錯) 행하는(行) 것과 같으며(如), 마치 해(日)와 달(月)이(之) 교대로(代) 밝혀 주는(明) 것과 같다(如).

(1) '술어를 찾는 단서' 또는 '기본 의미가 동사(형용사)인 단어'를 찾아 술어의 역할(-다)을 부여한다.

(2) 한문은 유사한 구조를 반복해 문장이 배열된다. 따라서 단어의 품사와 역할은 그 단어가 놓인 위치로 파악된다.

(3) '之' 뒤에 동사나 형용사가 나오는 경우, '之'는 우리말의 주격 조사(~은/는, 이/가)로 쓰인다.

(4) '不', '未', '莫', '末', '勿'은 술어 앞에서 술어를 부정하는 보조사이므로 술어를 찾는 단서이다.

▶ 辟如: =譬如, 비유하자면 ~과 같다. / 覆: 덮다(부), 다시(복), 되풀이하다(복)

3절

표점 ▶ 萬物, 竝育而不相害, 道竝行而不相悖。小德川流, 大德敦化, 此天地之所以

爲大也。右, 第三十章。

단서 萬物, 竝育**而不**相害, 道竝行**而不**相悖。**小德**川流, **大德**敦化, 此天地**之所以**爲大也。

직역 만물(萬物)이 함께(竝) 자라도(育而) 서로(相) 해치지(害) 않으며(不), 도(道)가 함께(竝) 행해도(行而) 서로(相) 어그러지지(悖) 않는다(不). 소덕(小德)은 천(川)이 흐르는(流) 것이오, 대덕(大德)은 돈독하게(敦) 조화되는(化) 것이니, 이것은(此) 천지(天地)가(之) 큰 것(大)이 되는(爲) 까닭(所以)이다(也). 우(右)는 제30장(第三十章)이다.

(1) '술어를 찾는 단서' 또는 '기본 의미가 동사(형용사)인 단어'를 찾아 술어의 역할(-다)을 부여한다.

(2) 한문은 유사한 구조를 반복해 문장이 배열된다. 따라서 단어의 품사와 역할은 그 단어가 놓인 위치로 파악된다.

(3) '而'는 2인칭(너, 그대, 당신) 대명사로도 사용되는데, 기본적으로는 접속사로서 술어인 동사(형용사)와 동사(형용사)를 연결하거나 문장을 연결한다.

(4) '不', '未', '莫', '末', '勿'은 술어 앞에서 술어를 부정하는 보조사이므로 술어를 찾는 단서이다.

(5) '之' 뒤에 동사나 형용사가 나오는 경우, '之'는 우리말의 주격 조사(~은/는, 이/가)로 쓰인다. 문장에서 '之+所'인 경우도 '之'는 주격 조사로 해석한다. 그런데 우리말의 주격 조사로 그 의미가 어색하면, 목적격 조사 '~을/를' 넣어서 해석한다. '之'의 목적격 조사는 목적어가 술어 앞으로 도치된 단서이다.

▶ 所以: 방법, 까닭, 것. 일반적으로 '所以' 앞에는 주어가 위치한다. / 'A以爲B', '以A爲B': 'A를 B로 여기다', 'A를 B로 삼다', 'A를 B로 생각하다'의 숙어로 쓰인다. 이때 '以'를 목적격 조사인 '~을'로 보기도 한다. 특히, 'A以爲B'에서 'A'가 도치된 것으로 볼 수도 있다. 다만, '以爲'는 숙어로 쓰이지 않을 때도 있다. 따라서 '以爲' 숙어로 해석을 하고, 해석되지 않으면 '以'와 '爲'를 각각 해석한다.

학예연구사가 알려 주는 **한문 해석의 비밀**

31장.
唯天下至聖

표점 ▶ 唯天下至聖, 爲能聰明睿知, 足以有臨也。寬裕溫柔足以有容也, 發强剛毅,
足以有執也, 齊莊中正, 足以有敬也, 文理密察, 足以有別也。

단서 ▶ **唯**天下至聖, 爲**能**聰明睿知, **足以有**臨也。寬裕溫柔**足以有**容也, 發强剛毅,
足以有執也, 齊莊中正, **足以有**敬也, 文理密察, **足以有**別也。

직역 ▶ 오직(唯) 천하(天下)의 지극한(至) 성인(聖)만이 총명(聰明)예지(睿知)를
잘하게(能) 되어(爲), 임할(臨) 수(足以) 있다(有也). 너그러움(寬)과 넉넉함(裕),
따뜻함(溫)과 부드러움(柔)으로 용납할(容) 수(足以) 있고(有), 발함(發), 강함(强),
굳셈(剛), 용맹(毅)으로 잡을(執) 수(足以) 있다(有). 정제함(齊), 씩씩함(莊), 알맞
음(中), 바름(正)으로 공경할(敬) 수(足以) 있다(有). 문리(文理)와 밀찰(密察)로
구분할(別) 수(足以) 있다(有).

(1) '술어를 찾는 단서' 또는 '기본 의미가 동사(형용사)인 단어'를 찾아 술어의 역할(-다)을 부
여한다.

(2) 한문은 유사한 구조를 반복해 문장이 배열된다. 따라서 단어의 품사와 역할은 그 단어가
놓인 위치로 파악된다.

(3) '可(以)', '能(以)', '得(以)', '足(以)'은 서로 의미와 문법적 기능이 통용된다. 이들은 단독 품사
(형용사나 명사)로 쓰이지 않을 때, 술어 앞에서 술어의 의미를 보조하므로 술어를 찾는 단서이다.

▶ 한정부사: 惟(=唯, 오직 ~일 뿐), 獨(유독 ~일 뿐), 但(다만 ~일 뿐), 只(다만 ~일 뿐), 直(다
만 ~일 뿐), 徒(다만 ~일 뿐). / 唯~爲: '오직~만이'로 해석하는 예도 있다.

2절

표점 ▶ 溥博淵泉, 而時出之。

단서 ▶ 溥博淵泉, **而**時出**之**。

직역 ▶ 두루(溥) 넓고(博), 조용하고 사려 깊어서(淵泉而), 때에(時) 맞게 그것(之)을 출(出)한다.

  (1) '술어를 찾는 단서' 또는 '기본 의미가 동사(형용사)인 단어'를 찾아 술어의 역할(-다)을 부여한다.

  (2) '而'는 2인칭(너, 그대, 당신) 대명사로도 사용되는데, 기본적으로는 접속사로서 술어인 동사(형용사)와 동사(형용사)를 연결하거나 문장을 연결한다.

  (3) '之' 뒤에 단어가 없거나 단어가 있더라도 그 품사를 명사나 동사(형용사)로 보기 어려운 경우, '之'는 앞에 나온 명사(명사구)를 받는 대명사로 쓰인다. '之'가 대명사로 쓰이면 대부분 그 앞에 술어가 놓이고, '之'에 목적격 조사를 붙여 '그것을', '그를' 등으로 해석한다.

  ▶ 淵泉: 깊은 샘. 조용하며 사려 깊다.

3절

표점 ▶ 溥博如天, 淵泉如淵。見而民莫不敬, 言而民莫不信, 行而民莫不說。

단서 ▶ 溥博**如**天, 淵泉**如**淵。見**而**民**莫不**敬, 言**而**民**莫不**信, 行**而**民**莫不**說。

직역 ▶ 두루(溥) 넓은(博) 것이 마치 하늘(天)과 같고(如), 조용하고 사려 깊은(淵泉) 것이 마치 못(淵)과 같다(如). 드러나면(見而) 백성들(民)은 공경하지(敬) 않는(不) 것이 없고(莫), 말하면(言而) 백성들(民)은 믿지(信) 않는(不) 것이 없으며(莫), 행하면(行而) 백성들(民)이 기뻐하지(說) 않는(不) 것이 없다(莫).

  (1) '술어를 찾는 단서' 또는 '기본 의미가 동사(형용사)인 단어'를 찾아 술어의 역할(-다)을 부

여한다.

(2) '而'는 2인칭(너, 그대, 당신) 대명사로도 사용되는데, 기본적으로는 접속사로서 술어인 동사(형용사)와 동사(형용사)를 연결하거나 문장을 연결한다.

(3) '莫'은 일반 부정사와 달리 대명사를 포함한다. 따라서 '莫'은 '~것이(은)', '~한 사람이(은)'를 포함해서 해석한다.

(4) '不', '未', '莫', '末', '勿'은 술어 앞에서 술어를 부정하는 보조사이므로 술어를 찾는 단서이다.

▶ 說: 말씀(설), 설명하다(설), 달래다(세), 기쁘다(열)

4절

> 표점 ▶ 是以, 聲名洋溢乎中國, 施及蠻貊, 舟車所至, 人力所通, 天之所覆, 地之所載, 日月所照, 霜露所隊, 凡有血氣者莫不尊親, 故曰, 配天。右, 第三十一章。

> 단서 ▶ 是以, 聲名洋溢乎中國, 施及蠻貊, 舟車所至, 人力所通, 天之所覆, 地之所載, 日月所照, 霜露所隊, 凡有血氣者莫不尊親, 故曰, 配天。

> 직역 ▶ 이(是) 때문에(以) 명성(聲名)이 중국(中國)에(乎) 넓게(洋) 넘쳐(溢), 만맥(蠻貊)에 퍼져(施) 이르고(及), 배(舟)와 수레(車)가 이르는(至) 곳(所), 사람(人)의 힘(力)이 통하는(通) 곳(所), 하늘(天)이(之) 덮어 주는(覆) 곳(所), 땅(地)이(之) 실어 주는(載) 곳(所), 해(日)와 달(月)이 비추는(照) 곳(所), 서리(霜)와 이슬(露)이 내리는(隊) 곳(所), 모두(凡) 혈기(血氣)가 있는(有) 것(者)이 존경하고(尊) 친애하지(親) 않는(不) 것이 없다(莫)고 하니, 그러므로(故) 말하면(曰), 하늘(天)을 짝한다(配)고 하는 것이다. 우(右)는 제31장(第三十一章)이다.

(1) '술어를 찾는 단서' 또는 '기본 의미가 동사(형용사)인 단어'를 찾아 술어의 역할(-다)을 부여한다.

(2) 한문은 유사한 구조를 반복해 문장이 배열된다. 따라서 단어의 품사와 역할은 그 단어가 놓인 위치로 파악된다.

(3) '於', '于', '乎' 등은 문장 중간에서 명사(명사구) 앞에 쓰일 때, 그 앞에 주로 술어가 위치하므로 술어를 찾는 단서이다. 이때 '於', '于', '乎'는 '~에(게)', '~을/를', '~와/과' 등의 의미이다.

(4) '之' 뒤에 동사나 형용사가 나오는 경우, '之'는 우리말의 주격 조사(~은/는, 이/가)로 쓰인다. 단, 주격 조사는 주로 문장에서 구(句, 주어+술어)인 경우이다. 문장에서 '之+所'인 경우도 '之'는 주격 조사로 해석한다.

(5) '者'는 앞에 나온 단어의 수식을 받아 명사화하고, '所'는 뒤에 나오는 동사, 형용사의 수식을 받아 명사화한다.

(6) '莫'은 일반 부정사와 달리 대명사를 포함한다. 따라서 '莫'은 '~것이(은)', '~한 사람이(은)'를 포함해서 해석한다.

(7) '不', '未', '莫', '末', '勿'은 술어 앞에서 술어를 부정하는 보조사이므로 술어를 찾는 단서이다.

▶ (未)有~者: '~사람이 있다' 또는 '~경우가(적이) 있다' / 施: 베풀다(시), 퍼지다(이) / 隊: 무리(대), 내리다(추)

32장.
唯天下至誠爲能經綸天下之大經

1절

표점 ▶ 唯天下至誠, 爲能經綸天下之大經, 立天下之大本, 知天地之化育, 夫焉有所倚?

단서 ▶ 唯天下至誠, **爲能**經綸天下<u>之</u>大經, **立**天下<u>之</u>大本, **知**天地<u>之</u>化育, 夫**焉有所**倚?

직역 ▶ 오직(唯) 천하(天下)의 지극한(至) 성(誠)이 천하(天下)의(之) 큰(大) 법(經)을 경륜(經綸, 다스리다)할 수(能) 있다고 하니(爲), 천하(天下)의(之) 큰(大) 본(本)을 세우며(立), 천지(天地)의(之) 화육(化育)을 아니(知), 대저(夫) 어찌(焉) 의지하는(倚) 바(所)가 있으리오(有)?

(1) '술어를 찾는 단서' 또는 '기본 의미가 동사(형용사)인 단어'를 찾아 술어의 역할(-다)을 부여한다.

(2) 한문은 유사한 구조를 반복해 문장이 배열된다. 따라서 단어의 품사와 역할은 그 단어가 놓인 위치로 파악된다.

(3) '之' 뒤에 명사가 나오는 경우, '之'는 우리말의 관형격 조사(~의, ~하는, 한, ~ㄴ)로 쓰인다.

(4) '者'는 앞에 나온 단어의 수식을 받아 명사화하고, '所'는 뒤에 나오는 동사, 형용사의 수식을 받아 명사화한다.

(5) '誰', '何', '安', '孰', '焉', '胡' 등은 의문사 혹은 의문부사로서 일반적으로 문장 앞에 있다. 먼저 의문사인지 의문부사인지를 구분하고, 의문사로 쓰였다면 주어인지, 술어의 목적어인지를 구분해야 한다.

2절

> **표점** ▶ 肫肫其仁, 淵淵其淵, 浩浩其天。
>
> **단서** ▶ 肫肫**其**仁, 淵淵**其**淵, 浩浩**其**天。
>
> **직역** ▶ 정성스럽고(肫) 정성스러운(肫) 그(其) 인(仁)이며, 깊고(淵) 깊은(淵) 그
> (其) 연못(淵)이며, 넓고(浩) 넓은(浩) 그(其) 하늘(天)이다.

(1) '술어를 찾는 단서' 또는 '기본 의미가 동사(형용사)인 단어'를 찾아 술어의 역할(-다)을 부여한다.

(2) 한문은 유사한 구조를 반복해 문장이 배열된다. 따라서 단어의 품사와 역할은 그 단어가 놓인 위치로 파악된다.

(3) 술어가 생략된 문장은 명사에 '~(이)다'를 붙여 보어의 술어를 만들거나, 명사 앞에 '爲'를 넣어 목적어(보어)의 술어로 만들어서 해석한다.

▶ 肫: 광대뼈(순), 장딴지(순), 정성스럽다(순), 만두(둔), 아래턱(준)

> **표점** 苟不固聰明聖知達天德者, 其孰能知之? 右, 第三十二章。

> **단서** **苟不**固聰明聖知達天德**者**, 其**孰能**知**之**?

> **직역** 만일(苟) 진실로(固) 총명(聰明)성지(聖知)하여 하늘(天)의 덕(德)을 통달한(達) 자(者)가 되지 않는다면, 그(其) 누가(孰) 능히 그것(之)을 알(知) 수(能) 있겠는가? 우(右)는 제32장(第三十二章)이다.

(1) '술어를 찾는 단서' 또는 '기본 의미가 동사(형용사)인 단어'를 찾아 술어의 역할(-다)을 부여한다.

(2) '不', '未', '莫', '末', '勿'은 술어 앞에서 술어를 부정하는 보조사이므로 술어를 찾는 단서이다.

(3) '誰', '何', '安', '孰', '焉', '胡' 등은 의문사 혹은 의문부사로서 일반적으로 문장 앞에 있다. 먼저 의문사인지 의문부사인지를 구분하고, 의문사로 쓰였다면 주어인지, 술어의 목적어인지를 구분해야 한다.

(4) '可(以)', '能(以)', '得(以)', '足(以)'은 서로 의미와 문법적 기능이 통용된다. 이들은 단독 품사(형용사나 명사)로 쓰이지 않을 때, 술어 앞에서 술어의 의미를 보조하므로 술어를 찾는 단서이다.

(5) '之' 뒤에 단어가 없거나 단어가 있더라도 그 품사를 명사나 동사(형용사)로 보기 어려운 경우, '之'는 앞에 나온 명사(명사구)를 받는 대명사로 쓰인다. '之'가 대명사로 쓰이면 대부분 그 앞에 술어가 놓이고, '之'에 목적격 조사를 붙여 '그것을', '그를' 등으로 해석한다.

▶ 가정 부사: 若·如(만약), 雖·縱(비록 ~일지라도), 誠·苟(진실로(만약)~일지라도), 假令·假使(가령~이라면), 設使(설사~일지라도), 苟爲·如使(만일~라면)

33장.
詩曰衣錦尙絅

1절

> **표점** 《詩》曰: "衣錦尙絅。" 惡其文之著也。故, 君子之道, 闇然而日章, 小人之道, 的然而日亡。君子之道, 淡而不厭, 簡而文, 溫而理, 知遠之近, 知風之自, 知微之顯, 可與入德矣。

> **단서** 《詩》**曰**: "衣錦尙絅。" **惡**其文**之**著也。故, **君子之道**, 闇然**而**日章, **小人之道**, 的然**而**日亡。君子**之道**, 淡**而不厭**, 簡**而**文, 溫**而**理, 知遠**之**近, 知風**之**自, 知微**之**顯, **可**與入德矣。

> **직역** 『시경(詩)』에 이르길(曰), "비단옷(錦)을 입고(衣), 홑옷(絅)을 덧입었다(尙)."라고 했다. 그(其) 문채(文)가(之) 드러나는(著) 것을 싫어하는(惡) 것이다(也). 그러므로(故) 군자(君子)의(之) 도(道)는 암연(闇然)하지만(而) 날로(日) 빛나고(章), 소인(小人)의(之) 도(道)는 분명(的然)하지만(而) 날로(日) 없어진다(亡). 군자(君子)의(之) 도(道)는 맑지만(淡而) 싫지(厭) 않고(不), 간단하지만(簡而) 문채(文)가 나며, 온화하지만(溫而) 조리(理)가 있으니, 먼(遠) 것이(之) 가깝다(近)는 것을 알며(知), 바람(風)이(之) 오는 곳(自, ~부터)을 알며(知), 은미함(微)이(之) 드러나는(顯) 것을 안다면(知), 더불어(與) 덕(德)에 들어갈(入) 수(可) 있을 것이다(矣).

(1) '술어를 찾는 단서' 또는 '기본 의미가 동사(형용사)인 단어'를 찾아 술어의 역할(-다)을 부여한다.

(2) 한문은 유사한 구조를 반복해 문장이 배열된다. 따라서 단어의 품사와 역할은 그 단어가 놓인 위치로 파악된다.

(3) '之' 뒤에 명사가 나오는 경우, '之'는 우리말의 관형격 조사(~의, ~하는, 한, ~ㄴ)로 쓰인다.

(4) '不', '未', '莫', '末', '勿'은 술어 앞에서 술어를 부정하는 보조사이므로 술어를 찾는 단서이다.

(5) '而'는 2인칭(너, 그대, 당신) 대명사로도 사용되는데, 기본적으로는 접속사로서 술어인 동사(형용사)와 동사(형용사)를 연결하거나 문장을 연결한다.

(6) '之' 뒤에 동사나 형용사가 나오는 경우, '之'는 우리말의 주격 조사(~은/는, 이/가)로 쓰인다.

(7) '可(以)', '能(以)', '得(以)', '足(以)'은 서로 의미와 문법적 기능이 통용된다. 이들은 단독 품사(형용사나 명사)로 쓰이지 않을 때, 술어 앞에서 술어의 의미를 보조하므로 술어를 찾는 단서이다.

▶ 詩曰: "~"(『시경(詩)』에 이르길(曰), "~"라고 했다.) / A曰: "B"(A에(가) 이르길, "B"라고 했다.) / 惡: 악하다(악), 미워하다(오), 어찌(오). / 尙(상): 오히려, 숭상하다, 겹치다. / 絅(경): 홑옷, 끌어죄다.

2절

표점 《詩》云: "潛雖伏矣, 亦孔之昭。" 故, 君子內省不疚, 無惡於志。君子之所不可及者, 其唯人之所不見乎。

단서 《詩》云: "潛<u>雖</u>伏矣, 亦孔<u>之</u>昭。" 故, 君子內省<u>不</u>疚, <u>無</u>惡<u>於</u>志。君子<u>之所不可</u>及<u>者</u>, 其<u>唯</u>人<u>之所不</u>見乎。

직역 『시경(詩)』에 이르길(云), "잠겨(潛) 비록(雖) 엎드려(伏) 있으나(矣), 또한(亦) 매우(孔之) 밝다(昭)."라고 했다. 그러므로(故) 군자(君子)는 안(內)으로 살펴(省) 병폐하지(疚) 않아(不), 뜻(志)에(於) 악(惡)이 없다(無). 군자(君子)가(之) 이를(及) 수(可) 없는(不) 것(所~者)은 아마도(其) 오직(唯) 사람(人)이(之) 보지(見) 못하는(不) 것(所)이리라(乎).

(1) '술어를 찾는 단서' 또는 '기본 의미가 동사(형용사)인 단어'를 찾아 술어의 역할(-다)을 부여한다.

(2) '不', '未', '莫', '末', '勿'은 술어 앞에서 술어를 부정하는 보조사이므로 술어를 찾는 단서이다.

(3) '於', '于', '乎' 등은 문장 중간에서 명사(명사구) 앞에 쓰일 때, 그 앞에 주로 술어가 위치하므로 술어를 찾는 단서이다. 이때 '於', '于', '乎'는 '~에(게)', '~을/를', '~와/과' 등의 의미이다.

(4) '之' 뒤에 동사나 형용사가 나오는 경우, '之'는 우리말의 주격 조사(~은/는, 이/가)로 쓰인다. 단, 주격 조사는 주로 문장에서 구(句, 주어+술어)인 경우이다. 문장에서 '之+所'인 경우도 '之'는 주격 조사로 해석한다.

(5) '可(以)', '能(以)', '得(以)', '足(以)'은 서로 의미와 문법적 기능이 통용된다. 이들은 단독 품사(형용사나 명사)로 쓰이지 않을 때, 술어 앞에서 술어의 의미를 보조하므로 술어를 찾는 단서이다.

(6) '者'는 앞에 나온 단어의 수식을 받아 명사화하고, '所'는 뒤에 나오는 동사, 형용사의 수식을 받아 명사화한다.

▶ 詩云: 『시경(詩)』에 이르길(云), "~"라고 했다. / A云: "B"(A에(가) 이르길, "B"라고 했다.) / 가정 부사: 若·如(만약), 雖·縱(비록 ~일지라도), 誠·苟(진실로(만약)~일지라도), 假令·假使(가령~이라면), 設使(설사~일지라도), 苟爲·如使(만일~라면) / 孔(공): 구멍, 매우, 크다, 헛되다. / 無惡於志: '마음에 부끄럼이 없으니'라는 해석도 있다.

3절

표점   《詩》云: "相在爾室, 尙不愧于屋漏。" 故, 君子不動而敬, 不言而信。

단서   《詩》**云**, 相**在爾**室, 尙**不愧于**屋漏。故, 君子**不動而敬, 不言而信**。

직역   『시경(詩)』에 이르길(云), "네(爾) 집(室)에 있음(在)을 살펴보니(相), 오히려(尙) 집(屋)이 새는(漏)데도(于) 부끄러워하지(愧) 않는다(不)."라고 했다. 그러므로(故) 군자(君子)는 움직이지(動) 않아도(不~而) 공경하고(敬), 말하지(言) 않아도(不~而) 믿는(信) 것이다.

(1) '술어를 찾는 단서' 또는 '기본 의미가 동사(형용사)인 단어'를 찾아 술어의 역할(-다)을 부여한다.

(2) '有(無)'는 장소가 앞에 나오고, '在'는 장소가 뒤에 나온다. 즉, '장소+有(無)+A'로 쓰이고, 'A+在+장소'로 쓰이고, '장소에 A가 있다'라고 해석한다.

(3) '不', '未', '莫', '末', '勿'은 술어 앞에서 술어를 부정하는 보조사이므로 술어를 찾는 단서이다.

(4) '於', '于', '乎' 등은 문장 중간에서 명사(명사구) 앞에 쓰일 때, 그 앞에 주로 술어가 위치하므로 술어를 찾는 단서이다. 이때 '於', '于', '乎'는 '~에(게)', '~을/를', '~와/과' 등의 의미이다. 단, '於' 앞에 형용사가 올 때는 '~보다'라는 비교급으로 쓰인다.

(5) '而'는 2인칭(너, 그대, 당신) 대명사로도 사용되는데, 기본적으로는 접속사로서 술어인 동사(형용사)와 동사(형용사)를 연결하거나 문장을 연결한다.

▶ 詩云: "~"(『시경(詩)』에 이르길(云), "~"라고 했다.) / A云: "B"(A에(가) 이르길, "B"라고 했다.) / 2인칭 대명사: 子, 若, 女(汝), 爾, 而, 君, 乃, 公. / 相: 자세히 보다. / 屋漏(옥루): 집이 새다, 방의 서북 귀퉁이, 집에서 가장 깊숙한 곳, 지붕의 새는 곳.

4절

표점 ▶ 《詩》曰: "奏假無言, 時靡有爭。"是故, 君子不賞而民勸, 不怒而民威於鈇鉞。

단서 ▶ 《詩》曰: "奏假**無**言, 時靡**有**爭。"是故, 君子**不賞而**民勸, **不怒而**民威**於**鈇鉞。

직역 ▶ 『시경(詩)』에 이르길(曰), "나아가(奏, 연주하니) 이르니(假, 감격하여), 말(言)이 없어도(無), 이때(時) 다툼(爭)이 있지(有) 않다(靡)."라고 했다. 이(是) 때문(故)에 군자(君子)가 상을 주지(賞) 않아도(不~而) 백성들(民)이 권면하며(勸), 성내지(怒) 않아도(不~而) 백성들(民)이 부월(鈇鉞, 도끼)보다(於) 더 두려워한다(威).

(1) '술어를 찾는 단서' 또는 '기본 의미가 동사(형용사)인 단어'를 찾아 술어의 역할(-다)을 부여한다.

(2) '不', '未', '莫', '末', '勿'은 술어 앞에서 술어를 부정하는 보조사이므로 술어를 찾는 단서이다.

(3) '而'는 2인칭(너, 그대, 당신) 대명사로도 사용되는데, 기본적으로는 접속사로서 술어인 동사(형용사)와 동사(형용사)를 연결하거나 문장을 연결한다.

(4) '於', '于', '乎' 등은 문장 중간에서 명사(명사구) 앞에 쓰일 때, 그 앞에 주로 술어가 위치하므로 술어를 찾는 단서이다. 이때 '於', '于', '乎'는 '~에(게)', '~을/를', '~와/과' 등의 의미이다.

▶ 詩曰: "~"(『시경(詩)』에 이르길(曰), "~"라고 했다.) / A曰: "B"(A에(가) 이르길, "B"라고 했다.) / 假(가): 거짓, 틈, 임시, 빌리다, 용서하다, 너그럽다, 크다, 이르다.

5절

> **표점** 《詩》曰: "不顯惟德, 百辟其刑之." 是故, 君子篤恭而天下平。
>
> **단서** 《詩》**曰**: "**不**顯惟德, 百辟其刑**之**." 是故, 君子篤恭**而**天下平。
>
> **직역** 『시경(詩)』에 이르길(曰), "드러나지(顯) 않아도(不) 오직(惟) 덕(德)은 여러 제후(百辟, 백벽)가 곧(其) 그것(之)을 본받는다(刑)."라고 했다. 이(是) 때문(故)에 군자(君子)가 공경(恭)을 돈독히(篤) 하면(而) 천하(天下)가 다스려진다(平).

(1) '술어를 찾는 단서' 또는 '기본 의미가 동사(형용사)인 단어'를 찾아 술어의 역할(-다)을 부여한다.

(2) '不', '未', '莫', '末', '勿'은 술어 앞에서 술어를 부정하는 보조사이므로 술어를 찾는 단서이다.

(3) '之' 뒤에 단어가 없거나 단어가 있더라도 그 품사를 명사나 동사(형용사)로 보기 어려운 경우, '之'는 앞에 나온 명사(명사구)를 받는 대명사로 쓰인다.

(4) '而'는 2인칭(너, 그대, 당신) 대명사로도 사용되는데, 기본적으로는 접속사로서 술어인 동사(형용사)와 동사(형용사)를 연결하거나 문장을 연결한다.

▶ 詩曰: "~"(『시경(詩)』에 이르길(曰), "~"라고 했다.) / A曰: "B"(A에(가) 이르길, "B"라고 했다.) / 惟: '어조사'로 보기도 한다. / 辟: 피하다(피), 물리치다(벽), 제후(벽), 임금(벽), 비유하다(비), 그치다(미). / 刑(형): 형벌, 법, 모양, 국그릇, 본받다, 다스리다.

표점 》《詩》云: "予懷明德, 不大聲以色。" 子曰: "聲色之於以化民, 末也。"《詩》云: "德輶如毛。" 毛猶有倫, 上天之載無聲無臭, 至矣。右, 第三十三章。

단서 》《詩》云: "予懷明德, **不大聲**以色。" 子曰: "**聲色之於以**化民, 末也。"《詩》云: "德**輶如**毛。" 毛猶**有**倫, 上天**之**載無聲**無**臭, 至矣。

직역 》『시경(詩)』에 이르길(云), "나(予)는 밝은(明) 덕(德)을 생각한다(懷, 품는다). (밝은 덕은) 소리(聲)와(以) 얼굴빛(色)을 크게 하지(大) 않는다(不)."라고 했다. 공자(子)가 말하길(曰), "소리(聲)와 얼굴빛(色)은(之) 그것으로써(以) 백성(民)을 교화하는데(化)에(於) 말단(末)이다(也)."라고 했다. 『시경(詩)』에 이르길(云), "덕(德)은 털(毛)처럼(如) 가볍다(輶)."라고 했다. 털(毛)은 오히려(猶) 비교할(倫) 만한 것이 있으니(有), 상천(上天)의(之) 일(載)은 소리(聲)도 없고(無), 냄새(臭)도 없으니(無), 지극할(至) 것이다(矣). 우(右)는 제33장(第三十三章)이다.

(1) '술어를 찾는 단서' 또는 '기본 의미가 동사(형용사)인 단어'를 찾아 술어의 역할(-다)을 부여한다.

(2) 술어가 생략된 문장은 명사에 '~(이)다'를 붙여 보어의 술어를 만들거나, 명사 앞에 '爲'를 넣어 목적어(보어)의 술어로 만들어서 해석한다.

(3) '不', '未', '莫', '末', '勿'은 술어 앞에서 술어를 부정하는 보조사이므로 술어를 찾는 단서이다.

(4) '之' 뒤에 동사나 형용사가 나오는 경우, '之'는 우리말의 주격 조사(~은/는, 이/가)로 쓰인다. 적용: 聲色之於以化民, 末也. → 聲色之(於以化民)末也.

(5) '以+동사(형용사)', 즉 '以' 뒤에 동사나 형용사가 나오면, 대명사 之를 넣어 '以+之+동사(형용사)'로 보고, '그것으로서(써)'의 의미로 해석한다.

(6) '之' 뒤에 명사가 나오는 경우, '之'는 우리말의 관형격 조사(~의, ~하는, 한, ~ㄴ)로 쓰인다.

▶ 詩云:『시경(詩)』에 이르길(云), "~"라고 했다. / A云: "B"(A에(가) 이르길, "B"라고 했다.) / 子曰: "~"(공자(子)가 말하길(曰), "~"라고 했다.) / A曰: "B"(A가 말하길, "B"라고 했다. A가 "B"라

고 말했다.) / 以: '와/과'로 사용되는 예는 드물다. 다만, 대를 이루는 구조로 '와/과'로 해석해야
한다. / 倫: 인륜, 도리, 무리, 또래, 차례, 순차, 나뭇결, 떳떳하다. / 上天: 하늘, 하느님, 하늘로
올라감. / 載: 실을 재, 떠받들 대. 싣다, 오르다, 맡다, 알다, 가득하다, 일, 사업, 비로소, 거듭.

다의어, 단편구, 주요 구문 몇 가지

- 賈商 ▶ 장사를 의미하는 단어로 한 곳에서 장사하면 '賈'라 하고, 돌아다니면서 장사하면 '商' 이라 한다.

- 故人 ▶ ① 죽은 사람 ② 친구

- 豈徒 ▶ 어찌 다만~? 어찌 ~뿐이겠는가?

- 其~乎(與,哉) ▶ ① 아마 ~일 것이다(추측) ② 어찌 ~이리오? / ▶ 其~諸 아마도 ~일 것이다.

- 奈若何 ▶ 너를 어찌할까? / 奈~何 ▶ ~에 대하여 어찌할까? 어찌하겠는가?

- 大故 ▶ ① 어버이의 상사 ② 큰 사고

- 無以(有以) ▶ ① 목적어가 도치되면, '~할 수 없다(있다)' ② 목적어가 없으면 '~할 방법(수단) 이 없다(있다)'.

- 無他 ▶ 다름이 아니라

- 未嘗不 ▶ 일찍이 ~하지 않음이 없다.

- 心曲 ▶ 간절하고 애틋한 마음

- 方命 ▶ '方'은 사각형으로 '거스르다'의 의미이다. 원형은 굴러가나 사각형은 잘 굴러가지 않 는다는 의미이다.

- 辟如 ▶ =譬如, 비유하자면 ~과 같다.

- 非徒 ▶ ~할 뿐만 아니라.

- 非(不)~不~ ▶ ~하지 않으면, ~하지 않는다.

- 數 ▶ 숫자, 세다, 헤아리다, 빽빽한(촉), 자주(삭)

- 孰與? ▶ 둘 중에 누가 더 나은가? / =孰愈?

- 夜來 ▶ 밤새, 來는 시간의 경과를 나타내는 데 쓰인다.

- 與 ▶ ① 명사 與 명사: 명사와 명사 ② 與 명사: 명사와 함께(더불어)

- 與其A 不如(若)B: A하는 것은 B하느니만 못하다. 不如: '같지 않다(x)', '~만 못하다'

- 與其A 寧B: A하느니 차라리 B하겠다.

- 與其A 孰若(與)B: A하는 것이 B하는 것과 무엇이 같겠는가?

- 如之何 ▶ 그와 같은 것을 어떻게 하면 / 如何 ▶ 어떻습니까? / 如~何 ▶ ~을 어찌할 것인가?

- 要須 ▶ ① 꼭 필요하다 ② 모름지기 ~해야 한다.

- 猶 ▶ ① 오히려(유) ② 노래(요) ③ 닮다, 같다(유) ④ 의심하다(유) ⑤ 속이다(유).

- 猶且 ▶ 그런데도 오히려

- 有 ▶ 한 단어로 된 나라나 씨족 등 고유명사 앞에 붙이는 표현. 有明(명나라), 有宋(송나라)

- 幽와 厲 ▶ 훌륭하지 못한 군주에게 붙이는 시호

- 有諸 ▶ 그런 일이 있습니까? / ~諸? ~인가?

- 爲間 ▶ ① 시간을 두다가 ② 사이를 두다.

- 爲何 ▶ =奚爲. 무엇 때문에

- 一簞食 ▶ 한 그릇의 밥 / '食'가 밥을 의미하면 독음은 '사'이다.

- 自, 從, 由 ▶ 따라가다, 말미암다(술어), ~로부터(전치사) / 自~以來(~로부터 이래로) / 自~至 ~(~에서부터~에까지)

- 自A 至 B ▶ A로부터 B까지

- 赤子 ▶ ① 갓난아이 ② 백성

- 知多少 ▶ 얼마인지 안다. / 多少 얼마

- 治任 ▶ 짐(任)을 꾸리다.

- 何也? ▶ 어째서인가? 왜인가? / 何哉? 왜인가?

- 何有 ▶ ① 무슨 어려움이 있겠는가? ② 어찌하여

- 何許人 ▶ 어느 고장 사람, 어떠한 사람

- 盍 ▶ 어찌 ~하지 않는가? / '盍(합)'은 '何不~'의 준말

- 庶幾 ▶ 아마도, 거의, 가깝다, 원하다, 바란다

- A也者 ▶ A라는 것은

- A與, 抑B與 ▶ A인가? 아니면 B인가?

- A曰: "B" ▶ A가 말하길, "B"라고 했다. A가 "B"라고 말했다. / 謂(語)A曰 ▶ "B"(A에게 일러, "B"라고 말했다. A를 평하여, "B"라고 말했다.